学生と企業のマッチング

データに基づく探索

梅崎 修・田澤 実・佐藤一磨 編著

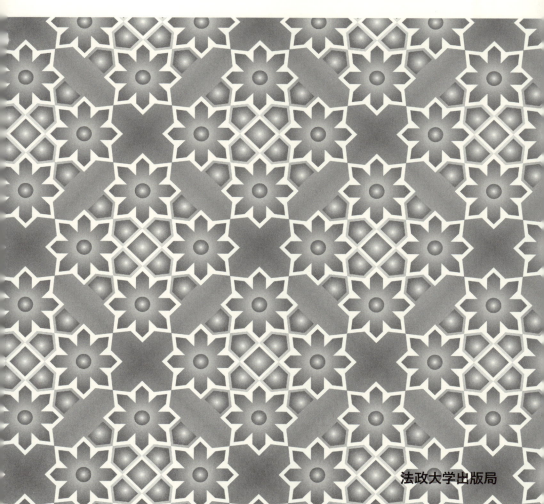

法政大学出版局

目　次

序　章　学生と企業の双方から
　　　　「学校から企業への移行」を捉える　3
　　1　はじめに　3
　　2　本書の構成　5
　　3　学生支援・企業実践への示唆　8
　　4　本書を読み進める中での注意　10

第1章　進学と就職に伴う地域移動　13
　　1　問題の所在　13
　　2　官庁統計による実態把握　15
　　3　先行研究の紹介と本章の視点　18
　　4　データ　20
　　5　分析結果　21
　　6　結論　35

第2章　意見の主張と感情コントロールが
　　　　大学適応に与える影響　39
　　1　問題の所在　39
　　2　方法　45
　　3　分析結果　46

4 考　察　55

第3章　学生のキャリア志向は親から影響を
　　　　　受けるのか？　65
　1　問題の所在　65
　2　キャリア・オリエンテーションの規定要因研究の必要性　65
　3　大学生のキャリア・オリエンテーションと他者としての親　68
　4　親の就業形態による違い　72
　5　方　法　75
　6　分析結果　76
　7　考　察　85

第4章　結婚しても働き続けたい女子学生は
　　　　　内定しやすいのか？　91
　1　問題の所在　91
　2　データ・分析手法　92
　3　分析結果　96
　4　結　論　108

第5章　就職活動解禁時期の変更は学生の就職活動を
　　　　　変えたのか？　113
　1　問題の所在　113
　2　先行研究　114
　3　データ　116
　4　分析仮説・分析手法　117
　5　分析結果　120
　6　結　論　132

第6章　インターンシップ体験は内定獲得を
　　　　もたらすのか？　*137*
　　1　問題の所在　*137*
　　2　分析枠組み　*138*
　　3　データ・分析手法　*141*
　　4　分析結果　*147*
　　5　結論　*155*

第7章　就活生から見た大学内支援者　*159*
　　1　問題の所在　*159*
　　2　方法　*160*
　　3　分析結果　*163*
　　4　考察　*168*

第8章　早期離職者はどこに転職したのか？　*171*
　　1　問題の所在　*171*
　　2　先行研究　*175*
　　3　データ・分析手法　*177*
　　4　分析結果　*180*
　　5　分析の整理と拡張　*184*
　　6　結論　*191*

第9章　企業は学生にどのような能力を求めているのか？　*205*
　　1　問題の所在　*205*
　　2　なぜ能力要請が変化したのか　*207*
　　3　先行研究　*210*
　　4　集計による特徴把握　*214*
　　5　データと分析手法　*218*
　　6　分析結果　*223*

7　結　論　*231*

**第10章　アンケートは学生の就職活動を
　　　　　　把握しているのか？**　*237*
　　　1　問題の所在　*237*
　　　2　入学から卒業までの流れとサンプル・バイアス　*239*
　　　3　データの説明　*243*
　　　4　分析結果　*246*
　　　5　結　論　*249*

あとがき　*253*
初出一覧　*256*
索　引　*257*

学生と企業のマッチング
―データに基づく探索―

序 章

学生と企業の双方から
「学校から企業への移行」を捉える

1 はじめに

　本書は，いくつかの調査データに基づき，ここ10年間の学生と企業の行動や意識の変化を分析している。

　この約10年間の新規大卒就職市場は，大げさに言えば「曇り時々嵐」であり，学生も企業もさまざまな荒波を受け続けてきたと言えよう。まず，2008年に起こったリーマンショックは，その後，急激な求人不足を生み出し，当時の就職活動生たちは厳しい選抜に直面した。続いて，徐々に景気が回復すると，今度は人材不足が問題視されるようになり，企業間の採用格差は拡大し，企業は採用活動に工夫を凝らすようになった。

　一方，学生側から見ると，いくら学生の方が新卒労働市場で有利と言われようとも，それはその時点だけのことであって，その後の働き方に対する不安は拭い難いと言えよう。長期雇用を前提とした日本的雇用慣行が厳然として存在し，企業内の（長期の）キャリアパスが明確であれば，このような不安はなくなると考えられるが，景気変動に関係なく，長期傾向として働き方と将来のキャリアは不透明化し続けたと言えよう。

　この10年で「ブラック企業」という言葉が流行語となったのは，このような若者たちの曖昧な不安を一言で言い当てたからであろう。しかし実際，離職を含めて就職後のキャリアをデータで検証した研究はまだ少ないと言えよう。

　さらに，就活スケジュールも多く変動した（し続けている）。2013年度卒から広報活動開始が，10月から12月に後ろ倒しになり，続いて2016年度

卒から3月開始に後ろ倒し，同時に選考の開始も8月開始に変更となった。ところが，この変更は現場の混乱を生み，翌年の2017年度卒には，選考開始だけが6月開始に前倒しになったのである。この段階で表向きの就職・採用活動は短期化したわけだが，結果的に学生と企業が出会う1 dayを中心としたインターンシップが1, 2月に大幅に増加することになった。現実的には，3月広報開始，6月選考開始という短期スケジュールは企業にとっても学生にとっても，「選択・選考のための十分な時間」ではないことは明白であった。2018年には，経団連会長が就活ルールそのものに疑問を呈し，現行ルールを廃止するのか，変更するのかについて議論が巻き起こっている。

　このような変更に次ぐ変更は，現場を踏まえたものではなく，その場だけの思いつき，もしくは複雑に絡み合ったシステムに対して一方的な立場で押しつけたものであったと言えよう。就活生と人事担当者はそれらの変更に振り回されたのである。

　以上のような新卒労働市場の変化は，大学におけるキャリア教育改革を加速させたと言えよう。ところが，さまざまなキャリア教育が実践されたにもかかわらず，この10年間，継続的に大学生の学びの調査を続けてきた溝上(2018)によれば，キャリア教育も含む数々の大学教育は大学生たちを大きく変えていない（成長させていない）という驚くべき事実が指摘されている。

　要するに，われわれは，事実を正確に把握せずに不安や混乱に流されているだけなのかもしれないのである。本当に考えるためには，調査によって一つひとつの事実をつかみ，制度変更に対しても当事者たちがどのようにリアクションするのかを洞察すべきであろう。大学生はどのように高校から大学へと移行し，どのような教育や経験を経て大学から企業へと移行するのかという問いに答えることに愚直に取り組むしかないのである。本書がそれに成功しているかは読者に判断してもらうしかないが，われわれは，この方法が迂遠に見えながら，最も近道であると信じて実証研究を続けてきた。そして，本書が建設的な議論を生み出し，キャリア教育や就職支援や企業の採用活動の改善に何かしらの形で役立つと考えている。

2 本書の構成

本書は全10章の構成である。およそ第1章から第10章まで，時系列順に学生の入口（大学へ入学する段階）から出口（就職活動を行い卒業する段階）を扱う。なお，就職活動が関わる事柄については企業の採用の視点を含める章を途中に挟んでいる。各章の要約を下記に示す。

第1章　進学と就職に伴う地域移動

大学4年生に高校所在地，大学所在地，希望勤務地，両親や親族に対する就職の相談の有無，就職先を考える際に優先すること等を尋ねた調査を用いる。第一に，地域移動のタイプを分類し，全体の6割以上は地元志向と考えられること，第二に，「Uターン就職組」が両親との相談をしている者が多く，「社会人デビュー組」は両親との相談をしている者が少ないこと，第三に，「Uターン就職組」と「完全地元残留組」においては，勤務地を最優先する者が多く，「流動組」「大学デビュー残留組」「社会人デビュー組」「東京組」においては，業種を最優先する者が多いことを示す。

第2章　意見の主張と感情コントロールが大学適応に与える影響

大学1年生に社会的自己制御，集団同一化，大学生活への満足感を尋ねた調査に，その後の学生のGPAを連結させたデータを用いる。社会的自己制御の自己主張の側面と自己抑制の側面は集団同一化の認知的同一化を媒介して人間関係満足感と教養満足感を高めること，および，社会的自己制御の主張的側面はGPAを低める一方で，抑制的側面はGPAを高めることを示す。これらの結果より，社会的自己制御の主張的側面と抑制的側面の双方をバランス良く併せ持つことの重要性を指摘する。

第3章　学生のキャリア志向は親から影響を受けるのか？

大学3年生に親のキャリア関連行動，親の就業形態，大学生のキャリア・

オリエンテーションを尋ねた調査を用いる。親のキャリア関連行動は，主として学生の探索行動などキャリア形成プロセスに影響を与えるが，わずかながらキャリア選好を通じて学生の就業後の働き方に影響を与えること，また，小学校時代に母親が専業主婦であることが学生のキャリア・オリエンテーションへ与える影響は男子学生と女子学生で異なることを示す。

第4章　結婚しても働き続けたい女子学生は内定しやすいのか？

リーマンショックの前後を含む2008年度，2009年度，2010年度の大学4年生に卒業後の進路，就職活動結果，キャリア展望等を尋ねた調査を用いる。フルタイム志望（男子学生と女子学生），転職・企業志望（男子学生と女子学生），家庭・パート志望（女子学生）の5つのグループの中で最も就職活動結果が悪化したのは家庭・パート志望（女子学生）であることを示す。具体的には，家庭・パート志望の女子学生が就職活動量を増加させても，内々定未取得率が上昇し，内定獲得時期が遅くなり，一般職・契約社員・その他の進路になる者が増加することを示す。

第5章　就職活動解禁時期の変更は学生の就職活動を変えたのか？

就職活動の解禁時期の変更を含む2011年度，2012年度の大学4年生に就職活動の実施頻度，実施時期，就職活動結果等を尋ねた調査を用いる。第一に，企業の採用選考の時期，就職活動結果は就職活動解禁時期の変更の影響を受けていないと考えられることを示す。第二に，就職活動解禁時期が2ヵ月遅れると，就職活動期間が短縮化されることを示す。第三に，企業説明会やセミナーなどへの参加の時期が遅れることが就職先企業に対する満足度の低下につながることを示す。

第6章　インターンシップ体験は内定獲得をもたらすのか？

大学4年生にインターン経験や就職活動結果等を尋ねた調査を用いる。まず，重回帰モデルやロジットモデルを用いて，インターン経験は内々定数を増加させる効果があることを示す。次に，先ほどの分析では，インターンを経験する大学生ほど意欲が高いという自己選別のバイアスがあることを考慮

して，この自己選別をマッチング法を用いてコントロールした分析を行い，結果的にインターン経験には就職活動結果を向上させる効果が見られないことを示す。

第7章　就活生から見た大学内支援者

大学4年生に全学および学部の支援体制の利用状況，就職活動プロセス，進路についての相談相手の有無を尋ねた調査を用いる。全学の支援（キャリアセンター）を利用している者は，学部の支援も利用していることが多いこと，全学の支援と学部の支援の両方を利用する者は就職活動量も多く，さまざまな人に相談をしている傾向があるのに対して，どちらも利用しない者は，就職活動量が少なく，相対的に相談相手が少ない傾向があることを示す。

第8章　早期離職者はどこに転職したのか？

大学4年生に就職活動結果等を尋ね，その約2年後に離職の有無等を尋ねた2時点パネルデータを用いる。第一に，商社・卸売，小売などの流通業やサービス業，マスコミ・広告・コンサルティング業などへ就職した場合，また小企業へ就職した場合では個人属性や経済環境の違いを考慮しても離職確率が高いこと，第二に，離職後の転職者の受け入れ先は離職率の高いサービス業や小企業が中心であること，第三に，離職率の低い産業やマスコミ・広告・コンサルティングは学生からの人気が比較的高く，サービス業は人気が低いことを示す。最後に，これらの分析結果から，「伝統的な日本型雇用システム」，「門戸開放・使い切り型」，「ふるい落し選抜型」の3つの雇用システム分類を提示し，後者2つの拡大が進んでいる可能性を示唆する。

第9章　企業は学生にどのような能力を求めているのか？

新卒採用実績のある国内の企業に対して，選考で重視される社会人基礎力，重視する選考方法等を尋ねた調査を用いる。第一に，どのような能力が新卒採用の選考で重視されるかは，産業や企業規模によってその特徴に異なることを示す。第二に，一部の能力については重視のされ方によって適した選考方法も異なってくることを示す。具体的には，金融や商社では長時間面接が，

サービスや小売ではアルバイト経験を経た採用が，マスコミでは長期のインターンが重視されていること，また，小規模企業ほどアルバイトを経た採用が，大規模企業ほどグループワークや懇親会，待合室での会話が重視されていることを示す。

第10章　アンケートは学生の就職活動を把握しているのか？
　大学1年生に大学生活を尋ね，その1年生が4年生になったときに就職活動について尋ねた調査に，GPAの情報を連結したデータを用いて学生調査のバイアスについて検証する。まず，GPAが就職結果に与える影響を分析し，内定数のみに有意な正の影響を与えることを示す。次に，調査バイアスの中でも特に卒業式への参加の決定要因を分析し，GPAの係数が有意な正の値を取ることを確認する。すなわち，成績がよい学生ほど卒業式に出席するので，結果的に卒業式調査を使った就職結果の分析では，GPAの効果が過小評価されている可能性が高いと解釈できることを示す。

3　学生支援・企業実践への示唆

　本書の分析結果は，前節でまとめた通りである。これらの分析結果を現場にフィードバックするならば，以下のようにまとめられる。

(1) 学生に向けて
　低学年の学生の分析では，社会的自己制御の主張的側面と抑制的側面は集団同一化の認知的同一化を媒介して人間関係満足感と教養満足感を高めていた（第2章）。すなわち，周囲とは違っても自分の意見を主張できて，かつ，思い通りにならなくても感情のコントロールができることは，学部で共に学んでいるメンバーが重要であるという認識を媒介して，学部での人間関係と学部での学びへの満足感に正の影響を与えていた。この結果は近年のアクティブラーニングが隆盛している現代において重要な意味を持つ。
　次に，就職活動の分析から就職活動支援を考察することができる。まず，

景気が悪化した時期では，家庭・パート志望の女子学生は，就職活動量を増加させても，内々定未取得率が上昇し，内定獲得時期が遅くなり，一般職・契約社員・その他の進路になる者が増加した（第4章）。また，全学の支援と学部の支援の両方を利用する者は就職活動量も多く，さまざまな人に相談をしている傾向があるのに対して，どちらも利用しない者は，就職活動量が少なく，相対的に相談相手が少ない傾向があった。後者の中には就職活動がうまくいっている者と困難な状態になっている者が混在している可能性がある（第7章）。これらの結果は，どのような学生が就職活動で困難に陥りやすいかについて示すものであり，困難な状態に陥っても必ずしも学内の支援を利用していない可能性もあることを示している。

(2) 保護者対応に向けて

他県に大学進学したものの就職時には地元に戻ることを希望している者（Uターン就職組）は，両親との相談をしていることが多く，大学進学までは地元の県に進学したものの就職時には他県への移動を希望している者（社会人デビュー組）は両親との相談をしていることが少なかった（第1章）。また，小学校時代に母親が専業主婦であることが学生のキャリア・オリエンテーションへ与える影響は男子学生と女子学生で異なっていた（第3章）。これらの結果は，就職活動時の学生が保護者の影響を受けていることを示すものである。学生側から将来のキャリア形成を考えると，保護者ガイダンスで，自県の就職のみならず，他県への就職の場合も含めてバランスよく行うことの重要性を示している。また，就職活動時の学生と面談を行う者は，男子学生と女子学生では，小学校時代の母親の姿（ここでは専業主婦だったか否か）の内面化のされ方が異なる可能性があるかを視野に入れておくべきとも言えよう。

(3) 企業実践に向けて

この原稿を執筆している2018年11月現在でも就職活動の解禁時期については注目を集めている。今後も，変更があるのかないのかについては動向を見守る必要があるが，それと同時に過去の変更では何が起こっていたのかに

ついても企業の採用担当者や大学の支援者は知る必要がある。就職活動の解禁時期の変更を含む2011年度，2012年度の大学4年生を比較すると，企業説明会やセミナーなどへの参加の時期が遅れることが就職先企業に対する満足度の低下につながることが示された（第5章）。また，早期離職した大卒者の転職を受け入れているのは，サービス業や小企業が中心であり（第8章），選考で重視される社会人基礎力によっては，重視する選考方法が異なることが示された（第9章）。企業の採用担当者は，これらの結果を総合的に判断し，企業説明会の時期，早期離職者の受け入れの方針，および自社で重視している力とそれを選考する方法について再検討し，大学における就職活動の支援者は，その支援のやり方を改良するきっかけになれば幸いである。

（4）未来の社会システムに向けて

学校による支援や企業実践という個々の当事者の目線だけでなく，新卒労働市場やキャリア教育という全体像をどのように描いていくのか，学校と企業という個々のサブシステムを踏まえて，社会制度としての新卒労働市場をどのようにデザインしていくべきかという問いは，本書の分析範囲を超える大きな課題である。ただし，本書および梅崎・田澤（2019）によって提示した数々の分析結果は，社会制度とは，補完的な諸制度の束であるという認識を深めるであろう。ここでの分析結果は，社会システムを考える基盤となると考える。

4 本書を読み進める中での注意

（1）調査年度の違いについて

本書で扱った調査は，ここ約10年間における学生や企業を調査対象にしている。周知のようにこの間には景気変動が含まれるため，景気の与える影響が調査年度によって異なっている可能性がある。本書で，この景気の影響について統一した問題意識の書き方に変更することは困難であったこともあり，各章それぞれの初出の原稿は改変しないことにした。すなわち，各章そ

れぞれの初出の時期に合わせて問題意識を書いてあることになる。このような事情を考慮して頂ければ幸いである。

(2) インターネット調査が含まれる理由

本書では，インターネットを通じて実施した質問票調査の個票データが含まれる。インターネット調査については従来からいくつかの問題が指摘されている。この問題に対する筆者らの立場は，他の書籍（梅崎・田澤 2013, 2019）でも述べたが，ここでも再度述べておくことにする。

第一に，インターネット調査では，情報機器（パソコンやスマートフォン）を通じてインターネットを日常的に使用している者に回答者が限定されるというサンプリングの偏りが指摘される。しかし，本研究の調査回答者の大学生や大学院生は，就職活動等でパソコンやスマートフォンを利用していることが一般的であり，サンプリングのバイアスにはつながらないと判断した。

第二に，インターネット調査は，もともと調査会社のモニターになりやすい個人属性をもつ者が調査対象者に多く含まれるためデータが偏ることが指摘される。しかし，現在，いわゆるランダム・サンプリングによる調査手法は極めて低い回収率しか期待できないことも知られている。調査の回答者も，回答することを好むという個人属性をもつ者に偏っている可能性が高い。そのため，配布だけランダム・サンプリングな調査であっても，必ずしも代表性が高いとは言えない。

第三に，その他の要因による予期しないサンプリング・バイアスについても，心理学研究などでは一般に数百人レベルのより小規模の調査回答者数で質問紙研究を行うことが多いということに比較すれば，全国規模で数千人単位の大学生に対する調査を行った本調査の方が，大数の法則により，その他のさまざまな要因に対してランダム化がなされていると想定できる。

以上の議論に基づいて，本研究では，調査会社によるインターネット調査の手法は不適切ではないと判断した。

引用文献

梅崎修・田澤実編 (2013)『大学生の学びとキャリア——入学前から卒業後までの継続調査の分析』法政大学出版局

梅崎修・田澤実編 (2019)『大学生の内定獲得——就活支援・家族・きょうだい・地元をめぐって』法政大学出版局

溝上慎一 (2018)『大学生白書2018——いまの大学教育では学生は変えられない』東信堂

第1章

進学と就職に伴う地域移動

1　問題の所在

　総務省の『住民基本台帳に基づく人口，人口動態及び世帯数』によれば，2012年3月末時点の全国の人口は，前年同期より26万3727人（0.21％）少ない1億2665万9683人であった。対前年で人口が減った過去4回と比べ，減少の数，率とも最大であり，人口減社会の加速を裏付けた。
　このような人口減少社会において，都市のサステイナビリティ，すなわち，都市環境の持続性をいかにして確保するかが問われている。都市機能を維持するためには，最小限度の人口規模が必要となる。労働人口だけではなく，消費市場の確保のためにも地域での定住人口の厚みが必要である。人口流入が少なく，人口流出が多い地域ほど，この問題は深刻になる。
　わが国の人口移動の中心は，進学や就職による若年者の移動であることが知られている。総務省の『住民基本台帳人口移動報告平成23年結果』より年齢別の都道府県間移動者数を図1に示す。22歳が123,740人と最も多くなっている。次いで24歳（98,626人），25歳（93,265人）などとなっており，都道府県間移動は20代が大きな割合を占めていることがわかる。また，18歳が77,321人（同3.3％）で8番目に多くなっており，18～29歳で都道府県間移動者の4割以上を占めている。グラフ上で18歳と22歳が突出していることは，高校や大学を卒業した後に都道府県間の移動をする若者が含まれていることを物語っている。
　本章の目的は，高校から大学，大学から希望勤務先という長期的な視点で，日本における地域間労働移動の実態を属性別に検討することにある。先行研究では，「高校から大学」または「大学から勤務先」のどちらかに焦点をあ

図1 年齢別の都道府県間移動者数

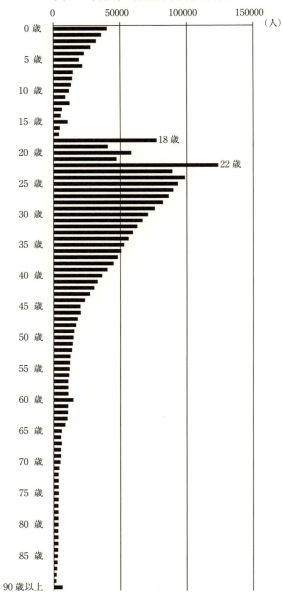

注：総務省（2012）より筆者が作図。

てるものが多いが，本章では，両者の視点を取り入れる。

なお，本章の構成は以下の通りである。第2節では，官庁統計を使って「高校から大学」と「大学から社会」の移行の際に，どのような地域特性があるのか把握する。第3節では，若者の地域移動に関する先行研究を紹介する。第4節では，本研究で利用するデータの概要を説明する。第5節は，地域移動を類型化したうえで，類型ごとの特性を分析する。第6節は，分析結果のまとめである。

2　官庁統計による実態把握

本節では，官庁統計を使って地域の特性を確認しよう。

(1) 高校から大学

高校から大学に進学する際に，全国的にはどのような地域移動がなされているのだろうか。この点についてまず確認すべきことは，「その都道府県には若者が進学できる大学が十分にあるのか」という点である。そこで，各都道府県（以下，県と表記）の大学数をみてみよう。

文部科学省の「学校基本調査（平成24年）」によれば，全国の大学数は783校である。同調査より大学数の上位13県，下位13県を算出した（表1）。

上位には東京 (17.62％), 大阪 (7.15％), 愛知 (6.51％), 兵庫 (5.36％) などがあり，下位には島根，鳥取，佐賀 (0.26％), 和歌山，高知 (0.38％), 福井，徳島，香川 (0.51％) などがある。大学は関東や近畿圏に多いこと，そして，極端に少ない県もあることがわかる。

大学数の上位3県として東京，大阪，愛知を，下位3県として，島根，鳥取，佐賀を抽出した。これらの県の高校を卒業した者がどの県の大学に進学したのか上位5県を求めた（表2）。

大学数の多い県（東京，大阪，愛知）においては，5割から7割程度は地元に残留していた（54.56～71.22％）。大学数の少ない県（島根，鳥取，佐賀）においても地元に残留する者が多かったが，その割合は2割弱

(13.16～16.42％)であった。大学数の少ない地域においては，高校から大学に進学する際に他地域に流出する割合が高いと言える。

表1　各都道府県の大学数（上位と下位を抽出）

上位			下位		
都道府県	度数	％	都道府県	度数	％
東　京	138	17.62	島　根	2	0.26
大　阪	56	7.15	鳥　取	2	0.26
愛　知	51	6.51	佐　賀	2	0.26
兵　庫	42	5.36	和歌山	3	0.38
北海道	35	4.47	高　知	3	0.38
福　岡	34	4.34	福　井	4	0.51
京　都	33	4.21	徳　島	4	0.51
千　葉	29	3.70	香　川	4	0.51
神奈川	29	3.70	富　山	5	0.64
埼　玉	29	3.70	大　分	5	0.64
広　島	23	2.94	山　形	5	0.64
新　潟	18	2.30	岩　手	5	0.64
岡　山	17	2.17	愛　媛	5	0.64

注：文部科学省（2012）より筆者が作表。

表2　出身高校の所在地県別大学入学者数（大学数の多い県／少ない県を抽出）

東京 n＝74,038			大阪 n＝42,491			愛知 n＝36,482		
大学所在地	度数	％	大学所在地	度数	％	大学所在地	度数	％
東　京	46,874	63.31	大　阪	23,182	54.56	愛　知	25,983	71.22
神奈川	11,783	15.91	京　都	6,915	16.27	東　京	1,999	5.48
埼　玉	6,807	9.19	兵　庫	5,388	12.68	岐　阜	1,328	3.64
千　葉	4,758	6.43	奈　良	1,543	3.63	京　都	1,077	2.95
茨　城	495	0.67	滋　賀	1,328	3.13	神奈川	754	2.07

島根 n＝2,923			鳥取 n＝2,226			佐賀 n＝3,454		
大学所在地	度数	％	大学所在地	度数	％	大学所在地	度数	％
島　根	480	16.42	鳥　取	293	13.16	福　岡	1,356	39.26
広　島	453	15.50	大　阪	271	12.17	佐　賀	522	15.11
岡　山	316	10.81	兵　庫	217	9.75	長　崎	234	6.77
大　阪	234	8.01	京　都	190	8.54	東　京	221	6.40
東　京	199	6.81	岡　山	189	8.49	熊　本	180	5.21

注：文部科学省（2012）より筆者が作表。

(2) 大学から社会

　大学から社会への移行に関連する指標のひとつは有効求人倍率であろう。厚生労働省の「一般職業紹介状況（職業安定業務統計）」より，都道府県の有効求人倍率（2011年度平均）の上位下位15県を抽出した（表3）。地域ごとに有効求人倍率の格差は大きいことがわかる。また，都会の方が有効求人倍率は高いとは限らないこともわかる。求人倍率の高い県として，福井（1.60），香川（1.51），愛知（1.49），東京（1.46），広島（1.44），徳島（1.44），岡山（1.43），島根（1.41）があげられる。一方，求人倍率の低い県として，沖縄（0.51），青森（0.75），北海道（0.76），神奈川（0.81），埼玉（0.86）があげられる。沖縄が特に低いことがわかる。また，都会でもあっても，神奈川や埼玉の求人倍率は低いこともわかる。これは，東京に集中した結果とも考えられる。このように，労働市場の状況は県別に異なる。

表3　都道府県別求人倍率（2011年度平均）

上位		下位	
都道府県	求人倍率	都道府県	求人倍率
福　井	1.60	沖　縄	0.51
香　川	1.51	青　森	0.75
愛　知	1.49	北海道	0.76
東　京	1.46	神奈川	0.81
広　島	1.44	埼　玉	0.86
徳　島	1.44	鹿児島	0.93
岡　山	1.43	宮　崎	0.94
島　根	1.41	千　葉	0.95
富　山	1.37	山　梨	0.97
石　川	1.36	秋　田	0.98
宮　城	1.30	福　岡	0.98
群　馬	1.30	長　崎	0.98
岐　阜	1.27	滋　賀	0.99
長　野	1.22	兵　庫	1.01
愛　媛	1.20	高　知	1.02

（全国平均の求人倍率は1.11）
注：厚生労働省（2012）より筆者が作表。

3 先行研究の紹介と本章の視点

本節では，地域移動を促す要因と妨害する要因の2つを概観する。その後に，本章の視点を述べる。

(1) 地域移動を促進する要因

地域移動という選択は，その便益と費用の比較から決定されると考えられる。費用と便益として第一に計算されるのは金銭であろう。地元と地元外の期待賃金格差は，便益として意識されるであろうし，移動に伴う住居費や仕事の探索コストは費用として計算される。

太田（2010）は，都市と地方の高卒者の県外就業率と新卒者に対する有効求人倍率を分析し，有効求人倍率が高い時には県外就職率が低下し，有効求人倍率が低い時には県外就職率が上昇する関係性を明らかにした（同じ分析結果として久世（2011）がある）。これは，若者が就業機会を求めて景気が良い地域に移動することを示したことになる。また，太田（2007）では，地域移動と所得の関連性を分析し，平均的には，地方出身の都市生活者が最も高い賃金を得ており，地方出身の地方生活者が最も低い賃金を得ていることを確認した。これは，属性をコントロールしても説明できない「純粋な所得格差」が存在していることを示している。李（2012）は，このような「純粋な所得格差」は学歴間による違いがあることを明らかにしている。特に，大卒者においてこの格差が大きいことを指摘している。また，杉浦（2012）は，就業構造基本調査を用いた学歴別の地域間労働の時系列分析により，学歴が高くなるほど県外へ労働移動をしていることを明らかにしている。その理由として，大学卒などの高学歴層では，高い人的資本を活用できる賃金の高い仕事に就くことができるために就業機会があれば県外に移動するためと考察している。

このように，人々の地域移動の促進要因のひとつは，地域経済の景気格差である。不景気には，地域格差を反映して，好景気の地域に移動し，雇用を

確保すると一般的には考えられる。

(2) 地域移動を妨害する要因

若者たちが地域移動を行わない傾向，すなわち，地元志向の高まりも指摘されている。太田（2003）や樋口（2004）らが指摘するように，若者の「地元志向」は，地方の若者の失業率を高める可能性がある。

内閣府の『世界青年意識調査』では，自分の住んでいる地域に「住んでいたい」と回答した若者の割合が，2003年では33.2％であったのに対し，2008年は43.5％と上昇したことを示している。若者の地域への永住意識が高まっていることがうかがえる。

同様の傾向として，太田（2010）は，県外就職率が1977年から2004年まで継続的に減少していることを指摘している。その理由として，少子化によって子どもを身近に置いておきたいと考える親が増えた可能性[1]（樋口1991）や，都市部の企業が採用を抑制しているため，結果的に移動しない（または，移動できない）可能性（太田2005）が指摘されている。これらは選択を行う学生本人ではなく，親や企業による影響に着目していると言える。

一方，県外移動率減少の理由として，学生の意識変化に着目する研究もある。たとえば山田（2006）は，地方では自分の能力を生かそうとする活力の高い人は地域移動を選択すると指摘している。言い換えれば，現在の経済環境で活力を失った人々は地域に滞留する（または，滞留せざるを得ない）と言える。しかし，このような解釈では，「地元志向」とは「階層上昇意識から降りた」という一面的なものになる。轡田（2011）は，地方におけるノンエリート若者の地元意識を「「地元生活」がもたらすささやかな包摂の感覚によって，ぎりぎりのところで自らの存在を支えている当事者のリアリティー」（209頁）と述べている。すなわち，地元志向とは経済的な展望は厳しくとも，ある種のライフスタイルを積極的に選択する行動であると解釈できるであろう。

(3) 本研究の視点

このような地元志向を踏まえた若者の地域移動を把握するためには，以下

の二点が必要であると思われる。

　第一に，地域移動を就職時点だけに留まらず，進学時点の選択と関連づけて分析する必要がある。たとえば，大卒Uターン就職の事例では，大学進学時点では別地域での生活を選択した後，就職時点では，地元での生活を重視して戻ってくるという選択を行っている。これは，大学も就職も地元で暮らし続けている若者とは異なると言えよう。地元にUターン就職した若者と完全に地元残留した若者を分類するためにも，本章では，高校から大学，大学から希望勤務先という長期的な視点を取り入れる。

　第二に，進学と就職に伴う地域移動を類型化したうえで，それぞれの特性の違いを分析する必要がある。一般的に，地元へのUターンを扱う研究では，その地域に属する対象者のデータを用いることが多い。しかし，それに該当する研究の蓄積のみでは限界がある。一方，全国データを用いて地域移動を類型化することからは，どの地域間に類似性が見られるのかを明らかにすることが期待できる。そのような類型化によって，どの地域においてはどの地域をモデルとすることが良いのかに対して判断可能な資料を提供できるメリットがある。

　そこで本章では，ある就職支援会社が2011年に行った就職活動の大学生対象の調査を利用して，地域別の地域移動の違いと移動類型ごとの特性の違いを分析する。需要側の要因（たとえば，地域による景気格差）と供給側の要因（たとえば，就職先の決定要因，親との関係）の両方に焦点を当てつつ，進学と就職に伴う地域移動の分析を行う。

4　データ

　本章で使用するデータは，株式会社マイナビ（以下，マイナビ）に登録する日本の大学に通う学生を対象にWeb-emailによって配布された質問票調査である。調査期間は，2011年4月26日〜5月12日である。有効回答数は3,787名であった。そこから，高校の所在地または希望勤務先が海外と回答した48名を分析の対象から除外した。その結果，分析の対象者は3,739名

となった。その内訳は，文系・男性902名，理系・男性504名，文系・女子1823名，理系・女子510名であった。本調査が行われた時期は，東日本大震災直後である。それゆえ回答者は，震災後の影響を受けていると考えられる。4月後半から5月前半という回答期間は，就職活動・採用活動のピーク時期にあたる。一方，おおよそ前年度10月から就職活動を開始したと考えると，質問票調査の回答は震災前の活動の影響を受けたとも言えよう。加えて，就職活動の結果を踏まえて地域移動の希望を変えている可能性もある。たとえば，地元での就職活動の厳しさを感じた学生が都市部での就職へ希望を変化させるかもしれない。

5　分析結果

(1) 地域移動にはどのようなタイプがあるのか

　もちろん例外はあろうが，高校時代に自宅から学校に通っていたと考えると，大学進学は地元を離れるか否かの最初の選択である。その後，学生は程度の差はあれ，就職の時点で，大学所在地と同じ勤務先か，異なる勤務先かの選択がある。

　本章の分析では，地域移動を大学入学時と就職時に分けて整理する。ただし，本章では，大学入学時は実際に移動済みであり，就職時は希望勤務先である。すなわち，大学入学時は行動レベルであり，就職時は希望レベルである。それゆえ，実際の卒業後の移動とは異なる点は解釈に留意を要する。

　次に，本章の地域移動のタイプ分類を図2に示す。大学入学時と就職時の2時点で地域移動の有無という選択があるので，2（地域移動あり・地域移動なし）×2（地域移動あり・地域移動なし）の4タイプに分かれる。まず，大学入学時に地域移動ありで，就職時にも地域移動ありの場合，高校所在地である地元に戻る学生と，地元でもなく大学所在地でもない地域に移動する大学生がいる。前者を「Uターン就職組」，後者を「流動組」と命名した。また，大学入学時にも就職時にも地域移動なしの場合，地域特性による違いが考えられる。さらに，地方と都会では，移動なしの意味が異なると考えた。

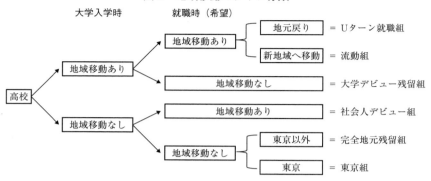

図2　地域移動のタイプ分類

都道府県の違いを厳密に定義することは難しいが，本章では，大学数が圧倒的に多い東京を地元とする学生を「東京組」，その他の対象者を「完全地元残留組」と命名した。また，大学入学時に地域移動ありで，就職時には地域移動なしの学生を「大学デビュー残留組」，大学入学時に地域移動なしで就職時に地域移動ありの学生を「社会人デビュー組」と命名した。本章では，以上のように地域移動タイプを合計で6つ設けた。

(2) 地元志向の学生はどのくらいいるのか

　地域移動のタイプごとの学生数を表4に示す。最も多いのが，「完全地元残留組」であった（33.65%）。進学で地元を離れず，就職でも離れたくない学生が多いと言える。ただし，ここには東京以外の大都市も含まれるので，大都市圏を離れない学生と地方を離れない学生が混在していると言えよう。次に多いのは，「Uターン就職組」であった（27.41%）。この割合は，進学とともに地域移動し，そのまま大学所在地での就職を希望する「大学デビュー残留組」（15.16%）と比較しても多い。

　なお，「Uターン就職組」（26.55%）と「完全地元残留組」（33.65%）と足し合わせると，約60%の学生が地元での就職を希望していることが確認できる。これは東京に残留し続ける「東京組」（3.42%）を省いた数値である。ここから，大学生には強い地元志向があると考えられる。もちろん，ここでのデータは「移動の希望」であることには注意が必要である。求人倍率が低

表4　地域移動のタイプごとの度数等

カテゴリー名	度数	%
完全地元残留組	1,333	35.65
Uターン就職組	1,025	27.41
大学デビュー残留組	567	15.16
流動組	383	10.24
社会人デビュー組	303	8.10
東京組	128	3.42
合計	3,739	

い地域などでは，希望通りの移動を実現することは難しいと予測される。

(3) 地元志向の学生はどの地域に多いのか

ここでは47都道府県を11ブロックに分類した（表5）。それぞれのブロックごとに上記の6つの地域移動タイプの割合を算出することを考慮したが，「東京組」は関東以外で度数が0になるため，ここでは「完全地元残留組」に含めることにした。

まず，全体的にどのブロックにどのタイプが多いのか確認する。その後，特徴が見られた個所の詳細を都道府県レベルで確認することにする。

①全体の結果

11ブロックごとに5つの地域移動タイプの割合を算出した（図3）。ブロックごとに，地域移動タイプの割合が異なるのかどうかについて，χ^2検

表5　本章のブロック分類

ブロック名	都道府県
北海道	北海道
東北	青森，岩手，宮城，秋田，山形，福島
関東	茨城，栃木，群馬，埼玉，千葉，東京，神奈川
北陸	富山，石川，福井
甲信越	新潟，山梨，長野
中部	岐阜，静岡，愛知，三重
近畿	滋賀，京都，大阪，兵庫，奈良，和歌山
中国	鳥取，島根，岡山，広島，山口
四国	徳島，香川，愛媛，高知
九州	福岡，佐賀，長崎，熊本，大分，宮崎，鹿児島
沖縄	沖縄

図3 出身高校の地域ごとの地域移動タイプの割合

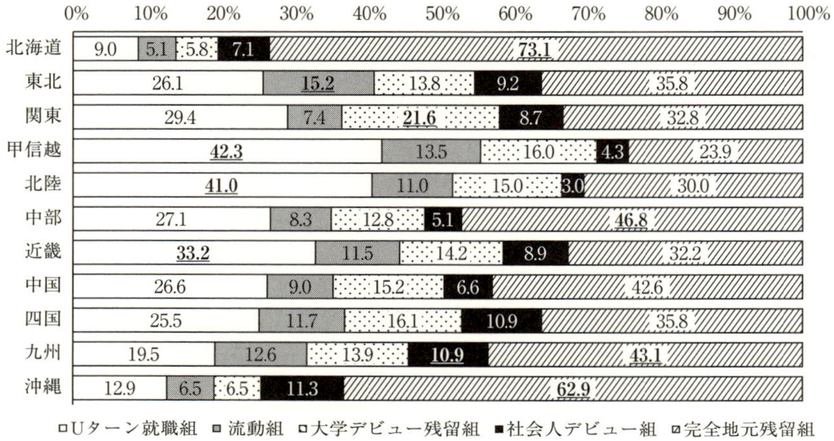

地域	Uターン就職組	流動組	大学デビュー残留組	社会人デビュー組	完全地元残留組
北海道	9.0	5.1	5.8	7.1	73.1
東北	26.1	**15.2**	13.8	9.2	35.8
関東	29.4	7.4	**21.6**	8.7	32.8
甲信越	**42.3**		13.5	16.0	4.3	23.9
北陸	**41.0**	11.0	15.0	3.0	30.0
中部	27.1	8.3	12.8	5.1	**46.8**
近畿	**33.2**	11.5	14.2	8.9	32.2
中国	26.6	9.0	15.2	6.6	42.6
四国	25.5	11.7	16.1	10.9	35.8
九州	19.5	12.6	13.9	**10.9**	**43.1**
沖縄	12.9	6.5	6.5	11.3	**62.9**

□Uターン就職組　■流動組　□大学デビュー残留組　■社会人デビュー組　☒完全地元残留組

注：太字下線は，残差分析でプラスに有意であった項目を示す。

定を用いて検討した。結果的に，人数の偏りは有意であった（$\chi^2(40) = 246.68, p<.01$）。残差分析でプラスに有意であった項目に注目すると，以下のように解釈できる。

「Uターン就職組」は，甲信越，北陸，近畿に多かった。これらのブロックでは県外の大学に進学するものの，就職時には地元に戻りたいと思う学生が多いことを示している。

「流動組」は，東北に多かった。県外の大学に進学し，さらに勤務先は地元でも大学所在地でもない地域を希望している学生が多いことを示している。

「大学デビュー残留組」は，関東に多かった。県外の大学に進学し，そのままその県を勤務先として希望している学生が多いことを示している。

「社会人デビュー組」は，九州に多かった。九州は下記に示すように，完全地元残留を希望する学生も多かったので，それと合わせて解釈する必要があろう。

「完全地元残留組」は，北海道，中部，九州，沖縄に多かった。北海道，沖縄については，（トンネル等を考慮しなければ）隣接県がないことの影響であろう。また先述の通り，北海道は，求人倍率がワースト3（0.76倍），

沖縄はワースト1（0.51倍）であった。このように，離島である北海道，沖縄においては，求人倍率が低いものの，地域移動していない特徴が読み取れる。

②タイプごとの特徴について

上記の結果より，以下の疑問が生まれる。

- 甲信越，北陸，近畿の「Uターン就職組」は大学進学の際にどの県に進学した後に地元に戻りたいと思っているのだろうか。近隣からのUターン希望なのだろうか。遠方からのUターン希望なのだろうか。
- 東北の「流動組」は，大学進学の際にどの県に進学し，地元に戻らずにどの県に就職したいと思っているのだろうか。
- 関東の「大学デビュー残留組」は，大学進学時にどの県から流出したのか。また，残留希望が多い県はどこなのか。
- 九州の「社会人デビュー組」は，大学まで地元で過ごした後，地元以外のどの県に就職したいと思っているのだろうか。
- 中部，九州の「完全地元残留組」はどの県が多いのだろうか。

以下，上記の問いをひとつずつ見ていこう。

（A）甲信越，北陸，近畿の「Uターン就職組」について

甲信越，北陸，近畿の「Uターン就職組」における大学所在地の度数等を表6に示す。甲信越においては，東京（23.19%），愛知（15.94%），神奈川（13.04%）が上位を占めた。甲信越にUターン就職を希望する学生は，甲信越を離れて大学の多い県に進学していることがわかる。北陸においては，愛知（29.27%），富山（14.63%），石川（9.76%）が上位を占めた。北陸以外の移動先は愛知に集中し，後は主に北陸地方内で地元以外の県に進学してからのUターン希望であることがわかる。近畿においては，大阪（31.94%），京都（22.22%），兵庫（10.19%）が上位を占めた。大多数が近畿地方内で地元以外の県に進学してからのUターン希望であることがわかる。これらの結果からわかることは，「Uターン就職組」にも，近隣からのUターンが多く含まれるブロック（例：近畿）と，遠方からのUターンが多く含まれるブロック（例：甲信越，北陸）に分類できるということである。

表6 甲信越，北陸，近畿の「地元Uターン組」における大学所在地の度数等

甲信越				北陸				近畿		
	度数	%			度数	%			度数	%
東　京	16	23.19		愛　知	12	29.27		大　阪	69	31.94
愛　知	11	15.94		富　山	6	14.63		京　都	48	22.22
神奈川	9	13.04		石　川	4	9.76		兵　庫	22	10.19
北海道	4	5.80		東　京	3	7.32		奈　良	13	6.02
群　馬	3	4.35		京　都	3	7.32		滋　賀	9	4.17
山　梨	3	4.35		神奈川	2	4.88		和歌山	9	4.17
岐　阜	3	4.35		新　潟	2	4.88		愛　知	8	3.70
京　都	3	4.35		岐　阜	2	4.88		岡　山	6	2.78
茨　城	3	4.35		福　井	1	2.44		東　京	4	1.85
埼　玉	2	2.90		福　岡	1	2.44		徳　島	3	1.39
千　葉	2	2.90		滋　賀	1	2.44		香　川	3	1.39
福　井	1	1.45		大　阪	1	2.44		高　知	3	1.39
長　野	1	1.45		奈　良	1	2.44		大　分	3	1.39
静　岡	1	1.45		宮　城	1	2.44		石　川	2	0.93
滋　賀	1	1.45		茨　城	1	2.44		広　島	2	0.93
大　阪	1	1.45						山　口	2	0.93
奈　良	1	1.45						沖　縄	2	0.93
岡　山	1	1.45						福　井	1	0.46
山　口	1	1.45						北海道	1	0.46
徳　島	1	1.45						岐　阜	1	0.46
福　島	1	1.45						三　重	1	0.46
								愛　媛	1	0.46
								福　岡	1	0.46
								佐　賀	1	0.46
								宮　城	1	0.46
合計	69			合計	41			合計	216	

（B）東北の「流動組」について

　東北の「流動組」における大学所在地の度数等を表7に示す。上位には東北地方に含まれる県が多くを占めていることがわかる。次に，東北の「流動組」における希望勤務先の度数等を表8に示す。最も多いのは，東京（58.49％）であり，次に宮城（20.75％）であった。他の東北地域の県は含まれていなかった。これらの結果より，東北地域の「流動組」には，東北地域内で地元以外の県に大学進学している者が多く，その後は，東京に勤務したい者が多いと言える。また，東京以外では，東北地域で宮城に希望勤務先が集中している特徴があると言えよう。

(C) 関東の「大学デビュー残留組」について

関東の「大学デビュー残留組」における高校所在地の度数等を表9に示す。埼玉（28.22％），神奈川（23.31％），千葉（22.70％）が上位を占めていた。東京に隣接する県であることがわかる。次に，関東の「大学デビュー残留

表7　東北の「流動組」における大学所在地の度数等

	度数	％
秋　田	6	11.32
岩　手	5	9.43
山　形	4	7.55
宮　城	4	7.55
東　京	4	7.55
茨　城	3	5.66
福　島	3	5.66
青　森	3	5.66
北海道	3	5.66
新　潟	3	5.66
神奈川	3	5.66
千　葉	3	5.66
群　馬	3	5.66
埼　玉	2	3.77
栃　木	1	1.89
沖　縄	1	1.89
京　都	1	1.89
静　岡	1	1.89
合計	53	

表8　東北の「流動組」における希望勤務先の度数等

	度数	％
東　京	31	58.49
宮　城	11	20.75
埼　玉	3	5.66
神奈川	2	3.77
北海道	2	3.77
新　潟	1	1.89
長　野	1	1.89
愛　知	1	1.89
大　阪	1	1.89
合計	53	

表9　関東の「大学デビュー残留組」の高校所在地の度数等

	度数	％
埼　玉	46	28.22
神奈川	38	23.31
千　葉	37	22.70
茨　城	15	9.20
栃　木	14	8.59
群　馬	7	4.29
東　京	6	3.68
合計	163	

表10　関東の「大学デビュー残留組」の大学所在地，希望勤務先の度数等

	度数	％
東　京	145	88.96
埼　玉	6	3.68
神奈川	4	2.45
北海道	3	1.84
茨　城	2	1.23
群　馬	1	0.61
千　葉	1	0.61
広　島	1	0.61
合計	163	

表11 九州の「社会人デビュー組」の希望勤務先の度数等

	度数	%
福　岡	32	56.14
東　京	12	21.05
神奈川	3	5.26
大　阪	3	5.26
熊　本	3	5.26
北海道	1	1.75
愛　知	1	1.75
長　崎	1	1.75
大　分	1	1.75
合計	57	

組」の大学所在地，希望勤務先の度数等を表10に示す。東京が8割以上を占めている（88.96％）ことがわかる。これらの結果より，関東の「大学デビュー残留組」には，東京に隣接する県が地元である者が東京の大学に進学し，そのまま東京で勤める希望を持つ者が多いという特徴があると言えよう。

（D）九州の「社会人デビュー組」について

九州の「社会人デビュー組」の希望勤務先の度数等を表11に示す。福岡（56.14％），東京（21.05％），神奈川（5.26％）が上位を占めた。九州地方において，高校と大学を同じ県で過ごした後に，地元を離れて就職したいと思う者の半数以上は同じ九州地方の福岡に集中することがわかる。また，その次に，上京したい者が多いこともわかる。

（E）中部，九州の「完全地元残留組」について

中部，九州の「完全地元残留組」の高校所在地，大学所在地，希望勤務先の度数等を表11に示す。中部地方では愛知（79.15％）が九州地方では福岡（57.08％）が，1位であり，2位以降を大きく引き離していた。どちらも大学が多い県であるが，愛知は有効求人倍率の高さが全都道府県の中で3位（1.49％）であるのに対し，福岡は有効求人倍率がワースト10（0.98％）に含まれているという特徴がある。

卒業した高校の都道府県と，希望する就職先の都道府県が一致するのは，「地元Uターン組」「完全地元残留組」「（ここでは左記の組と一緒に扱った

表12 中部，九州の「完全地元残留組」の高校所在地，大学所在地，希望勤務先の度数等

中部			九州		
	度数	%		度数	%
愛知	205	79.15	福岡	129	57.08
静岡	22	8.49	熊本	28	12.39
三重	22	8.49	鹿児島	23	10.18
岐阜	10	3.86	長崎	17	7.52
			大分	17	7.52
			宮崎	9	3.98
			佐賀	3	1.33
合計	259		合計	226	

が）東京組」である。これらの地域移動タイプが地元を志向していることになる。

「地元Uターン組」は，甲信越，北陸，近畿に多く，「完全地元残留組」は，北海道，中部，九州，沖縄に多かった。多くのブロックで地元志向があると言える。逆に，この両者に含まれなかったブロックは，東北，関東，中国，四国であった。この4つのブロックは，その他のブロックに比べて地元志向が高いとは言えなかった。東北は，就職の際に関東への移動を希望する者が多く，関東は，千葉，埼玉，神奈川に地元がある者が東京での就職を希望する者が多かった。中国，四国は，上記の結果からは目立った特徴を見出せなかった。また，求人倍率が高い福井，香川，徳島，岡山，島根に注目すると，北陸地方の福井を除けば，その他の県は，地元志向があるとは解釈できなかった。これは雇用先があるかどうかだけで地元志向が決まるわけではないことを物語っている。

（4）地域移動のタイプによって属性の違いはあるのか

上記までに示してきた地域移動のタイプによって，文系や理系，男性や女性といった属性の違いはあるのだろうか。そこで，地域移動のタイプごとに「文系・男性」「文系・女性」「理系・男性」「理系・女性」の人数を求め，その割合を算出した（図4）。これらのタイプによって，文理・男女の人数が異なるのかχ^2検定を用いて検討した結果，人数の偏りは有意であった（χ^2

(15) = 47.69, $p<.01$)。残差分析でプラスに有意であった項目に注目して解釈すると、「大学デビュー残留組」は文系・男性が、「完全地元残留組」は文系・女性が多かった。佐々木（2006）は、三大都市圏の大学収容力が高まったことにより、大学教育機会の地域間格差が広がっていること、そして、それが男性よりも女性において深刻であることを指摘している。本章の結果は、

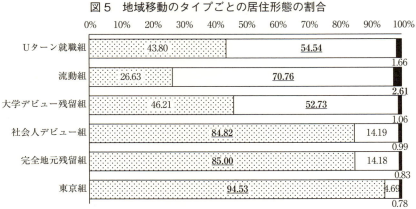

図4 地域移動のタイプごとの文理・男女の割合

	文系・男性	理系・男性	文系・女性	理系・女性
Uターン就職組	24.59	14.34	46.24	14.83
流動組	27.94	16.71	39.16	16.19
大学デビュー残留組	**28.75**	10.93	48.32	11.99
社会人デビュー組	19.14	15.51	49.83	15.51
完全地元残留組	21.23	12.90	**53.49**	12.38
東京組	30.47	9.38	47.66	12.50

注：太字下線は、残差分析でプラスに有意であった項目を示す。

図5 地域移動のタイプごとの居住形態の割合

	親元で暮らしている	一人暮らし（ルームシェア含む）	その他
Uターン就職組	43.80	**54.54**	1.66
流動組	26.63	**70.76**	2.61
大学デビュー残留組	46.21	**52.73**	1.06
社会人デビュー組	**84.82**	14.19	0.99
完全地元残留組	**85.00**	14.18	0.83
東京組	**94.53**	4.69	0.78

注：太字下線は、残差分析でプラスに有意であった項目を示す。

佐々木（2006）の結果を支持するものと言える。

居住形態の違いはあるのだろうか。そこで，地域移動のタイプごとに「親元で暮らしている」「一人暮らし（ルームシェア含む）」「その他」の人数を求め，その割合を算出した（図5）。これらのタイプによって，居住形態が異なるのかについて，χ^2検定を用いて検討した。人数の偏りは有意であった（$\chi^2(10)=837.59, p<.01$）。残差分析でプラスに有意であった項目に注目して解釈すると，「Uターン就職組」「流動組」「大学デビュー残留組」は一人暮らしの者が多く，「社会人デビュー組」「完全地元残留組」「東京組」は親元で暮らしている者が多かった。大学進学の際に地域移動がない3組で，親元で暮らしている者が多いという結果は，高校所在地を地元と捉える考え方と整合している。

(5) 6つの地域移動タイプにはどのような特徴があるのか

以下，これらのタイプごとに，需要側の要因と供給側の要因が異なるのかについて検討を行う。なお，上述の通り本章の調査時点は，東日本大震災の直後であったため，震災の影響を受けたかどうかも検討する。具体的には，親との相談の有無，就職先を決める要因，許容できる通勤時間，東日本大震

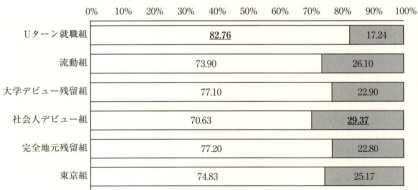

図6 「就職活動中に両親や親族に就職の相談をしたことはありますか？」についての回答

注：太字下線は，残差分析でプラスに有意であった項目を示す。

災の影響についての質問の回答結果を見ていく。

地域移動のタイプごとに「就職活動中に両親や親族に就職の相談をしたことはありますか？」についての回答の人数を求め，その割合を算出した（図6）。地域移動のタイプによって「はい」「いいえ」の回答が異なるのかについて χ^2 検定を用いて検討した。人数の偏りは有意であった（$\chi^2(5) = 23.54$, $p<.01$）。残差分析でプラスに有意であった項目に注目して解釈すると，「地元Uターン組」において「はい」と回答する者が多く，「社会人デビュー組」において「いいえ」と回答する者が多かった。両親との相談については，同居の有無は重要な視点である。先述のとおり，「Uターン就職組」「流動組」「大学デビュー残留組」では，一人暮らしをしている者が多かった。これら3組の中では，「Uターン就職組」が両親との相談をしている者が多かった。実際にどのようにして戻るかについて具体的な相談をしていると思われる。一方，「社会人デビュー組」「地元残留組」「東京組」は，親元で暮らしている者が多かった。その中でも，「社会人デビュー組」は両親との相談をしている者が少なかった。親が地元以外のことについて詳しくないと学生が思っているのかもしれないし，地元には戻りたくないと思っていることについて学生が親に言いにくいと感じているのかもしれない。ただし，これは解釈の一例に過ぎない。

図7 「通勤時間はどれくらいまでが妥当だと思いますか？」に対する回答

地域移動タイプ	30分程度	1時間程度	1時間半程度	2時間程度
Uターン就職組	30.63	53.82	13.60	1.96
流動組	40.47	50.13	8.88	0.52
大学デビュー残留組	33.10	50.62	14.69	1.59
社会人デビュー組	40.26	45.21	12.54	1.98
完全地元残留組	26.11	**55.98**	15.20	2.71
東京組	15.63	58.59	**25.00**	0.78

注：太字下線は，残差分析でプラスに有意であった項目を示す。

次に,「通勤時間はどれくらいまでが妥当だと思いますか？」に対する回答を図7に示す。まず,「2時間以上」であっても妥当と思う学生はどのタイプにおいてもほとんど見られなかったため,これ以降の分析からは除外した。そして,地域移動のタイプによって,「30分程度」～「2時間程度」の4つの選択肢の回答が異なるのかについてχ^2検定を用いて検討した。人数の偏りは有意であった（$\chi^2(15) = 77.46, p<.01$）。残差分析でプラスに有意であった項目に注目して解釈すると,「流動組」「社会人デビュー組」は,他のタイプと比較して妥当と思う通勤時間が短い傾向が見られ,「完全地元残留組」「東京組」は他のタイプと比較して妥当と思う通勤時間が長い傾向が見られた。「流動組」「社会人デビュー組」は,かなり職住接近の環境を求めていると解釈できる。しかし,上述したように,「流動組」「社会人デビュー組」は大学の所在地に残らず,かつ,地元以外の勤務先を希望している者たちである。他のタイプと比べて勤務のイメージがしにくかったとも解釈できる。また,「完全地元残留組」「東京組」は実家から一定程度の通勤時間がかかることが仕方のないことと捉えているのであろう。

続けて,「就職先を考える場合,何を優先しますか？」に対する回答を図8に示す。地域移動のタイプによって,これらの回答が異なるのかについて

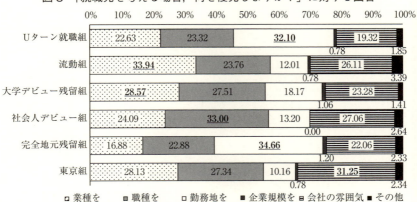

図8 「就職先を考える場合,何を優先しますか？」に対する回答

注：太字下線は,残差分析でプラスに有意であった項目を示す。

χ^2検定を用いて検討した。人数の偏りは有意であった（$\chi^2(25) = 489.01$, $p < .01$）。残差分析でプラスに有意であった項目に注目して解釈すると，「Uターン就職組」と「完全地元残留組」においては，勤務地を最優先する者が多く，「流動組」「大学デビュー残留組」「社会人デビュー組」「東京組」においては，業種を最優先する者が多かった。中島（2007）は，地元への就職をする移動パターンの者は仕事内容を重視しないことが規定要因の一つであることを明らかにしているが，本研究でも同様の結果が得られた。新たに明らかになったこととして，本研究では，「完全地元残留組」と「東京組」において回答傾向が異なることを示した。これは，地元に残り続ける者の中でも東京に在住している者と，そうでない者では優先するものが異なることを意味している。

最後に，「東日本大震災の影響により，地元（Uターン含む）就職を意識するようになりましたか？」という質問に対する回答結果を図9に示す。「1. 強く意識するようになった」「2. 少し意識するようになった」「3. あまり意識しないようになった」「4. 全く意識しないようになった」「5. 変化なし」という5つの選択肢がある。以下の分析においては，「1. 強く意識するようになった」「2. 少し意識するようになった」を合わせて「意識するように

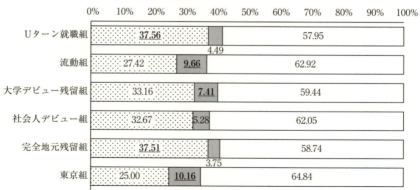

図9 「東日本大震災の影響により，地元（Uターン含む）就職を意識するようになりましたか？」に対する回答

注：太字下線は，残差分析でプラスに有意であった項目を示す。

なった」と,「3. あまり意識しないようになった」「4. 全く意識しないようになった」を合わせて「意識しないようになった」とし,合計3つの選択肢にまとめ,これらの回答が異なるのかについてχ^2検定を用いて検討した。人数の偏りは有意であった($\chi^2(10) = 54.06, p<.01$)。残差分析でプラスに有意であった項目に注目して解釈すると,「Uターン就職組」と「完全地元残留組」は地元就職を意識するようになった者が多く,「流動組」「大学デビュー残留組」は地元就職を意識しないようになった者が多かった。地元で就職を希望する「Uターン就職組」と「完全地元残留組」において,東日本大震災の影響を受けたと思う者の割合が多いので,本章の分析結果であらわれている地元志向の強さは調査時期の影響を受けている可能性がある。また,地元で就職を希望する点では同じである「東京組」は同様の結果が出ていないことも興味深い。

6 結 論

　本章の特徴は,地域移動のタイプを実際の行動と希望の両方を入れた指標から分類したことにある。すなわち,高校から大学に移行する際に地域移動の有無を行動レベルで捉えた後,大卒後の就職先は現在の大学所在地に残りたいのか,離れたいのか希望レベルで尋ねたことになる。本章の分類では,「Uターン就職組」「完全地元残留型」「東京組」は合わせて6割以上であった。

　高校から大学,大学から勤務先まですべて行動レベルで尋ねた中島（2007）は,ブロックや性別によって差はあるものの全体では約50％が地元で就職していることを示している。本章は,サンプリング,全体のマクロ統計との整合性との問題などもあるため,単純比較はできないが,1割程度ずれていると判断すれば,本章で扱った大学生の希望レベルでは,実際の移動よりも楽観的観測になっている可能性がある。

　若者の地域移動の実態を捉える際には,ただ行動レベルで捉えるのみならず,そもそもはどれほどの希望がある中で,どれだけ実現できたか,または

できなかったかを捉えることは今後の地域移動のあり方について考える際に基礎的な資料となることが期待できる。今後は，これらの理想を持った学生が実際にどこに勤務しているのか追調査をしていく必要があるであろう。

　また，需要側の要因として，求人倍率に注目してみたところ，求人倍率の低い北海道や沖縄においても「完全地元残留組」が多かった。若者のライフスタイルとして，親とのかかわりに注目してみると，「Uターン就職組」は相談している者が多く，「大学デビュー残留組」は，親に対して相談していない。この結果は親子の間に心理的距離がある可能性を示唆した。これは地域移動研究をする際に，親の影響が無視できないことを物語っている。

　本研究で設けた6つの地域移動タイプと他の質問の関連からは，「Uターン就職組」や「完全地元残留組」のように地元での就職を希望する者（東京に残留し続けた「東京組」を除く）は，業種よりも勤務先で仕事を選びたいと思っており，多少の通勤時間がかかってもよいと思っていたことが明らかになった。例えば，通勤に2時間程度かけてもよいと思っている学生が一定数いるという結果は，労働人口として呼び込める地域を拡大できる可能性を示唆する。

　また，「Uターン就職組」と「完全地元残留組」は東日本大震災を受けて，地元就職を意識するようになった者が多いことも明らかになった。これは，（東京に残り続けた者を除く）地元志向の大学生は，就職においてある程度，肝が据わっていると解釈できるであろう。地元に若者を呼び寄せたい地域は「Uターン就職組」や「完全地元残留組」にのみ注目するのではなく，「流動組」「大学デビュー残留組」「社会人デビュー組」にも注目してみる価値はあろう。例えば，東北地方の「流動組」には，東北地方内で地元以外の県に大学進学している者が多く，その後は，東京に勤務したい者が多い傾向がうかがえた。東京近郊の県に所在する企業は，関東地方のみならず，東北地方の大学にも求人を出す価値はあると言えよう。

　しかし，注意しなくてはいけないのが，「大学デビュー残留組」は大学数が多い方が有利になる事には注意が必要である。大学数が少ない地域では，「流動組」や「社会人デビュー組」がターゲットになるであろう。

注
1) 齋藤・梅崎・田澤（1998）では，きょうだい出生順と地域移動の関係を分析し，長子あるいは一人っ子の女子に移動制約があることを確認している。

引用文献

太田聰一（2003）「若者はなぜ「地元就職」を目指すのか」『エコノミスト』8月5日号
―――（2005）「地域の中の若年者雇用問題」『日本労働研究雑誌』539: 17-33 頁
―――（2007）「労働市場の地域間格差と出身地による勤労所得への影響」，樋口美雄・瀬古美喜・慶応義塾大学経商連携二一世紀 COE 編『日本の家計行動のダイナミズム［Ⅲ］――経済格差変動の実態・要因・影響』慶応義塾大学出版会
―――（2010）『若年者就業の経済学』日本経済新聞社
久世律子（2011）「若者問題の地域格差――都道府県別データによる分析」，樋口明彦・上村泰裕・平塚眞樹編著『若者問題と教育・雇用・社会保障――東アジアと周縁から考える』法政大学出版局，121-156 頁
轡田竜蔵（2011）「過剰包摂される地元志向の若者たち――地方大学出身者の比較事例分析」，樋口明彦・上村泰裕・平塚眞樹編著『若者問題と教育・雇用・社会保障――東アジアと周縁から考える』法政大学出版局，183-211 頁
厚生労働省（2012）「一般職業紹介状況（職業安定業務統計）」
齋藤嘉孝・梅崎修（2018）「青年期キャリアの地域移動における，きょうだい出生順による現代的制約――全国大学対象の計量分析から」『都市社会研究』10: 101-111（「きょうだい出生順と地域移動の希望（第9章）」，梅崎修・田澤実編者『大学生の内定獲得――就活支援・家族・きょうだい・地元をめぐって』法政大学出版局，145-158 頁）
佐々木洋成（2006）「教育機会の地域間格差――高度成長期以降の趨勢に関する基礎的検討」『教育社会学研究』78: 303-320 頁
杉浦裕晃（2012）「地域間労働移動の実態と時系列分析」，石黒格・杉浦裕晃・山口恵子・李永俊『「東京」に出る若者たち――仕事・社会関係・地域間格差』ミネルヴァ書房，21-46 頁
内閣府（2009）「第8回世界青年意識調査」
中島ゆり（2007）「大学生の就職活動と地域移動」，小杉礼子編『大学生の就職とキャリア――「普通」の就活・個別の支援』勁草書房，77-116 頁
樋口美雄（1991）『日本経済と就業行動』東洋経済新報社
―――（2004）「地方の失業率情報の裏に若者の地域定着増加あり」『週刊ダイヤモンド』3月30日号
文部科学省（2012）「平成24年度（速報）学校基本調査」
李永俊（2012）「地域間移動から若者が得る経済的な利益」，石黒格・杉浦裕晃・山口恵子・李永俊『「東京」に出る若者たち――仕事・社会関係・地域間格差』ミネルヴァ書房，21-46 頁
総務省（2012）「住民基本台帳に基づく人口，人口動態及び世帯数（平成24年3月31日現在）」
―――（2012）「住民基本台帳人口移動報告平成23年結果――全国結果と岩手県，宮城県及び福島県の人口移動の状況」
山田昌弘（2006）『新平等社会――「希望格差」を超えて』文藝春秋

第2章

意見の主張と感情コントロールが
大学適応に与える影響

1 問題の所在

　就職氷河期という言葉に象徴されるように，2008年に起こったリーマン・ショックから続く世界的な経済停滞の影響もあり，大学生を取り巻く就職状況は依然として厳しい。また，わが国の採用選考は新卒一括採用を重視すると言われている。新卒一括採用とは，日本独特の雇用慣行と考えられている。これは，企業が卒業予定の学生（新卒者）を対象に年度ごとに一括して採用し，卒業後直ちに勤務させるという制度である[1]。新卒一括採用は賛否両論あるが[2]，この制度が卒業までに就職を決めなければならないという切迫感を強める点は否めない。

　こうした学生側のニーズに対応して，各大学はキャリアセンターを中心に就職支援サービスを充実させている。さらに，授業内にキャリア教育科目を設定し，受講を促している[3]。本章の調査対象であるH大学A学部でも，2007年度より「現代的教育ニーズ取組支援プログラム（現代GP）」の支援を受けて，キャリアガイダンスの実習授業を開始した。この実習授業の目的は，職業意識の質的強化を図り，大規模私大での大卒無業者ゼロを目指すことであった。

　しかし授業開始時，こうした大学の取り組みが成果をあげるためには，仕組みの整備や授業内容の改善だけでは不十分であることも同時に危惧されている。これらの取り組みは，学生側が積極的に授業に参加してはじめて効力を発するが，すべての学生が積極的に授業を受けているわけでもなく，そもそも大学自体に適応していない学生も多い。下村（2009）は，アルバイトで

もサークルでもインターンシップでも何事にも積極的に取り組む学生は，学業成績も高く，就職活動に成功する傾向が高いと述べている。そこで，大学生の大学適応を分析し，キャリア教育を導入する際の前提条件を検討した。

　大学生活への適応に関しては，なかなか大学側からの正確な情報が得にくい（公開しにくい）と言える。その中でも，いくつかの貴重な研究がある。まず，内田（2009）によると，国立大学における休学者や退学者は1990年代後半以降，急激な増大傾向になり，2000年代は横ばい（微減）を続けている。休学や退学は顕著な意欲減退の表れと言えるが，在学中の学生の中にも意欲低下や，それに伴う学業成績低下などの不適応傾向を示している者が多いと考えられる。

　特に「マージナル大学」と呼ばれる非選抜型の大学の学生にとっては，就職支援以前の適応支援が重要である。居神（2010）はマージナル大学における教育実践として，学生に学習者としての主体性を確立させ，いまだ身に付けていない初等教育レベルの基礎学力を定着させる必要性を指摘している。しかし，学習者としての主体性をいかに確立するのかという心理的変化が詳細に検証されているわけではない。そこで本章では，大学適応をキャリア形成の一環（もしくは前段階）と位置づけ，これを促す過程について検討する。

（1）大学への適応

　大学適応とはどのように定義されるのだろうか。大学は高等学校を修了した者を対象とする教育機関であるということを考慮すると，学校適応の定義を参考にすることができる。

　学校適応の問題は，小学校，中学校，高校，大学において研究が蓄積されてきたが，各研究によって学校適応の定義は異なっていることが多い。例えば，Davies, Woitach, Winter, & Cummings（2008）は教師が評定した児童の行動指標（同級生への援助行動，規律順守，行動能力）を学校適応として用いているが，学業成績を適応指標として用いている研究もある（e.g. Buhs, 2005; Wenzel, 1993）。このように適応の特定の側面のみを取り上げて学校適応を論ずることは，他の側面の適応状態を事実上，無視することである。大対・大竹・松見（2007）は適応の複雑な側面を包括的に捉えるため学校適応

を「個人の行動が学校環境において強化される状態」と定義し，複合的な適応指標の採用を推奨している。

それでは，大学適応を測定する上でどのような指標を用いることができるだろうか。一つは，先に述べたように大学適応をキャリア形成の一環と位置づけるのであれば，学業成績は就職活動の成否を左右する重要な要因である[4]。また，学校適応の定義に照らすと，学業成績が良好であるということは，学校環境から個人の行動がポジティブな反応を受けていることを反映していると考えることができる。

一方，大久保（2010）は学業成績が低くても適応感を感じている可能性を指摘している。大久保（2010）は適応感を「個人が環境と適合していると意識していること」と定義しており，個人と環境が適合しているときの認知や感情に焦点を当てる必要があると主張している。また，Baker（2004）も同様に大学生活への適応を把握するにあたって，学業成績だけでなく心理社会的指標に注目すべきであると主張した。こうした議論に基づき，適応感を測定する心理的指標として大学内での講義や人間関係に対する満足度を取り上げた。大学生活満足感のような心理的指標は，大学教育に特有のものではないが，友人関係なども含む大学生活全般への満足感は，個人の行動が学校環境内で受ける強化を反映しているとみなすことができる。

したがって本章では，学業（GPA）と講義内容や友人関係を含む大学生活全般への満足感を大学適応の指標として扱う。まず，学業に焦点を当てる理由は，学生である以上避けられない正課の活動であり，今回 GPA のデータが分析できるという利点がある。加えて，われわれが教育の効果を考察するためにも学業に対する適応感を分析する必要がある。なお，大学生活全般に関する満足感を分析する理由は次のとおりである。溝上（2004a, 2004b）が指摘するように大学生活は時間的に有限であり，学業が他の活動と有機的に結びつくと，大学生活全体がうまく機能するが，こうした時に発現する全体的に肯定的な意味感情として適応を捉えているためである[5]。

(2) 理論モデルの構築――第1段階：個人差変数としての社会的自己制御

大学適応を促進する心理プロセスを検討するにあたり，はじめにパーソナ

リティ変数に注目した。われわれは，その中でも大学適応に強く関わる変数として社会的自己制御（Social Self-Regulation: SSR）に注目した。SSRとは「社会的場面で個人の欲求や意思と現状人との間でズレが起こった時に，内的基準・外的基準の必要性に応じて自己を主張する，もしくは抑制する能力」であると定義される（原田・吉澤・吉田 2008）。自己制御に関する研究領域は幅広く，神経生理学的要因（例えば，遺伝子や脳機能）によって規定される気質レベルと成長過程において獲得される能力レベルに分けることができるが，SSRは後者に関わる概念である。こうした理論的立場に依拠し，原田ら（2008）はSSRを測定する尺度を開発するため，大学生と高校生673名を対象に質問紙調査を実施した。得られたデータを分析した結果，自己主張，持続的対処，感情・欲求抑制という3因子が抽出された。ただし，因子間相関を考慮すると，SSRは持続的対処と感情・欲求抑制から成る自己抑制的側面と自己主張的側面の2つに集約することができる。

　その後，原田・吉澤・吉田（2009）は，上記のSSR3因子を用いて，違法性の軽微な社会的迷惑行為（例えば，ポイ捨て）と違法性の強い逸脱行為（例えば，器物損壊）との関連を検証した。分析の結果，持続的対処と感情・欲求抑制を含む自己抑制的側面は社会的迷惑行為，逸脱行為の双方を抑制することが明らかにされた。一方，自己主張的側面はこれらの行為を促進するという結果を得たが，これは予測とは逆の結果であった。そこで，原田ら（2009）は主張的側面と抑制的側面のバランスに着目し，それぞれの側面を高群と低群に分類した上で，これらの組み合わせが逸脱行為に及ぼす影響を検討した。分析の結果，「主張型」の回答者（主張を積極的に行うが，抑制はできないタイプ）は「両高型」の回答者（主張も抑制もできるタイプ）に比べて逸脱行為経験が多いことが示された。この結果から，原田らは主張型は自分に都合のよい身勝手な主張を行う傾向があるが，両高型は場面に応じて適切な振る舞いをすることができるのではないかと解釈しており，双方の側面のバランスが重要であると結論づけた。

　上記のように，原田ら（2009）はSSRと反社会的行為の関連は検討しているが，向社会的行動との関連は検討していない。しかしながら，両者の関連は理論的に推測することができる。SSRと理論的に類似した概念として実

行注意制御（Effortful Control: EC）が挙げられるが，これは後天的に獲得される能力的な自己制御ではなく気質的なレベルでの自己制御である。そして，EC は共感性や罪悪感のような感情を規定しており（Kochanska, Murray, & Harlan, 2000），こうした感情は向社会的行動を促す可能性を持っている。また，原田ら（2008）は EC と SSR の関連を検討した結果，両者の間に有意な正の関連を見出した。これらの結果を考慮すると，SSR がポジティブな対人関係や行動を促すことは十分に予測することができる。

必要に応じて自己を主張したり，自己を抑制することに優れた者は，適切な対人方略を行使することができるため，他者との相互作用も円滑に行われると期待される。特に，大学という場面において，SSR が高い者は他の学生や教員と良好な集団内関係を形成するのだろう。

(3) 理論モデルの構築——第2段階：媒介変数としての集団同一化

上述のような集団内関係を包括的に説明する理論として，社会的アイデンティティ理論（Tajfel & Turner, 1979）がよく知られている。初期の社会的アイデンティティ理論は，集団間葛藤のような集団間関係を説明するために用いられた。しかしながら，後に Turner が提唱した自己カテゴリー化理論（self-categorization theory）によって，集団内行動も含むより包括的な視点から集団を理解する理論に発展した（Turner, Hogg, Oakes, Reicher, & Wetherell, 1987/1995）。

社会的アイデンティティ理論の基本的仮定の一つは，社会は多様な社会的カテゴリーによって成立しているというものである。われわれは，さまざまな社会的カテゴリーの中に組み込まれており，そのカテゴリーに合致したアイデンティティを形成する。このような社会的カテゴリーを基盤としたアイデンティティを社会的アイデンティティと呼ぶ（例えば，「私は日本人である」や「私は A 社の社員である」）。そして，多くの個人は複数の社会的アイデンティティを持ち，その重要度は個人によって異なる。ある社会的アイデンティティが個人の思考や行動に影響を及ぼす程度は，当該社会的カテゴリーが当人にとってどの程度重要であるかによって異なる。

特定の社会的アイデンティティの重要度を示す概念として集団同一化が挙

げられる。集団同一化は認知的要素と情緒的要素に区分され，前者は集団成員としての自覚を指し，後者は集団や集団に対する愛着や優越性を指している（Ellemers, Kortekaas, & Ouwerkerk, 1999）。集団への同一化の程度や性質によって，個人の思考や行動は大きく左右されることが知られている。特に，集団同一化が高まると，個人は内集団規範やステレオタイプを積極的に取り入れるため，集団や集団成員の意思決定に基づいて行動するようになる（Doosje, Ellemers, & Spears, 1999）。この知見は，集団同一化が高い者は所属集団にとって望ましい行動を取りやすくなるということを示している。これを大学の文脈に置き換えると，集団同一化が高い個人は所属大学への愛着や，その一員としての自覚が高いため，大学の推奨する方針に則って行動しようとするであろう。それは大学（特に，所属学部）だけでなく他の学生や教員からもポジティブな反応を受け取り，大学への適応感が高まると期待される。

(4) 本章の予測

先の議論では，学生の大学適応過程を述べたが，ここで上述の議論から導かれる予測を整理する。われわれは大学適応を促す個人特性として，はじめにSSRを仮定した。SSRが高い者は良好な集団内関係を築く可能性が高いため，集団成員としての自覚や所属学部に対する愛着（集団同一化）が高まり，これが大学への適応を促すであろう。以上が本章の予測であり，図1にこの予測を表現した理論モデルを示す。

図1　大学への適応に関する理論モデル

2 方 法

(1) 手続と調査対象者

2009年1月下旬に首都圏の私立大学（H大学）に所属する1年生を対象として，授業時間中に質問紙調査を実施した。H大学A学部では，2007年度より「現代的教育ニーズ取組支援プログラム（現代GP）」の支援を受けて，キャリアガイダンスの実習授業を開始した。本調査は，授業の実態や授業の効果を測ることを目的にしたものではなく，授業を開始する前に，学生の学生生活と学業を正確に把握することを目的としている。

279名から回答を得たが，回答に不備がある者および1年生以外の者は分析から除外した。最終的な調査対象者は271名（男性108名，女性162名，不明1名），平均年齢は19.6歳（$SD=3.80$），レンジは18～56歳であった。

その後，各学生の学業成績の良否を示すGPA（Grade Point Average）を1年時（2008年度），2年時（2009年度），3年時（2010年度）にわたって当該機関より得た。なお，GPAを除くすべての変数は2009年に取得したデータである。

(2) 質問項目
①社会的自己制御

原田ら（2008）が作成した社会的自己制御尺度を使用した。この尺度は自己主張，感情・欲求抑制，持続的対処の3因子から構成され，計29項目である。これらの項目について「1. あてはまらない」から「5. あてはまる」の5件法で回答を求めた。

②集団同一化

調査対象者の所属学部への愛着や成員としての自覚の程度をたずねるため，Roccas, Sagiv, Schwartz, Halevy, & Eidelson（2009）が作成した集団同一化尺度を用いたが，本研究では大学の文脈に適した9項目を選定して用いた。また，原版の項目を直訳すると，大学の文脈に照らして不自然になる場合が

あるため，こうした項目は表現を改めた。これらの項目について「1. あてはまらない」から「5. あてはまる」の5件法で回答を求めた。

③大学への適応

本章は，大学適応を大学生活満足感とGPAという2つの観点から測定することとした。

大学生活満足感は先の議論に基づき，大学生活において得ることができる教育の質や量に対する満足感（5項目）と大学における人間関係の中から得られる満足感（6項目）の双方から測定した。前者は，Schmitt, Oswald, Friede, Imus, & Merritt（2008）の満足感尺度を翻訳して用い，後者はわれわれが独自に作成した。

GP（grade point）とは学生が履修した講義の成績を基準に得点化されたものであり，0〜4点までの範囲をとる[6]。算出方法は，履修科目のGPに当該履修科目単位数を乗算した値が一科目あたりの得点となる（例えば，心理学概論［2単位］の成績が80点であれば，GP 3点×2単位＝6点となる）。こうして算出されたすべての履修科目の値を平均したものが各個人のGPAとして得点化される。なお，本章で扱うGPAは各学年のGPAを累積的に計算する総GPAである。

3　分析結果

はじめに，各分析における対象人数を記述する。因子分析では，SSRが257名，集団同一化が268名，大学生活満足感が266名であった。また，媒介分析の対象者数は，教養満足感が249名，人間関係満足感が250名であり，GPAでは1年時252名，2年時251名，3年時248名であった。

(1) 所属大学および学部志望順位

271名の内，当該学部が第一志望の回答者は128名（47.2%）であったが，139名（51.3%）は他大学または他学部を第一志望としていた。なお，4名（1.5%）は無回答であった。これは，回答者の半数以上が当該学部を第二志

望以降として受験に臨んでいたことを示している。この結果は大学適応に一定の影響を及ぼす可能性があるため，われわれは志望順位をコントロール変数（第一志望は1，第二志望以下は0とコード）として理論モデルの分析に投入した。

(2) 各尺度（SSR，集団同一化，大学生活満足感）の因子分析

はじめに，SSR尺度の因子構造を確認するため，SSR尺度を構成する29項目に対して探索的因子分析を実施した（アルファ因子法・プロマックス回転）。分析の過程において，複数の因子に負荷量が.35以上を示す1項目（友達が嫌がらせや悪ふざけなどをしているときでも，よくないと伝えることができない）を削除した。その結果，原田ら（2008）と同様に3因子を抽出した（表1）。また，各因子を構成する項目も原田らの結果と一致しているため，第1因子を「自己主張」，第2因子を「感情・欲求抑制」，第3因子を「持続的対処・根気」と命名した。因子間相関を見ると，自己抑制的側面として仮定された感情・欲求抑制と持続的対処・根気の相関は.523と中程度の相関を示しているものの，これらと自己主張の相関は.029〜.186と弱いものであった。因子間相関を考慮すると，SSRが3因子構造を示しながらも，自己主張的側面（自己主張因子）と自己抑制的側面（感情・欲求抑制因子と持続的対処因子）という2側面に集約可能であることを示している。したがって，本章ではSSRを主張と抑制の二次元として扱う。

次に，集団同一化尺度を構成する9項目に対して探索的因子分析を実施した（アルファ因子法・プロマックス回転）。表2に示すように，2因子を抽出したが，第一因子は集団成員としての自覚を示す項目に高い負荷を示しているため「認知的同一化」と命名し，第二因子は所属集団の優越性を示す項目に高い付加を示しているため「情緒的同一化」と命名した。因子間相関は.572と中程度の相関を示していた。

最後に，大学生活満足感尺度を構成する11項目に対して探索的因子分析を実施した（アルファ因子法・プロマックス回転）。分析の過程において，どの因子にも負荷量が.35未満である1項目（将来的に仕事に就く上で，私の教養が役立つことに満足している）を削除した。その結果，2因子を抽出

表 1　社会的自己制御の因子分析結果

項　目	因子1	因子2	因子3
因子1：感情・欲求抑制			
自分の思い通りに行かないと，すぐに不機嫌になる。（逆転項目）	.793	.053	-.153
相手から不快なことを言われても，自分の感情を露骨に表したりはしない。	.724	-.047	-.131
納得のいかないことがあったとき，すぐにかんしゃくを起したりせず，落ち着いて話すことができる。	.629	.171	-.039
自分が気に入らない人には，つい過剰に注意をしたり，文句を言いすぎたりしてしまう。（逆転項目）	.596	-.156	.002
嫌なことがあっても，人やものに八つ当たりをしない。	.592	.015	-.111
面倒くさいことは人に押し付ける。（逆転項目）	.462	.076	.099
自分の意見を否定する相手の意見を受け入れることはできない。（逆転項目）	.435	.090	.087
やりたくないことや興味のないことは，みんなと一緒にやらなければならないときでもサボってしまう。（逆転項目）	.429	-.146	.181
自分の考えだけを聞いてもらおうとするのではなく，相手の考えも聞いて分かってあげようとする。	.428	.056	.157
友達から間違いを指摘されたら，素直に自分が間違っていたことを認める。	.425	-.027	.205
自分がされて嫌なことは人にもしない。	.399	.051	.145
因子2：主張			
多数派の意見とは違っても自分の意見を言う。	.032	.719	-.149
友達の考えに流されることなく，自分の考えを言うことができる。	.060	.708	.138
たとえ言いにくくても，間違っていることは指摘できる。	-.064	.661	.117
周囲の人と自分の意見が違っていても，自分の意見を主張する。	-.226	.630	-.242
自分が考えていることを相手にわかるようにはっきり言う。	.012	.528	.277
自分が正しいと思っていても，人から「間違っている」といわれる可能性があるときは何も言わない。（逆転項目）	.200	.518	-.199
嫌なことを頼まれたとき，嫌だという気持ちを伝えることができる。	.018	.507	-.130
話し合いの場で，進んで自分の意見を述べる。	.120	.504	.077
やりたいことに自分から進んで参加できる。	.055	.475	.231
順番に並んでいるときに横から入り込んでくる人がいたら注意をする。	-.186	.425	.028
仕事・課題や遊びなど，周囲の人にいちいち聞かずに，自分のアイデアで進めることができる。	-.035	.384	.237
先生から不当なことを言われても黙っている。（逆転項目）	.034	.358	-.138
因子3：持続的対処			
困難なことでも集中して取り組む。	-.086	.039	.738
集団の中で，自分の決められた役割があるときは，どんな誘惑にも負けずに取り組む。	.051	-.104	.696
やりとおさねばならない仕事があるときは，どんな誘惑があっても最後までやり通すことができる。	-.065	.000	.601
皆でやるべき課題があるときは，遊びたい衝動に駆られても我慢できる。	.126	-.121	.480
周りから決められた役割が困難なことでも，すぐにあきらめたりせずに，我慢してやりとおす。	.228	.040	.453
因子寄与	4.42	3.87	3.80
因子間相関　因子2	-.012		
因子3	.515	.253	

表2 集団同一化の因子分析結果

項 目	因子1	因子2
因子1：認知的同一化		
学部のメンバーであることは私のアイデンティティの一部にとって重要である。	.794	-.041
学部のメンバーとして自分自身をみなすことは私にとって重要だ。	.742	-.034
学部の他のメンバーが私をこの学部生の一人としてみていることは重要である。	.656	.041
私は学部の一員であると強く感じる。	.612	.115
所属学部を批判することは不誠実なことである。	.401	.174
私は学部に強く関与している。	.350	.116
因子2：情緒的同一化		
他の学部と比べると，所属学部は特に良い。	-.092	1.040
他の学部と比べて，所属学部は非常に良心的である。	.133	.642
所属学部は全ての点で他学部よりも優れている。	.192	.424
因子寄与	3.15	2.75
因子間相関　因子2　.572		

表3 大学生活満足感の因子分析結果

項 目	因子1	因子2
因子1：人間関係満足感		
私はこの大学の友人関係から得られる刺激に満足している。	.860	-.055
私はこの大学で得られる人間関係に満足している。	.851	-.139
私はこの大学で得た人間関係が自分の将来にプラスの影響があると思うので，満足している。	.686	.058
私は全体として大学生活に満足している。	.573	.252
大学内の友人の数に満足している。	.561	.003
将来の自分にとって，友人は良い刺激となる。	.542	-.064
因子2：教養満足感		
おおむね，この学校で受けることができる教育に満足している。	.046	.801
私はこの大学の先生の教養に満足している。	-.067	.778
私は講義で学ぶ量に満足している。	-.116	.563
私はこの大学で学んだことが自分の将来にプラスの影響があると思うので，満足している。	.274	.363
因子寄与	3.39	2.49
因子間相関　因子2　.486		

したが，第一因子は大学での人間関係から得られる満足感を示す項目に高い付加を示しているため「人間関係満足感」と命名し，第二因子は大学が提供する教養やその質に対する満足感への項目に高い負荷を示しているため「教養満足感」と命名した（表3）。因子間相関は.486と中程度の相関を示していた。

表4 各変数の記述統計量，相関係数，信頼性係数

	M	1	2	3	4	5	6	7	8	9
1. 主張	3.21(0.59)	.83								
2. 感情・欲求抑制	3.53(0.66)	.022	.83							
3. 持続的対処	3.53(0.70)	.191**	.484**	.76						
4. 認知的同一化	3.05(0.74)	.190**	.227**	.239**	.79					
5. 情緒的同一化	3.14(0.85)	.111	.172**	.167**	.561**	.78				
6. 人間関係満足感	3.15(0.69)	.266**	.207**	.253**	.533**	.542**	.84			
7. 教養満足感	3.63(0.81)	.159**	.250**	.254**	.502**	.399**	.428**	.73		
8. GPA 1 年時	2.42(0.51)	−.049	.163**	.164**	.105	−.033	.089	.084	−	
9. GPA 2 年時	2.43(0.55)	−.136*	.174**	.163**	.034	−.093	.010	−.024	.849**	−
10. GPA 3 年時	2.45(0.55)	−.131*	.172**	.159**	.015	−.116	−.016	−.062	.827**	.973**

$*p<.05, **p<.01$

注：1) 平均値横の（　）内の値は標準偏差。
　　2) 対角行列の値は Cronbach α 係数。
　　3) 1, 2, 3 は SSR，4, 5 は集団同一化，6-10 は大学適応。

(3) 各尺度の記述統計量と内的一貫性

表4は，各尺度の記述統計量と Cronbach の α 係数によって推定された内的一貫性に基づく信頼性係数を示している。

まず，SSR の下位尺度である主張，感情・欲求抑制，持続的対処の平均値をみると，これらは共に理論値の中点（3.0）を超えている。この結果は，回答者は状況に応じて自分の意見を主張したり，自分自身を律することができるということを示している。また，信頼性係数は .76〜.83 の間にありおおむね満足すべき水準にあると言えるだろう。

次に，集団同一化の下位尺度である認知的同一化，情緒的同一化の平均値をみると，共に理論値の中点（3.0）を超えている。この結果は，回答者は所属学部としての一員であるという自覚が高いこと，所属学部が他よりも良い学部であるという情緒的な同一化が強いことを示している。また，信頼性係数は認知的同一化が .79，情緒的同一化が .78 であり，おおむね満足すべき水準であると言えるだろう。

最後に，大学生活満足感の平均値をみると，人間関係満足感と教養満足感は共に理論値の中点（3.0）を超えており，回答者は大学での人間関係や大学で学ぶ講義の質や量におおむね満足していることがわかる。

(4) 理論モデルの分析

本章の理論モデルは，複数の媒介プロセスを仮定する多重媒介モデル（multiple mediator model）であり，SSR（独立変数）が認知的同一化（媒介要因A）と情緒的同一化（媒介要因B）という2種類の変数を媒介して大学適応（従属変数）を強めると予測した。この理論モデルで仮定した間接効果の有意性を検討するため，Preacher & Hayes（2008）が提唱したブートストラップ法（10,000標本抽出）を分析に適用した。この分析法は複数の媒介過程を同時に扱えるので，(1) 各媒介過程における間接効果の有意性検定を実施できること (2) それぞれの間接効果の大きさを比較できることという利点がある。なお，95%信頼区間（Bias-corrected and accelerated法）の下限値と上限値の間に0をはさまなければ，間接効果は5%水準で有意と判断することができる。

本章は従属変数である大学適応が大学生活満足感（人間関係満足感，教養満足感）とGPA（1年時，2年時，3年時）の二つに分かれるので，これらを個別に分析した結果を記述する。

①大学生活満足感の分析

はじめに全体的な結果（図2，3）を述べると[7]，主張と抑制の双方は認知的同一化を有意に高め，これが人間関係満足感と教養満足感の双方を促した。一方，抑制は情緒的同一化も有意に高め，これが教養満足感と人間関係満足感の双方を促した。また，主張は人間関係満足感，抑制は教養満足感への直接効果が見られた。これらの結果は回答者の所属学部志望順位をコントロールしても見られるものであった。

次に，SSRと大学生活満足感の関連を集団同一化が媒介するかどうかを検討するためにブートストラップ法による間接効果の有意性検定を実施した（Preacher & Hayes, 2008）。間接効果の結果は，主張が集団同一化を媒介し，大学生活満足感を促進する媒介過程（Model 1：主張→認知的同一化・情緒的同一化→大学生活満足感）と抑制が集団同一化を媒介し，大学生活満足感を促進する過程（Model 2：抑制→認知的同一化・情緒的同一化→大学生活満足感）があるが，これらは教養満足感と人間関係満足感のそれぞれで同じ結果であったので併せて結果を記述する。

図2 教養満足感の媒介分析結果

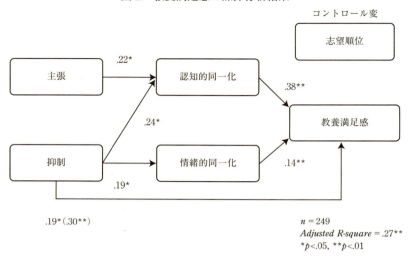

$n = 249$
Adjusted R-square = .27**
*p<.05, **p<.01

図3 人間関係満足感の媒介分析結果

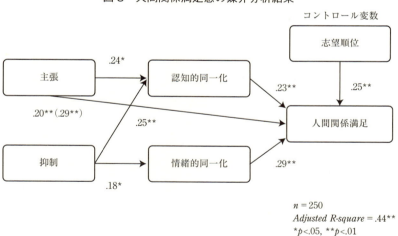

$n = 250$
Adjusted R-square = .44**
*p<.05, **p<.01

(A) 教養満足感

初めに，総合間接効果の結果をみると有意であった (point estimate for Model 1 = 0.10, 95% CIs [0.03, 0.18]; point estimate for Model 2 = 0.11, 95% CIs [0.04, 0.21])。次に，各間接効果の結果を見ると，認知的同一化は有意であるが (point estimate for Model 1 = 0.08, 95% CIs [0.03, 0.16]; point estimate for Model 2 = 0.09, 95% CIs [0.03, 0.17])，情緒的同一化は非有意であった。最後に，認知的同一化と情緒的同一化の二つの間接効果に強度の差があるか否かを検討したところ有意であった (point estimate for Model 1 = 0.67, 95% CIs [0.005, 0.14]; point estimate for Model 2 = 0.06, 95% CIs [0.001, 0.16])。

これらの結果は，自分自身の欲求を適切に抑制したり，場面に応じて適切に主張ができる者ほど所属学部の一員としての自覚が強くなり，これが大学の講義や教育内容への満足感が高まるということを示している。また，抑制は集団同一化を媒介せずに，直接的に教養満足感を高めるという結果も示している。

(B) 人間関係満足感

総合間接効果は有意であった (point estimate for Model 1 = 0.09, 95% CIs [0.02, 0.18]; point estimate for Model 2 = 0.11, 95% CIs [0.02, 0.19])。次に，各間接効果の結果を見ると，認知的同一化は有意であるが (point estimate for Model 1 = 0.06, 95% CIs [0.02, 0.12]; point estimate for Model 2 = 0.06, 95% CIs [0.02, 0.12])，情緒的同一化は非有意であった。最後に，認知的同一化と情緒的同一化の二つの間接効果に強度の差があるか否かを検討したところ，非有意であった。これらの結果は，自分自身の欲求を適切に抑制したり，場面に応じて適切に主張ができる者ほど所属学部の一員としての自覚が強くなり，これが大学内での人間関係満足感を高めるということを示している。また，主張は集団同一化を媒介せずに，直接人間関係満足感を高めるという結果も示している。

②GPA

GPA は 1 年時（図 4），2 年時（図 5），3 年時（図 6）と三つのデータがあるが，基本的に類似した結果が得られているのでまとめて分析結果を記述す

る。

　すべてに共通する結果をみると，主張と抑制の双方は認知的同一化を有意に高める一方，抑制は情緒的同一化も有意に高めた。しかしながら，理論的

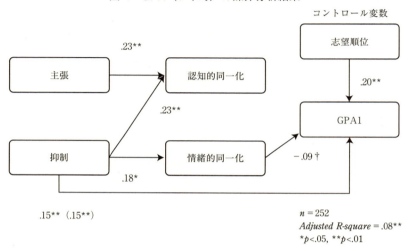

図4　GPA（1年時）の媒介分析結果

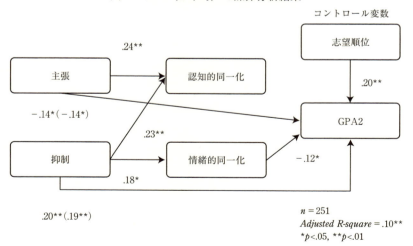

図5　GPA（2年時）の媒介分析結果

図6 GPA（3年時）の媒介分析結果

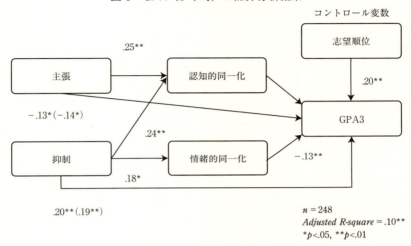

予測とは逆に情緒的同一化がGPAを有意に低める結果となった。

次に，2年時と3年時のGPAに関しては，上記の結果以外に主張と抑制からGPAへの直接効果が見られた。前者は，GPAを有意に低める結果であったが，後者はGPAを有意に高める結果となった。

最後に，SSRとGPAの関連を集団同一化が媒介するかどうかを検討するためにブートストラップ法による間接効果の有意性検定を実施したが，いずれの間接効果も非有意であった。

4 考 察

本章は，大学適応をキャリア形成の一環と位置づけ，これを促す過程を検討した。具体的には，社会的自己制御と大学適応を集団同一化が媒介するという理論モデルについて，ブートストラップ法を用いた媒介分析を適用した。

（1）大学生活満足感

　理論的予測と一致して，SSRの両側面（主張，抑制）は認知的同一化を媒介して人間関係満足感と教養満足感を高めた。場面に応じて自分の欲求を抑制したり，自分の意見を適切に主張できる者は人間関係において適切な対人方略を行使することができるため，所属学部の一員としての自覚が生じるのだろう。そして，こうした感覚が内集団規範に沿った集団志向的行動（例えば，学内行事や研究活動に積極的に取り組む）を引き起こし，学部に所属する学生や教員からのポジティブな評価を得ることができるため，アカデミックおよび人間関係の両側面において満足感が高まったと考えることができる。

　一方，SSRの両側面と大学生活満足感（人間関係満足感と教養満足感）の関係を情緒的同一化が媒介するという結果は示されなかった。この結果を考察するにあたり，SSRの性質に焦点を当てる必要がある。まず，主張には他者と意見が異なっていても自分の考えを表明したり，物事を批判的に見るという側面がある。そして，抑制は何か間違っていることがあれば，それを受け入れたり，じっくりと考えたりする側面がある。これらに共通していることは物事を慎重に判断，評価しようとする傾向である。さらに，情緒的同一化は所属学部に対する評価的側面から同一化の程度を測定している。こうしたSSRと情緒的同一化の二つの性質を考慮すると，SSRが高い回答者は自分の所属学部を長所と短所の双方から評価していると考えることができ，それゆえ，単純に所属学部が他学部よりも優れているというような形で同一化をはかり，大学生活満足感を高めることがなかったのではないかと推察される。

　さらに，SSRの主張的側面は集団同一化を媒介せずに人間関係満足感を直接的に高めるが，抑制的側面は教養満足感を直接的に促した。これはSSRの側面によって直接的に促される大学生活満足感のタイプが異なるということを示している。主張的な者は自分の意見を状況に応じて適度に主張できるという特徴を持つ。こうした特徴は，他者とポジティブな関係を構築する上で重要な役割を果たすと考えることができる。例えば，他者と意見が異なっていたとしても，相手との関係を損なわないようなやり方で自分の意見を主張するというような葛藤解決方略を行使することが考えられる。意見の異なる相手に対して忌憚なく自分の意見を述べる率直な態度は相手との信頼関係

を高めるかもしれない。主張的な者はこうした特徴を持つため，人間関係満足感が高まるのだろう。一方，抑制的な者は自分の欲求を適切にコントロールし，特定の物事に腰を据えて努力することができるという特徴を持つが，これは学問を修める上で重要な要素である。特に，初学者である1年生は講義を聴講するだけでなく自主的に文献を調べるなどの努力が求められるため，物事を持続的に継続できる抑制的な者は講義内容の理解が進み，その結果として教養満足感が高まったと考えられる。

以上の議論から，大学生活満足感はおおむね理論モデルを支持する結果であったと言えよう。ただし，SSRからの直接効果が教養満足感と人間関係満足感へ分化的に見られた点が理論モデルと異なる結果であった。したがって，集団同一化を媒介した間接効果とSSRからの直接効果（主張的側面は人間関係満足感，抑制的側面は教養満足感）の双方によって大学生活満足感が高まるというように理論モデルを修正する必要があろう。

(2) GPA

いずれの学年でもSSRが集団同一化を媒介してGPAを高める媒介効果は見られなかった。一方で，1年時を除いてSSRが直接的に2年時と3年時のGPAを高めるという結果が得られた。この結果は，個人の所属学部に対する同一化の程度よりも個人特性であるSSRがGPAに長期的な影響を及ぼすことを示している。興味深いことに，SSRを構成する主張的側面と抑制的側面というふたつがGPAに対して対照的な効果を示した。主張的側面はGPAを低める効果を示した一方で，抑制的側面はGPAを高める効果を示した。

主張的側面がGPAを低めた背景には，主張的側面の測定時期が大学1年時であったことが関係していると考えられる。主張的側面が強い回答者は自分の考えと異なる意見に対しても明確に主張し，物事を多角的に見ることができる。しかし，大学1年時は語学や教養科目あるいは学問的基礎（例えば，社会科学分野なら統計学や研究法など）を習得することが求められる。よって，自分の考えを積極的に主張するという学びではなく，受動的に講義を聞いて基本知識，技能，基礎理論を身に着ける機会が多いと言えよう。そのため，主張が強い個人はこうした受身的とも言える学びや学習に消極的な態度

を示す可能性がある。学業に対するこうした態度が，その後の学業成績の低下につながった可能性が考えられる。なお，主張的側面が1年時のGPAに有意な効果を及ぼさなかった点を考慮すると，主張的側面の効果は近接的というよりもむしろ遠隔的であることを示唆している。こうした結果は，1年時は基礎科目だけであったのが，2年時以降は基礎科目を基盤とした専門科目に発展する。つまり，1年時よりも2年時以降の学業困難度が指数関数的に高くなると考えられる。こうした1年時と2年時以降の学業困難度の差が原因となり，主張は1年時のGPAに有意な効果を及ぼさなかったものの，2年時以降のGPAには有意な効果が見られたのではないかと推察される。

逆に，抑制的側面はGPAを高める効果を示している。抑制傾向の高い学生は物事に対して持続的に取り組むと予想される。こうした学習態度が段階的に学問的知識やスキルを身につける上で重要な役割を果たし，結果として2年時以降のGPAの向上に寄与したのかもしれない。

その他には，情緒的同一化がGPAを有意に低めるという理論的予測とは逆の結果が見られた。しかし，この結果をもって所属学部に対して肯定的な評価をする回答者はGPAが低いと解釈するのは早計である。この結果に影響を与える要因として，われわれは回答者の所属学部への志望順位に注目した。本研究の回答者の半数近くは，所属学部に第二志望以降で入学しており，これらの回答者は情緒的同一化があまり高くない傾向にあると推測される。実際，志望順位と情緒的同一化の相関係数を算出したところ有意な正の相関（$r=.17, p<.01$）が見られ，上記の推測を裏付けている。つまり，全体的に第二志望以降の回答者は第一志望の回答者と比べて所属学部に対する肯定的な評価が低いと言えよう。

しかしながら，第二志望以降の回答者に限れば，こうした所属学部への同一化の程度と学業に対する動機づけは必ずしも一致しないのではないだろうか。第二志望以降で入学してきた回答者は現在の所属学部よりも難関であるとされる大学もしくは学部を第一志望としていたと予想される。しかし期待に反して，意中の大学または学部と異なる学部に入学したからには，良い学業成績を修めることで理想の第一志望を逃した不協和を解消しようという補償的心理が働くかもしれない。このため第二志望以降の回答者に限れば，学

部への同一化が低いからといって，学業への動機づけも低いとは言えないのだろう。そこで，所属学部が第二志望以降の回答者を対象に情緒的同一化とGPAの相関係数を算出したところ，1年時のGPAを除いて，有意な負の相関がみられたが（2年時：$r=-.22, p<.01$；3年時：$r=-.23, p<.01$），第一志望の回答者はそうした関連が見られなかった（2年時：$r=-.03, p=.72$；3年時：$r=-.07, p=.44$）。これは上記の考察が妥当であることを示唆するものである。

以上の議論から，GPAについては理論モデルが支持されず，SSRからの直接効果のみが確認された。また，SSRの抑制的側面と主張的側面が共にGPAを促したわけではなく，前者はGPAを促進する結果であったが，後者はこれを低める結果であった。したがって，GPAについてはSSRがその性質によって異なる直接効果を示すという理論モデルに修正するべきであろう。

(3) 教育的示唆と今後の課題

本章の分析結果は，一大学の一学部の調査データなので，因果関係についての踏み込んだ言及や安易な一般化は控えなければならないが，キャリア教育の有効性を高める要因について新しいインプリケーションを導くことができる。それは，教える側からの一方的な教育だけでは大学生活に対する満足感や学力の向上は困難であり，学生の適応過程を踏まえた教育と支援の方法を検討することが重要だということである。特に，満足度と学力では教育や支援の効果が異なる可能性があることに留意しなければならない。SSRの観点からすると，主張的であることは大学生活の満足度を高める一方で，学業成績を低める可能性がある。しかし，自分の感情や欲求を適切に統制する能力は満足感と学業成績の双方を高める。これらの結果は，主張的側面と抑制的側面の双方をバランス良く併せ持つことが重要であることを示唆している。特に，GPAに関してはSSRの直接的な効果が大きいので，このような能力をいかに身に付けさせるかという課題が重要となる。

大学においては，大学一年の導入教育などでコミュニケーション・スキルの向上を目標として，適切な自己主張ができるような一種のアサーション・トレーニングが積極的に取り入れられている。今回の研究結果は，こうした

実践の場においては，元気に自分をアピールするといった促進的な側面を伸ばすだけでは不十分である点を示唆する。状況に応じて抑制するという予防的な側面も学習する重要性を示唆する（Higgins, 1988）。本研究の結果から提言できる処方的含意は決して大きなものではないが，こうした実証的な適応過程の理解に基づき，教育や発達支援の実践のプログラムが構築されることが期待される。SSRを育てる教育や環境についての検証については，今後の調査課題としたい。

　本研究の制約として，第一に，本章で扱ったGPAが各学年の成績を累積的に計算する総GPAであったため，1年時から3年時までのGPAの相関が非常に高く，分析結果が類似したという点が挙げられる。第二に，理論モデルを構成する変数がGPA以外はすべて横断的データであるという点を挙げることができる。そのため，大学生活満足感の分析は横断的であったにも関わらず，GPAの分析は縦断的調査となっており，調査デザインの整合性が十分ではない。そのため，SSRや集団同一化の時間的変化，そして，それらがGPAにもたらす効果を検討することができなかった。したがって，理論モデルの再検証を実施する場合，理論モデルで仮定したすべての変数を縦断的データで得る必要があろう。また，大学適応が最終的に就職決定へポジティブな効果をもたらすのか否かということを併せて検討することで，理論モデルをキャリア形成と関連づけることが妥当であるかどうかを検証できるようになるであろう。

(4) 結　論

　本章は，SSRが集団同一化を媒介して大学適応を促進するという理論モデルを分析した。大学適応は大学生活満足感とGPAの二つの測度から成るが，前者はおおむね理論モデルを支持する結果が得られたが，後者はSSRからの分化的な直接効果のみが見られた。これらの結果は，大学適応の側面によって適応過程が異なることを示していると言えよう。

　これまで学校適応の問題は，小学校，中学校，高校，大学において研究が蓄積されてきたが，各研究によって学校適応の定義は異なり，大学適応に関する研究は多いとは言えなかった。こうした研究状況を考慮すると，SSRと

社会的アイデンティティ理論の双方を基盤とした理論モデルを構築した上で大学適応に主観指標（大学生活満足感）と客観的指標（GPA）の双方を組み込んで精緻に分析を行った点に本章の意義があると言えよう。

注
1) 新卒一括採用という雇用慣行の歴史的形成過程については，菅山（2011）が詳しい。
2) 議論の整理については，小塩（2009）が参考になる。
3) 大学におけるキャリア教育の拡がりについては，五十嵐（2008）の整理が役立つ。
4) 例えば，松繁（2004）は成績が就職，所得，昇進・出向などの卒業後キャリアに与える正の影響を確認している。ただし，これらの研究では成績の把握が卒業生本人たちの回想に基づくという問題がある。
5) サンプル数は 55 名と少ないが，松島・尾崎（2008）では，大学生活における重視活動も調査しつつ，適応感の大学 3 年間の変遷を分析している。
6) GP と素点の対応は以下のとおりである。0 点（0-59 点，または未受験他），1 点（60-69 点），2 点（70-79 点），3 点（80-89 点），4 点（90-100 点）。
7) 大学生活満足感，各 GPA の結果について回帰係数を記載すると煩雑になるため省略した。詳細は図 2，3，4，5，6 を参照（有意な係数のみを表記）。

引用文献
居神浩（2010）「ノンエリート大学につたえるべきこと――「マージナル大学」の社会的意義」『日本労働研究雑誌』602: 27-38 頁
五十嵐敦（2008）「大学におけるキャリア教育の実践」，日本キャリア教育学会編『キャリア教育概説』東洋館出版社，112-115 頁
内田千代子（2009）「大学における休・退学，留年学生に関する調査」『茨城大学保険管理センター』29: 70-85 頁
大久保智生・青柳肇（2003）「大学生用適応感尺度作成の試み――個人―環境の適応性の視点から」『パーソナリティ研究』12: 36-37 頁
大久保智生（2010）『青年の学校適応に関する研究〜関係論的アプローチによる検討』ナカニシヤ出版
大対香奈子・大竹恵子・松見淳子（2007）「学校適応アセスメントのための三水準モデル構築の試み」『教育心理学研究』55: 135-151 頁
小塩隆士（2009）「戦後日本における人材育成――「失敗」の構図と改革の方向（日本の教育・人材育成）」『季刊政策・経営研究』22: 3-17 頁
厚生労働省（2010）『生労働白書（平成 22 年版）』日経印刷
下村英雄（2009）「キャリア教育の心理学――大人は，子どもと若者に何を伝えたいのか」東海教育研究所
菅山真次（2011）「『就社』社会の誕生――ホワイトカラーからブルーカラーへ』名古屋大学出版会
原田知佳・吉澤寛之・吉田俊和（2008）「社会的自己制御（Social Self-Regulation）尺度の作成

――「妥当性の検討および行動抑制/行動接近システム・実行注意制御との関連」『パーソナリティ研究』17: 82-94 頁
―― (2009)「自己制御が社会的迷惑行為および逸脱行為に及ぼす影響：気質レベルと能力レベルからの検討」『実験社会心理学研究』48: 122-136 頁
松繁寿和編 (2004)『大学教育効果の実証分析――国立大学卒業生たちのその後』日本評論社
松島るみ・尾崎仁美 (2008)「学習意欲・授業選択態度・大学適応感の変遷について」『日本教育心理学会第50回総会発表論文集』, 474 頁
溝上慎一 (2004a)『現代大学論――ユニバーシティ・ブルーの風に揺れる』NHK ブックス
―― (2004b)「大学新入生の学業生活への参入過程――学業意欲と授業意欲」『京都大学高等教育研究』10: 67-87 頁

Baker, S. R. (2004) "Intrinsic, extrinsic, and amotivational orientations: Their role in university adjustment, stress, well-being, and subsequent academic performance," *Current Psychology*, 23: 189-202.

Buhs, S. E. (2005) "Peer rejection, negative peer treatment, and school adjustment: Self-concept and classroom engagement as mediating processes," *Journal of School Psychology*, 43: 407-424.

Davies, P. T., Woitach, M. J., Winter, M. A., & Cummings E. M. (2008) "Children's insecure representations of the interparental relationship and their school adjustment: The mediating role of attention difficulties," *Child Development* 79: 1570-1582.

Doosje, B., Ellemers, N., & Spears, R. (1999) "Group commitment and intergroup behavior" In N. Ellemers, R. Spears, & B. Doosje (Eds.), *Social identity: Context, commitment, content*, Oxford: Blackwell Publishing, pp. 84-106.

Ellemers, N., Kortekaas, P., & Ouwerkerk, J. W. (1999) "Self-categorisation, commitment to the group and group self-esteem as related but distinct aspects of social identity," *European Journal of Social Psychology*, 29: 371-389.

Higgins, E. T. (1998) "Promotion and prevention: Regulatory focus as a motivational principle," In M. P. Zanna (Ed.) *Advances in experimental social psychology*, (Vol. 30), New York: Academic Press, pp. 1-46.

Kochanska, G., Murray, K. T., & Harlan, E. T. (2000) "Effortful control in early childhood: Continuity and change, antecedents, and implications for social development," *Developmental Psychology*, 36: 220-232.

Roccas, S., Sagiv, L., Schwartz, S., Halevy, N., & Eidelson, R. (2009) "Toward a unifying model of identification with groups: Integrating theoretical perspectives," *Personality and Social Psychology Review*, 12: 280-306.

Schmitt, N. S., Oswald, F. L., Friede, A. Imus, A., & Merritt, S. (2008) "Perceived fit with an academic environment: Attitudinal and behavioral outcomes," *Journal of Vocational Behavior*, 72: 317-335.

Tajfel, H., & Turner, J. C. (1979) "The social identity theory of intergroup behavior," In S. Worchel & W. G. Austin (Eds.) *The social psychology of intergroup relations*, Oxford, England: Brooks/Cole, pp. 33-47.

Turner, J. C., Hogg, M., Oakes, P. J, Reicher, S. D., & Wetherell, M. S. (1987) *Rediscovering the social group: A self-categorization theory*, Oxford, UK: Blackwell Publishing.(『社会集団の再発見――自己カテゴリー化理論』蘭千尋・内藤哲雄・磯崎三喜年・遠藤由美訳, 誠

信書房,1995年)
Wentzel, K. R.（1993）"Does being good make the grade? Social behavior and academic competence in middle school," *Journal of Educational Psychology*, 85: 357-364.

第3章

学生のキャリア志向は親から影響を受けるのか？

1 問題の所在

　本章は，支援と干渉という2つの異なるタイプの親のキャリア関連行動が，大学生のキャリア・オリエンテーションに与える影響を検討するものである。その際，就業経験のない大学生の時点ですでにキャリア・オリエンテーションに性差が存在することをふまえ，性差をもたらす要因として親の就業形態に注目する。

　キャリア形成における内的キャリアの重要性が高まり，キャリア形成を他者との関係を通じて構築されるプロセスとして捉えようとする流れがある。就業開始前というキャリア形成のスタート時点にある大学生を対象として，内的キャリアを示す概念の1つであるキャリア・オリエンテーションに影響を与える他者としての親に注目することは，プロセスとしてのキャリア形成において他者が果たす役割ならびに発達段階ごとでの他者が果たす役割の変化を明らかにする一助となる。

2 キャリア・オリエンテーションの規定要因研究の必要性

(1) 高まる内的キャリアの重要性

　キャリア研究における中核的な問いの1つが，個人のキャリアの成功はいかに実現しうるのかである。ここでいうキャリアの成功とは「仕事経験を通じて蓄積された肯定的な心理的もしくは仕事上の成果や業績」のことである（Seibert, Crant and Kraimer, 1999）。従来企業の人材マネジメントは，昇

進昇格といった外的キャリアの成功を提供する枠組みを提供してきた。しかしながら環境変化や従業員の多様化は，昇進を望む従業員に昇進を提供することをより困難にするだけでなく，昇進を希望しない従業員の増加といった，外的キャリアの成功のみで従業員をマネジメントすることの限界を浮き彫りにした。すなわち，キャリアの成功を外的キャリアのみで定義することはもはや限界に達しており，個々人が有するニーズや価値観・目標によって規定される内的キャリアに注目することが不可欠な状況にある（Arthur, Khapova and Wilderom, 2005）。

内的キャリアの具体像を把握すべく，キャリア選好（career preference）を明らかにする研究が進み，さまざまな類型が提示された。代表的な類型として最も広く浸透し，引用されるキャリア・アンカー（career anchor; Schein, 1978）の他，キャリア・オリエンテーション（career orientation; Derr, 1986）がある。

(2) キャリア選好の規定要因としての他者

キャリア選好が組織や個人に与える影響を検討した研究は多いが（例えばIgbaria, Kassicieh and Silver, 1999），キャリア選好の規定要因に関する研究は限られる。最も研究が蓄積されているキャリア・アンカーを例に見ていこう。Schein（1996）はキャリア・アンカーを「キャリアに関連する，自分で知覚した能力，価値観，動機やニーズによって構成される自己概念」と定義し，キャリア・アンカーの規定要因として，能力や価値観，動機・ニーズを想定した。同様に，仕事経験ならびに上司や同僚からのフィードバックも規定要因と捉えている。

しかしながら，キャリア・アンカーの規定要因を検証した実証研究は限られる。それはこの概念が経営学の中で提唱され，形成過程よりも従業員群ごとでのキャリア・アンカーの違いの明確化や，多様なキャリア・アンカーを持つ従業員を活かす人材マネジメントのあり方に研究が集中したことが大きい。また，キャリア・アンカーには，ひとたび確定した後は安定性が高いという特徴があると捉えられていたことも（Schein, 1980），規定要因に関する研究の少なさの一因と推測できる。

しかしながら，キャリア・アンカーに代表されるキャリア選好の規定要因に関する研究の重要性は高い。それは，内的キャリアの重要性が高まる中，企業には，個人－環境適合（person-environment fit）の実現にむけて，個人のキャリア選好に適合する仕組みを構築する（環境へのアプローチ）だけでなく，組織と適合するように個人のキャリア選好に働きかける（個人へのアプローチ）ことが求められるようになってきているからである。

　どのような要因がキャリア選好を規定するのだろうか。先行研究はキャリア選好と概念上関連する動機やニーズ，価値観が加齢によって変化することを示す。Kooij, De Lange, Jansen, Kanfer and Dikkers（2011）は就業者を対象とした調査のメタ分析を通じて，加齢により仕事に関する動機やニーズ，価値観が変化することを明らかにした。同様に，Smola and Sutton（2002）は就業者を対象とした調査から加齢により仕事に関する価値観が変化することを指摘した。

　また，Derr（1986）は仕事以外の役割によりキャリア・オリエンテーションが変化することを指摘した。仕事以外の役割の代表例に配偶者や親・子供があり，これらの役割がキャリア選好に影響を与えるとした。さらに，Derr（1986）が提唱したキャリア・オリエンテーションの規定要因を検証した坂爪（2008）は，就業者を対象とした調査から，上司のメンタリング行動がキャリア・オリエンテーションに影響することを明らかにした。

　先行研究は，複数の要因がキャリア選好の規定要因となりうることを示唆するが，本章ではその中から他者に注目する。キャリ形成における他者の役割に注目する理論が昨今複数提唱されている。例えば，文脈的行動理論（contextual action theory: Young, Valach and Collin, 2002），偶然による学習理論（happenstance learning theory: Krumboltz, 2009）はキャリア発達をプロセスと捉え，他者が与える影響を重視する。これらの点を踏まえ，本研究ではキャリア選好の規定要因として他者に注目する。

（3）キャリア選好としてのDerrのキャリア・オリエンテーション

　本章ではキャリア選好として，Derr（1986）が提示したキャリア・オリエンテーションを用いる。それはこの概念が加齢や仕事以外の役割などに

よって個人の志向性は変化すると指摘し，キャリア発達をプロセスと捉える視点と適合的であるからである。

　Derr（1986）は　個人が自らの価値観・態度・動機に沿って，仕事を通じた成功を認識する志向性として5つの類型を提示した。各類型の概要は以下の通りである。「上昇」とは，組織内部での昇進，ならびにそれに伴う影響力・地位・金銭的報酬の増大を志向するものである。「保証」とは，長期的な雇用の安定性と，そのために会社への忠誠心・愛着を何よりも重視する志向するものであるが，必ずしも組織内部での昇進を強く望む必要はない。

　この2つが組織内でのキャリア形成に関する志向性だとすると，次の2つは仕事に関する志向性である。「挑戦」とは，多少リスクを伴っても，自分が夢中になることができるような仕事に従事できることを志向するものである。「自由」とは規則や規範を好まず，自律性が尊重され，管理が厳しくないこと，結果に対する責任を負うことを志向するものである。最後に，仕事を生活全体にどのように位置づけるかということに関する動機・価値観・ニーズである。「バランス」とは，仕事により仕事以外の生活領域が侵食されることは好まないとする志向性のことである。

3　大学生のキャリア・オリエンテーションと他者としての親

（1）大学生のキャリア・オリエンテーションを検討することの意味

　本章では，大学生を対象として他者がキャリア・オリエンテーションに対して与える影響を検討する。青年期は自分に適合する職業や環境を探索する段階であるため，青年期のキャリアを対象とした実証研究は，自己探索や意思決定といった探索段階に求められる行動とその関連要因を検討するものが多い。

　一方，本章は探索行動の中で明確化するキャリアに関する価値観やニーズと関連する要因を検討するものであり，先行研究は限られ，かつ対象を限定したものがほとんどである。例えば医学部生など，ある程度職業選択を終えた大学生を対象とし，今後志向する専門性に影響を与える要因を検討したも

のや女子大生の就業意識などがある（例えば Coffeng, Visscher, and Ten Cate, 2009）。

　しかしながら，探索行動を通じて明確化される価値観等を対象とする研究は，探索行動の役割や意義の明確化という観点からも必要である。その際，青年期の人々が探索行動を通じて明確化するものには，職業・職務に代表される「何を」だけでなく，本研究で取り上げる「どのように」働くかも含まれる。大学生のキャリア支援・就職支援という観点からも，「何を」だけでなく「どのように」に注目することには，支援の方法や幅を広げるという点で意義がある。

　同時に，就業開始以前の段階で他者からの影響を検討することは，キャリア発達段階や就業経験の蓄積といったキャリア形成プロセスを通じて他者が果たす役割とその変化，さらには誰が重要な他者になるのかといったことを検討する上でのスタート時点の状況把握という意味でも意義がある。

　大学生を対象とすることには，就業経験のない個人がキャリア選好を有するかという疑問があるだろう。しかしながら Rodrigues, Guest and Budjanovcanin（2013）は，就業者を対象としたインタビュー調査を通じて，多くの人々が就業開始以前に一定程度のキャリア選好を有していたことを明らかにしており，就業経験のない大学生も一定のキャリア選好を有していると判断できる。

(2) 他者としての親と親のキャリア関連行動

　親が青年期の子供のキャリア発達上大きな役割を果たし，影響を与えることは複数の理論が示している。例えば，多様な変数が双方向的かつ複雑にキャリア発達プロセスに影響を与えることを指摘した社会認知的キャリア理論（Social Cognitive Career Theory）では，影響を与える要因として親のサポート挙げている（Lent, Brown and Hackett, 1994）。

　実証研究も親からの影響を指摘する。Bandura, Barbaranelli, Caprara and Pastorelli（2001）は，キャリア選好の形成に親が大きな影響を与えることを明らかにし，Schultheiss（2006）は，青年期にある子供は，学生期間ならびに学校から職場への移行期間に，親から大きな影響を受けたと認識してい

ることを明らかにした。親が青年期の子供に対して影響を与えるのは、親が子供の日々の生活に対して継続的かつ安定的な資源だからである（Trask-Tate and Cunningham, 2010）。

　では、親のどのような要因が影響を与えるのだろか。本章では親のキャリア関連行動に注目する。Dietrich and Kracke（2009）は、子供のキャリアに関する内発的動機づけならびにプロアクティブ行動を促す要因として、子供に対する親のキャリア関連行動に注目し、その行動を支援・干渉・熱意の欠如という3類型に整理した。支援とは子供の可能性を広げ、必要な時に助言を提供する行動である。自己決定理論（Deci and Ryan, 1985）に基づけば、親の支援行動は若者が将来のキャリアを考える上で必要な情報や経験の探索を促すことを通じて彼らの自信を高め、さらなるキャリアに関連する活動を促す。

　干渉とは、親が自らの意向を強いることを通じて、子供のキャリアの準備やアスピレーションをコントロールしようとする行動のことである。自己決定理論に基づけば、このような行動は子供の自律性を損なうことを通じて、内発的動機づけを低下させる。熱意の欠如とは、子供のキャリア発達に対して関与しない親の能力の低さや怠惰のことである。これは親が子供のキャリアを重視していない、もしくは関与できるだけの能力を持ち得ていない場合に生じる。自己決定理論の立場からは、子供はキャリア形成上の問題解決に困難を感じるだけでなく、キャリアについて親と共に考えようとしなくなる。

　この3類型を用いて親の行動が子供のキャリア発達に与える影響を検証した研究を見ていこう。Guan et al.（2015）は、中国の大学生を対象として、親の支援が子供のキャリア探索を促進し、親の干渉が子供のキャリア探索を抑制することを明らかにした。Zhao, Lim and Teo（2012）は、シンガポールの大学生を対象として、男子学生では親の干渉と熱意の欠如が、子供のキャリア自己効力感を低め、支援は自己効力感に影響を与えないことを、女子大生では親の支援が子供のキャリア自己効力感を高め、親の干渉と熱意の欠如は子供のキャリア自己効力感に影響を与えないことを確認した。Dietrich and Kracke（2009）は、ドイツの15-18歳を対象とした調査から、親の支援は子供のキャリア探索を促進し、親の干渉と熱意の欠如は子供のキャ

リアに関する意思決定の困難度を高めることを明らかにした。

親のキャリア関連行動は，子供のキャリア探索や意思決定，自己効力感といった探索段階に求められる課題遂行，ならびに課題遂行と密接に関連する変数への影響を中心的に検討されることが多い。しかしながら，親のキャリア関連行動が与える影響はそれらに限定されず，子供の価値観やニーズにも影響を与えると考えられる。本研究は親の関与が与える影響を検討するものであることから，関与しないことを意味する類型である熱意の欠如を除く，支援と干渉の2類型を取り上げる。

①支援が大学生のキャリア・オリエンテーションに与える影響

Meszaros, Creamer and Lee（2009）は，高校生と大学生を対象として，親の支援が子供のキャリアの興味や選択に対して肯定的な影響を与えることを明らかにした。また，Guay, Senecal, Gauthier and Fernet（2003）は高校生を対象として，親のサポートが子供の自己効力感や自律性を通じて，キャリアに関する意思決定を促進することを明らかにした。

親とキャリアに関して話し，親からアドバイスをもらうといった支援行動は，子供の内発的動機づけを高め，情報探索行動やキャリアについて洞察する機会を促すことを通じて，子供の自信を高める（Guan et al., 2015）。自信を持ち，キャリア探索につながる行動を取ることで，大学生は自らのキャリア形成に対して積極的・前向きになるであろう。したがって，支援は大学生のキャリア・オリエンテーションのすべての類型を志向する程度をより高めると考えられる。

仮説1　支援は大学生が「上昇」「保証」「挑戦」「自由」「バランス」を志向する程度を高める。

②干渉が大学生のキャリア・オリエンテーションに与える影響

親がキャリアに関する自らの考えを子供に押しつけ，子供のキャリア準備をコントロールしようとする行動は，大学生の自律性ならびに内発的動機づけを低下させることを通じて「挑戦」や「自由」を低下させるであろう。

干渉には子供の自律性やモチベーションを低下させる機能だけでなく，親の考えや価値観を子供が理解し，受容する可能性を高める機能もあるだろう。

雇用開発センター（2014）が，大学生および卒業後3年以内の社会人を持つ親を対象として実施した調査では，親が子供の就職先に期待することとして，最も回答が多かったのは「子供の希望する仕事ができる」77.0％であった。その後，「経営が安定している」63.7％，「給与・年収が妥当」55.9％，「福利厚生制度が充実している」40.2％，「景気・社会情勢に左右されにくい」39.8％と続いた。これらの結果から，親は子供の仕事内容に対しては「子供が希望する内容との適合」を，就職先企業に対しては「安定性」を求めていると言える。

　キャリア・オリエンテーションは仕事内容ではなくどのように働くかを検討する概念であることから，ここでは論点を後者に焦点を絞る。雇用の安定を求める親は，子供に「保証」をより求めるだろう。同時に「上昇」も求めるだろう。多くの日本企業は"up or out"（昇進もしくは退職）という企業風土ではないが，昇進・昇格は雇用の安定をより促進すると考えることができる。したがって「保証」を確実する手段として，「上昇」を求めると考えることができる。実際，坂爪（2008）では就業者を対象とした調査から，「上昇」と「保証」との間には相関があることを指摘した。また，昨今長時間労働の問題が社会的に問題となっていることから「バランス」を求めると考えられる。

　仮説2a　干渉は大学生が「上昇」「保証」「バランス」を志向する程度を高める。
　仮説2b　干渉は大学生が「挑戦」「自由」を志向する程度を低める。

4　親の就業形態による違い

　坂爪（2017）は，2004年から2016年までの間のデータを用いて，大学生のキャリア・オリエンテーションの複数の類型でそれらを志向する程度に性差が存在することを明らかにした。キャリア・オリエンテーションに限らず，青年期にある人々の目標（学業上の目標・職業上の目標）にジェンダー規範

を反映した性差が存在する（Massey, Gebhardt and Garnefski, 2008）。

　職業上の目標やキャリア・オリエンテーションに性差をもたらす要因の1つに性役割意識がある。神林（2000）は性役割意識が女性の就業キャリア・アスピレーションに影響を与えることを示した。

　子供の性役割意識は家庭内社会化を通じて形成される。Moen, Erickson and DempsterMcClain（1997）は家庭内社会化の2つのプロセスを指摘した。第1に，娘が母親をロールモデルとして捉え，母親の就業状態や学歴を手本として性役割意識を形成するというプロセスである。第2に母親による言語的説得を通じて，娘が母親と似た性役割意識をもつようになるというプロセスである。Farré and Vella（2013）は母親の属性が，娘の性役割意識に影響を与えることを示した。

　日本で行われた調査も，母親の就業形態が子供ならびに母親自身の考えに影響を与えることを示している。渡辺（2006）は，20～50歳代を対象とした分析から，子供をもたない男女では，15才時点での母親の就業状況が，母親就業による子供への悪影響評価の認識に影響を与えることを明らかにした。また，林川（2015）は，中学生の子供を持ちフルタイムで就労する母親は，娘に対して家庭優先でなく仕事を優先する期待をもつ傾向にあることを明らかにし，親が自分の就業形態と合致する就業形態を子供に期待することを示した。以上の議論から，特に母親の就労形態が，直接もしくは親の子供に対する期待を通じて，子供の性役割意識ならびにキャリア選好に影響を与えると考えられる。

　これらの研究は母-娘関係を取り上げたものであるが，佐藤・佐藤・鈴木（2000）は，配偶者が働いていない夫は伝統的な性役割慣行に基づいた考えを持っていることを指摘した。したがって父親を経由した性役割意識の形成も想定できる。支援・干渉いずれのキャリア関連行動も，親の性役割意識を伝達する機会となることを通じて，子供のキャリア・オリエンテーションに影響を与えるだろう。

　本章では，親の属性の中から母親の就業形態に注目し，小学生時代と現在という2時点での就業形態を取り上げる。親の就業形態は子供の成長とともに変化する。どの時点の親の就業形態がより影響を与えるかを検証すべく，

小学校時代と現在という2時点での親の就業形態を取り上げる。

　小学校時代の親の就業形態としては，母親が専業主婦であることの影響を検討する。母親が専業主婦であることは「夫は仕事，妻は家庭」という夫婦の性役割分業が最も顕著になる就業形態である。家庭内社会化を通じて，家族の収入源の担い手という性役割意識を内面化した男子学生はより安定的雇用や，安定を確実にする手段として会社での客観的成功を実現する働き方を志向し，逆に家事・育児の担い手という性役割意識を内面化した女子学生は家事を阻害しない働き方を志向するようになるだろう。

　　仮説3a　母親が小学校時代に専業主婦であることは，親のキャリア関連行動が男子学生の「上昇」「保証」に与える影響を促進し，「挑戦」「バランス」に与える影響を抑制する。
　　仮説3b　母親が小学校時代に専業主婦であることは，親のキャリア関連行動が女子学生の「上昇」「保証」「挑戦」に与える影響を抑制し，「バランス」を志向する程度を促進する。

　現時点での親の就業形態は，子供が新たな性役割意識を獲得する機会を提供する。現在，両親が共に正社員という同一の雇用形態であることは家庭における性役割分業を最も抑制し，「夫は仕事，妻は家庭」ではなく，「夫も家庭，妻も仕事」という意識を形成するだけでなく，女子学生に対して正社員としてのキャリアを志向させると考えられる。

　　仮説4a　現在両親ともに正社員であることは，親のキャリア関連行動が男子学生の「バランス」に与える影響を促進する。
　　仮説4b　現在両親ともに正社員であることは，親のキャリア関連行動が女子学生の「上昇」「保証」「挑戦」に与える影響を促進する。

　以上の仮説を図示したものが図1である。

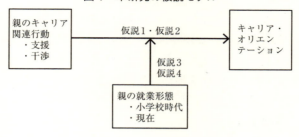

図1 本研究の仮説モデル

5 方 法

(1) 調査対象者と調査実施時期

調査対象は就職支援サイトに登録する学生モニター会員である大学3年生2828名(男性763名,女性2065名)であった。所属学部の内訳は文系2096名,理系732名であった。なお,学生モニター会員の会員規約には回答を「大学や研究機関と実施する共同調査」に利用する旨を記載してある。調査実施時期は2015年12月~2016年1月であった。経団連の指針では,2017年4月入社となる対象者の新卒採用は,卒業・修了年度に入る直前の3月1日以降の広報活動の開始,ならびに卒業・修了年度の6月1日以降の選考活動が推奨された。したがって,調査実施時期は,多くの大学生が業界分析ならびに自己分析を中心に活動している期間である。

(2) 分析に用いた項目
①キャリア関連行動

Dietrich and Kracke (2009) を参照し,調査実施時期が対象者の就職開始時点であること考慮して,就職活動に限定したキャリア関連行動を測定する項目として「就職活動に関する話をする」「こういう仕事に就いてほしいという話をされる」など8項目を用いた。反応尺度は1=まったくない,2=あまりない,3=時々ある,4=よくある,の4件法であった。

②親の就業形態

親の就業形態として，小学校の頃の母親の就業形態について「小学生の頃母親は専業主婦であった」という項目を用い，反応尺度は0=いいえ，1=はいであった。同様に現時点での夫婦の就業形態について「現在両親ともに正社員である」という項目を用い，反応尺度は0=いいえ，1=はい，であった。

③キャリア・オリエンテーション

Derr (1986) が提唱した「上昇」「保証」「挑戦」「自由」「バランス」という5類型に準拠した上で，日本の現状に合致するように坂爪 (2008) が作成したキャリア適性尺度から，各因子で因子負荷量が高い以下5項目を選んだ。具体的には，上昇として「会社で高い地位を得ること」，保証として「1つの会社でできるだけ長く働くこと」，挑戦として「困難だがやりがいのある仕事に取り組む機会があること」，自由として「人からあれこれ指図されずに働くこと」，バランスとして「自分の生活と仕事のバランスをとること」であった。反応尺度は1=重要でない，2=どちらとも言えない，3=重要である，の3件法であった。

④所属学部

所属学部は1=文系，2=理系とした。

6 分析結果

(1) キャリア関連行動の因子分析

分析には，SPSSver.22を用いた。キャリア関連行動を測定する8項目を用いて因子分析を行った結果（主因子法，プロマックス回転），2因子が抽出された（表1）。第1因子は「就職活動に関する話をする」など5項目で構成されることから，「支援」に該当する（$\alpha = .852$）。第2因子は，「こういう仕事に就いてほしいという話をされる」など3項目で構成されることから，「干渉」に該当する（$\alpha = .713$）。

表1　キャリア関連行動の因子分析

	因子		
	第一因子	第二因子	共通性
就職活動に関する話をする	.726	.117	.575
就職活動について相談する	.865	-.025	.744
自己分析を進めるために話を聞く	.677	-.022	.456
ご両親や保護者の仕事の内容について話をする	.645	-.016	.423
将来自分がやってみたい仕事について話をする	.746	-.008	.553
こういう仕事に就いてほしいという話をされる	.096	.682	.479
就職に口出しする	.086	.505	.275
就職活動について，プレッシャーをかけられる	-.131	.872	.737
因子間相関係数		0.254	

注：共通性は因子抽出後の値

(2) 記述統計

分析に用いた変数の記述統計は表2・表3，相関係数は表4の通りであった。なお，支援ならびに干渉の2尺度は各項目を合算し作成した。

仮説検証に先立ち，性別による2群でキャリア・オリエンテーションの各類型と支援・干渉の平均値の差の検定を行った（表5）。

表2　親の2時点での就業形態

	はい	いいえ	上段：名 下段：%
両親とも現在正社員	2266 19.9	562 80.1	2828 100
小学校時代母親は専業主婦	1589 43.8	1239 56.2	2828 100

表3　キャリア・オリエンテーションの5類型の記述統計

	M	SD
上昇	1.96	.722
保証	2.46	.708
挑戦	2.45	.680
自由	2.10	.679
バランス	2.91	.355
支援	12.87	3.62
介入	6.81	2.45

第3章　学生のキャリア志向は親から影響を受けるのか？

表4 相関係数

	1	2	3	4	5	6
1 支援						
2 干渉	.259**					
3 上昇	.037*	.071**				
4 保証	.061**	.084**	.105**			
5 挑戦	.097**	.002	.294**	.012		
6 自由	.008	−.020	.217**	.028	.189**	
7 バランス	.059**	−.056**	.004	.191**	.156**	.071**

注:1)「所属学部」文系＝1，理系＝2,「現在_両親とも正社員」いいえ＝0，はい＝1,「小学校時代_母親専業主婦」いいえ＝0，はい＝1
2) $**p<.01, *p<.05$

表5 性別による t 検定

	男子学生	女子学生	t	d
上昇	2.22	1.87	11.752***	0.3
保証	2.42	2.47	−1.524	0.04
挑戦	2.49	2.44	2.024***	0.05
自由	2.17	2.07	3.731***	0.1
バランス	2.85	2.93	−4.839***	0.15
支援	12.35	13.06	−4.644***	0.09
干渉	6.77	6.83	−0.492	0.01

注：$***p<.001$

　その結果，「保証」を除く4類型と支援で有意差が認められた。「上昇」「挑戦」「自由」では男子学生の方が女子学生よりも平均値が高く，逆に「バランス」では女子学生の方が男子学生よりも平均値が高かった。また，支援では女子学生の方が男子学生よりも平均値が高かった。効果量は「上昇」における性差が大きいことを示している。これらの結果に基づき，以下では性別ごとに分析を行うこととした。

(3) キャリア関連行動と男子学生のキャリア・オリエンテーション

　キャリア・オリエンテーションの各類型を目的変数とする重回帰分析を行った。具体的にはstep 1ですべての変数を投入し，step 2で交互作用項を投入した。その上で，step 2のR^2の変化量ならびにstep 2のモデルで10%を基準として有意であった場合に，交互作用項について単純傾斜分析を行っ

た。なお，支援と干渉は多重共線性の問題を回避するためにセンタリングを行った。男子学生を対象とした分析結果から見ていこう（表6）。

「上昇」では交互作用項を投入した step 2 のモデルが 1% 水準で有意であり（$R^2 = .031, p<.01$），かつ R^2 の変化量も 5% 水準で有意であった（$\Delta R^2 = .031, p<.05$）（表6）。男子学生が「上昇」を志向する程度に対し，「小学校時代_母親専業主婦」，「支援×現在_両親とも正社員」の交互作用項，「支援×小学校時代_専業主婦」の交互作用項，「干渉×小学校時代_専業主婦」の交互作用項という4変数が有意であった。有意となった交互作用項について単純傾斜分析を実施した結果，小学校時代に母親が専業主婦であった場合，干渉と「上昇」との間には正の関係性があることが確認された（$B = .070, SE = .034, p<.05$）。一方，小学校時代に母親が専業主婦でなかった場合，干渉は「上昇」の関連性は有意ではなかった（$B = -.007, SE = .017, n.s.$）（図2）。

現在の両親の就業形態によって支援と「上昇」との関連性は異なるが，いずれも有意ではなかった（現在両親が正社員である場合：$B = 0.02, SE = 0.02, n.s.$ 現在両親が正社員でない場合：$B = .011, SE = .011, n.s.$）。同様に小学校時代の母親の就業形態によって支援と「上昇」との関係性が異なるものの，いずれの場合も有意ではなかった（小学校時代母親が専業主婦である場合：$B = 0.02, SE = 0.02, n.s.$ 小学校時代母親が専業主婦でない場合：$B = .011, SE = .011, n.s.$）。これらの結果から，小学校時代に母親が専業主婦であること，さらに小学校時代に母親が専業主婦であった場合，干渉が高まると男子学生が「上昇」を志向する程度を高まることが明らかになった。

「保証」では，交互作用項を投入した step 2 のモデルが 5% 水準で有意であり（$R^2 = .028, p<.05$），かつ R^2 の変化量は 10% 水準で有意であった（$\Delta R^2 = .001, p<.10$）。男子学生が「保証」を志向する程度には，干渉と「支援×現在_両親とも正社員」との交互作用項という2変数が有意であった。有意となった交互作用項について単純傾斜分析を実施した結果，現在両親が正社員である場合，支援と「保証」との間には有意な関連性は認められなかった（$B = .036, SE = .022, n.s.$）。同様に，両親が現在正社員でない場合も有意な関連性は認められなかった（$B = -.001, SE = .012, n.s.$）。現在両親が

表6 「上昇」「保証」「挑戦」を規定する要因（男子学生）

| | 上昇 | | | | 保証 | | | | 挑戦 | | | |
| | step 1 | | step 2 | | step 1 | | step 2 | | step 1 | | step 2 | |
	B	SE	B	SE	B	SE	B	SE	B	SE	B	SE
所属学部	-.008	.053	-.012	.053	.062	.057	.058	.057	-.023	.049	-.026	.049
現在_両親とも正社員	.123+	.068	.101	.069	.071	.073	.059	.073	.026	.063	.004	.064
小学校時代_母親専業主婦	.090+	.053	.100+	.053	-.083	.056	-.080	.056	.039	.049	.044	.049
支援	.007	.007	.011	.011	.005	.008	-.001	.012	.019**	.007	.029**	.010
干渉	.017	.011	-.007	.017	.029*	.012	.052**	.019	-.008	.011	-.028+	.016
支援×現在_両親とも正社員			.037+	.019			.042*	.020			.008	.018
支援×小学校時代_母親専業主婦			-.029+	.016			-.004	.017			-.030*	.014
干渉×現在_両親とも正社員			.037	.031			-.026	.033			.046	.029
干渉×小学校時代_母親専業主婦			.040+	.024			-.040	.025			.029	.022
定数	2.173		2.174		2.359		2.363		2.502		2.506	
R^2	.014+		.031**		.018*		.028*		.011		.021+	
R^2の変化量			.017+				.01*				.011+	

注：1）「所属学部」文系＝1，理系＝2，「現在_両親とも正社員」いいえ＝0，はい＝1，「小学校時代_母親専業主婦」いいえ＝0，はい＝1
2）***$p<.001$, **$p<.01$, *$p<.05$, +$p<.10$
3）Bは非標準化係数

図2 上昇に対する「干渉」×「小学校時代_母親専業主婦」の交互作用（男子学生）

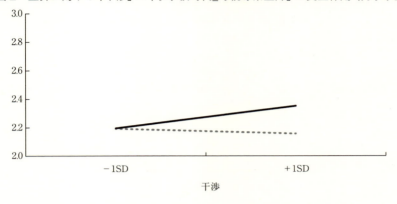

正社員であるか否かで支援と「保証」の関連性は異なるが，いずれの場合も10%水準でも有意ではなかった。これらの結果から，干渉のみが男子学生の「保証」を志向する程度と関連し，干渉が高まると「保証」も高まると言える。

「挑戦」では，交互作用項を投入した step 2 のモデルが 10% 水準で有意であり（$R^2 = .021, p<.10$），かつ R^2 の変化量も 10% 水準で有意であった（$\varDelta R^2 = .011, p<.10$）。男子学生が「挑戦」を志向する程度に対しては，支援と干渉，「支援×小学校時代_母親専業主婦」との交互作用項の 3 変数が有意であった。具体的にはより干渉される程度が高くなると男子学生の方が「挑戦」を志向する程度が低くなった。交互作用項について単純傾斜分析を実施した結果，小学校時代に母親が専業主婦ではなかった場合，支援と「挑戦」が正の関連性を持つことが確認された（$B = .029, SE = .019, p<.01$）。一方，小学校時代に母親が専業主婦であった場合，有意ではなかった（$B = .007, SE = .010, n.s.$）（図3）。これらの結果から，親の干渉が高まること，ならびに小学校時代に母親が専業主婦ではなかった場合には支援が高まると，男子学生が「挑戦」を志向する程度も高まると言える。

「自由」では，主効果のみを投入した step 1，交互作用項を投入した step

2とも 10% 水準で有意とならなかったことから，本研究の仮説モデルは男子学生が「自由」を志向する程度を説明する要因とはならなかった（$R^2 = .016, n.s.$）（表 7）。

図 3　挑戦に対する「支援」×「小学校時代_母親専業主婦」の交互作用（男子学生）

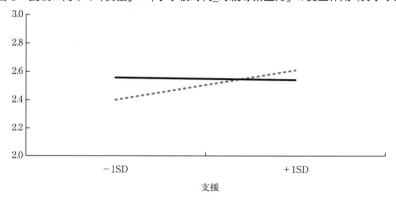

──── 小学校時代_母親専業主婦「はい」　----- 小学校時代_母親専業主婦「いいえ」

表 7　「自由」「バランス」を規定する要因（男子学生）

	自由				バランス			
	B	SE	B	SE	B	SE	B	SE
所属学部	-.014	.052	-.012	.051	-.025	.033	-.026	.034
現在_両親とも正社員	-.063	.066	-.064	.067	-.005	.043	-.010	.044
小学校時代_母親専業主婦	-.052	.051	-.048	.051	-.035	.033	-.035	.034
支援	.003	.007	.008	.011	.012*	.005	.012+	.007
介入	.003	.011	-.001	.017	-.025***	.007	-.016	.011
支援×現在_両親とも正社員			.036+	.019			.012	.012
支援×小学校時代_専業主婦			-.030*	.015			-.005	.010
干渉×現在_両親とも正社員			-.030	.030			-.011	.020
干渉×小学校時代_母親専業主婦			.023	.023			-.017	.015
定数	2.226		2.224		2.895		2.897	
R^2	0.003		0.016		0.021**		0.025*	
R^2 の変化量			0.013*				0.05	

注：1）「所属学部」文系＝1，理系＝2，「現在_両親とも正社員」いいえ＝0，はい＝1，「小学校時代_母親専業主婦」いいえ＝0，はい＝1
　　2）***$p<.001$, **$p<.01$, *$p<.05$, +$p<.10$
　　3）B は非標準化係数

「バランス」では，交互作用項を投入した step 2 のモデルは 5% 水準で有意であったが（$R^2 = .025, p<.05$），R^2 の変化量は 10% 水準でも有意とならなかった（$\Delta R^2 = .005, n.s.$）ため，1% 水準で有意となった step 1 のモデルを採択した（$R^2 = .021, p<.05$）。その結果，男子学生が「バランス」を志向する程度には支援と干渉の 2 変数が有意であった。支援が高まると「バランス」を志向する程度は高まり，干渉が高まると「バランス」を志向する程度を低くなった。

(4) キャリア関連行動が女子学生のキャリア・オリエンテーションに与える影響

女子学生を対象とした分析ではキャリア・オリエンテーションの 5 類型すべてで，交互作用項を投入した step 2 で R^2 の変化量が 10% 水準でも有意とならなかった。そこで，主効果のみを検討した step 1 の結果を採択した。

「上昇」では，step 1 のモデルは 1% 水準で有意であった（$R^2 = .01, p<.01$）。女子学生が「上昇」を志向する程度に，「現在_両親とも正社員」支援・干渉の 3 変数が有意であった。具体的には現在両親が正社員であること，支援ならびに干渉と「上昇」との間に正の関連性が認められた（表 8，表 9）。

「保証」では，step 1 のモデルは 0.1% 水準で有意であった（$R^2 = .011, p<.001$）。女子学生の「保証」には，「小学校時代_母親専業主婦」，支援・干渉の 3 変数が有意であった。小学校時代に母親が専業主婦であること，支援・干渉双方と「保証」と間には正の関係性が認められた。

「挑戦」は，step 1 のモデルは 0.1% 水準で有意であった（$R^2 = .015, p<.001$）。支援と「挑戦」と間には正の関係性が認められた。

「自由」では，step 1 のモデルも 10% 水準でも有意とならず（$R^2 = .002, n.s.$），本研究のモデルは説明力を持たないことが確認された。「バランス」では，step 1 のモデルは 0.1% 水準で有意であった（$R^2 = .005, p<.05$）。支援と「バランス」との間には正の関係性が，干渉は「バランス」との間には負の関係性が認められた。

表8 「上昇」「保証」「バランス」を規定する要因（女子学生）

	上昇				保証				挑戦			
	step 1		step 2		step 1		step 2		step 1		step 2	
	B	SE	B	SE	B	SE	B	SE	B	SE	B	SE
所属学部	-.020	.037	-.020	.037	-.012	.036	-.015	.037	.031	.036	.029	.036
現在_両親とも正社員	.093*	.040	.089*	.040	-.025	.039	-.032	.039	.055	.039	.049	.039
小学校時代_母親専業主婦	.026	.032	.026	.032	.077*	.032	.076*	.032	-.049	.031	-.049	.032
支援	.007+	.004	.006	.007	.008+	.004	.002	.007	.021***	.004	.016*	.007
干渉	.018**	.006	.010	.010	.019**	.006	.013	.010	-.007	.006	-.014	.010
支援×現在_両親とも正社員			.003	.011			.013	.011			.010	.011
支援×小学校時代_専業主婦			.001	.009			.007	.009			.006	.009
干渉×現在_両親とも正社員			.008	.016			.012	.016			.011	.016
干渉×小学校時代_母親専業主婦			.015	.013			.009	.013			.011	.013
定数	1.864		1.865		2.454		2.457		2.408		2.411	
R^2	.010**		.011**		.011***		.013**		.015***		.016***	
R^2の変化量			.001				.020				.001	

注：1）「所属学部」文系＝1，理系＝2．「現在_両親とも正社員」いいえ＝0，はい＝1．「小学校時代_母親専業主婦」いいえ＝0，はい＝1
　　2）***$p<.001$, **$p<.01$, *$p<.05$, +$p<.10$
　　3）Bは非標準化係数

表9 「自由」「バランス」の規定要因(女子学生)

	自由				バランス			
	step 1		step 2		step 1		step 2	
	B	SE	B	SE	B	SE	B	SE
所属学部	-.008	.036	-.005	.036	-.009	.016	-.010	.017
現在_両親とも正社員	.019	.038	.025	.039	-.010	.018	-.013	.018
小学校時代_母親専業主婦	.001	.031	.002	.031	.002	.014	.002	.014
支援	.004	.004	.006	.007	.006**	.002	.004	.003
干渉	-.010	.006	-.010	.010	-.006*	.003	-.011*	.004
支援×現在_両親とも正社員			-.009	.011			.004	.005
支援×小学校時代_専業主婦			.000	.009			.000	.004
干渉×現在_両親とも正社員			-.012	.016			.004	.007
干渉×小学校時代_母親専業主婦			.005	.013			.010	.006
定数	2.072		2.069		2.943		2.944	
R^2	0.002		0.003		0.005*		0.007+	
R^2 の変化量			0.001				0.002	

注:1)「所属学部」文系=1,理系=2,「現在_両親とも正社員」いいえ=0,はい=1,「小学校時代_母親専業主婦」いいえ=0,はい=1
    2) ***$p<.001$, **$p<.01$, *$p<.05$, +$p<.10$
    3) Bは非標準化係数

7 考　察

(1) 親のキャリア関連行動との関連の低さ

　本章の結果は,親のキャリア関連行動の大学生のキャリア・オリエンテーションに対する説明力は非常に低いことを示した。だが,今回の結果となった理由には,使用した尺度等測定の問題の存在も想定しうることから,R^2 が非常に低く親のキャリア関連行動の説明力は極めて限定的であり,結果は慎重に解釈すべきであることを指摘した上で,結果の解釈を行う。

(2) 分析結果の要約

　男子学生で支援と「バランス」との間に正の関連性が認められたが,「上昇」「保証」「挑戦」「自由」で有意な主効果を示す結果は得られなかったことから,仮説1は部分的に支持された。一方,女子学生では支援は「自由」

を除く「上昇」「保証」「挑戦」「バランス」を志向する程度と正の関連性が認められたことから，仮説1は部分的に支持された。

　男子学生では，干渉と「保証」との間に正の関連性が認められたが，「バランス」との間では仮説と逆の負の関連性が認められ，また「上昇」では有意とはならなかったことから，仮説2aは部分的に支持された。同様に女子学生では「上昇」「保証」との間に正の関連性が認められ仮説は支持されたが，「バランス」との間では仮説とは逆の負の関連性が認められ，仮説2aは部分的に支持された。男子学生では干渉と「挑戦」との間に負の関連性が認められたが，「自由」では有意とはならず仮説2bは部分的に支持された。女子学生では，「挑戦」「自由」いずれも有意とはならず，仮説2bは支持されなかった。

　小学校時代の母親の就業形態を取り上げた仮説3について，男子学生では母親が小学校時代に専業主婦であった場合，干渉と「上昇」との間に正の関連性が認められ，母親が小学校時代に専業主婦でなかった場合に支援と「挑戦」との間に正の関連性が確認された。しかし，「保証」「バランス」では有意とはならなかった。これらの結果から仮説3aは部分的に支持された。一方，女子学生では，有意な交互作用が認められず，仮説3bは支持されなかった。現在の親の就業形態を取り上げた仮説4は，男女とも有意な交互作用が認められず，仮説4a・仮説4bはともに支持されなかった。

(3) 親のキャリア関連行動が果たす機能

　女子学生では，支援は「自由」を除く4類型との間で正の関連性を認めたことから，支援は志向性の明確化というより，自らの強みの認識や自己効力感が高めることを通じて，子供がよりキャリアに対して前向きになることを促す機能を果たすと言える。一方で男子学生では支援の主効果が認められた類型は「バランス」のみと女子学生よりも限られた。また，母親が小学校時代に専業主婦でない場合のみ，支援と「挑戦」との間に正の関連性が認められた。そもそも男子学生と女子学生では支援の平均値が異なることから，支援が影響を与える範囲の違いが男女差に基づくのか，それとも受けた支援の量的な違いに基づくのか，今後精査が必要である。

干渉は支援と異なり，複数の類型間で異なる関連性が認められた。具体的には性別を問わず「保証」と正の関連性を示し，逆に「バランス」と負の関連性を示した。性別ごとの特徴としては，女子学生では「上昇」と正の関連性を示し，男子学生では「挑戦」と負の関連性を示すと同時に，小学校時代に母親が専業主婦の場合のみ「上昇」と正の関連性を示した。本章の結果は，親が子供に対して安定的かつ仕事をより生活の中心とするようなキャリアを期待していることを示す。

　Dietrich and Kracke（2009）など先行研究では，親のキャリア関連行動を，キャリア探索行動やキャリアに関する意思決定といった子供のキャリア形成プロセスを手助けする要因と捉え，一方本章ではキャリアに関する価値観の明確化を促す要因と捉えた。本章の結果からは，親のキャリア関連行動は探索行動など子供のキャリア形成プロセスを促進するが，志向性の明確化に対してはあまり関連がないと考えられる。

　しかしながら，本章の結果はキャリア形成プロセスを促進する「支援」と比較して，キャリア形成プロセス促進という観点から望ましくないとされる「干渉」がキャリア選好の明確化を促すこと，すなわち価値観の明確化という観点から，2つのキャリア関連行動が果たす機能の違いがある可能性を指摘した。

　キャリア選好が就業後の働き方の選択に影響を与えることを考慮するならば，親のキャリア関連行動は，主として子供の探索行動などキャリア形成プロセスに影響を与えるが，わずかではあるがキャリア選好を通じて子供の就業後の働き方に影響を与えると言える。その際，支援は特に女子学生に対してキャリアに対する前向きな態度を促し，干渉は親の期待を伝えるという異なる機能を果たしている。

(4) 親の就業形態が果たす機能

　親の2時点での就業形態のうち，男子学生のキャリア・オリエンテーションと小学校時代の就業形態という早期の親の就業形態が関連した。また親の就業形態のモデレーターとしての効果も男子学生のみに認められた。子供の性別が男性である場合のみ，小学校時代の親の就業形態によって親のキャリ

ア関連行動と子供のキャリア・オリエンテーションとの関連性が異なる。

　Moen et al.(1997)のフレームワークに基づいて解釈するならば，男子学生は，親の就業形態と整合的な価値観を獲得していると考えられる。すなわち，小学校時代に母親が専業主婦であることをロールモデルとして，母親が家庭にいる家族像を維持することと整合性のある「上昇」をより志向すると同時に，小学校時代に母親が専業主婦であった親から干渉という言語的説得を通じても，「上昇」をより志向する。

　一方，女子学生では現在ならびに小学校時代双方の親の就業形態が直接「上昇」や「保証」と正の関連性を示した。同様にMoen et al.(1997)のフレームワークに基づいて解釈するならば，女子学生のキャリア・オリエンテーションは親のキャリア関連行動による言語的説得だけでなく，親をロールモデルとするが，その際小学校時代に母親が専業主婦であった方が，より「保証」を志向するという親と整合性の低い働き方を志向することから，女子学生は男子学生と異なる形で親をロールモデルとしている可能性がある。

(5) 親の役割と今後の課題

　本章ならびに親のキャリア関連行動に関する先行研究を参照し，他者としての親が青年期にある子供のキャリア形成に果たす役割を整理する。探索段階にある大学生に対して，親は子供の探索行動の促進という役割を中核として，わずかながらではあるがキャリアに関する価値観やニーズに働きかける。坂爪(2008)が指摘したように上司が部下のキャリア・オリエンテーションにより大きな影響を与えることを鑑みるならば，親は子供のキャリアに関する価値観に対して上司と異なり強制力を行使しにくいこと，職場での共通の仕事経験を持たないことによる説得力の乏しさ，さらに親が求める価値観の内容の幅が企業の上司がよりも広いことなどが説明力の低さをもたらすと考えられる。

　最後に今後の課題を2点指摘する。第1に，キャリア・オリエンテーションの各類型について1項目だけでなく尺度を用いた分析の必要性である。第2に，親のキャリア関連行動を通じて伝達される期待や要請の具体的内容を含めた検討が必要である。

引用文献

神林博史(2000)「性役割意識はアスピレーションに影響するか?――高校生女子のアスピレーションの規定因に関する計量的研究」『理論と方法』15(2): 359-374頁

雇用開発センター(2014)「「就職活動に対する大学生保護者の意識」に関する調査」

坂爪洋美(2008)『キャリア・オリエンテーション――個人の働き方に影響を与える要因』白桃書房

坂爪洋美(2017)「大学生のキャリア・オリエンテーションの継時的変化――2004年から2016年までを対象に」『慶應経営論集』34(1): 11-38頁

佐藤秀紀・佐藤秀一・鈴木幸雄(2000)「育児期の子どもをかかえた家庭における父親の家事・育児分担と母親の就労との関係」『厚労の指標』47(5): 12-19頁

林川友貴(2015)「女子中学生の家庭優先志向の形成メカニズムの検討――母親と娘の意識の相互依存性を考慮した二者関係データの分析から」『家族社会学研究』27(2): 127-138頁

渡辺朝子(2006)「母親の就業が子どもに与える影響―その意識を規定する要因の分析―JGSSで見た日本人の意識と行動」『日本版 General Social Surveys 研究論文集』5(JGSS Research Series No.2): 179-189頁

Arthur, M. B., Khapova, S. N., and Wilderom, C. P. M.(2005)"Career success in a boundaryless career world," *Journal of Organizational Behavior*, 26(2): 177-202.

Bandura, A., Barbaranelli, C., Caprara, G. V. and Pastorelli, C.(2001)."Self-efficacy beliefs as shapers of children's aspirations and career trajectories," *Child Development*, 72(1): 187-206.

Coffeng, L. E., Visscher, A. J. E., and Ten Cate, O. T. J.(2009)"The influence of early clinical experiences on career preference of male and female medical students," *Medical Teacher*, 31(7): 323-326.

Deci, E. L., and Ryan, R. M.(1985)*Intrinsic motivation and self-determination in human behavior*, New York: Plenum.

Derr, C.B.(1986)*Managing the New Careerists*, San Francisco: Jossey, Bass.

Dietrich, J. and Kracke, B.(2009)"Career-specific parental behaviors in adolescents' development," *Journal of Vocational Behavior*, 75(2): 109-119.

Farré, L., and Vella, F.(2013)"The Intergenerational Transmission of Gender Role Attitudes and its Implications for Female Labour Force Participation," *Economica*, 80(318): 219-247.

Guan, Y., Wang, F., Liu, H., Ji, Y., Jia, X., Fang, Z., Li, Y., Hua, H. and Li, C.(2015). "Career-specific parental behaviors, career exploration and career adaptability: A three-wave investigation among Chinese undergraduates," *Journal of Vocational Behavior* 86: 95-103.

Guay, F., Senecal, C., Gauthier, L., and Fernet, C.(2003)"Predicting career indecision: A self-determination theory perspective," *Journal of Counseling Psychology* 50(2): 165-177.

Igbaria, M., Kassicieh, S. K., and Silver, M(1999)"Career orientations and career success among research, and development and engineering professionals," *Journal of Engineering and Technology Management*, 16(1): 29-54.

Kooij, D., De Lange, A. H., Jansen, P. G. W., Kanfer, R., and Dikkers, J. S. E.(2011)"Age and work-related motives: Results of a meta-analysis," *Journal of Organizational Behavior* 32(2): 197-225.

Krumboltz, J. D.(2009)"The happenstance learning theory" *Journal of Career Assessment*, 17: 135-154.

Lent, R. W., Brown, S. D., and Hackett, G. (1994) "Toward a unifying social cognitive theory of career and academic interest, choice, and performance," *Journal of Vocational Behavior*, 45 (1): 79-122.

Massey, E. K., Gebhardt, W. A., and Garnefski, N. (2008) "Adolescent goal content and pursuit: A review of the literature from the past 16 years," *Developmental Review*, 28(4): 421-460.

Meszaros, P. S., Creamer, E., and Lee, S (2009) "Understanding the role of parental support for IT career decision making using the theory of self-authorship" *International Journal of Consumer Studies*, 33(4): 392-395.

Moen, P., Erickson, M. A., and Dempster McClain, D. (1997) "Their Mother's Daughters?: The Intergenerational Transmission of Gender Attitudes in a World of Changing Roles," *Journal of Marriage and the Family*, 59: 281-93.

Rodrigues, R., Guest, D., and Budjanovcanin, A. (2013) "From anchor to orientations: towards a contemporary theory of career preferences," *Journal of Vocational Behavior*, 83(2): 142-152.

Schultheiss, D. E. P. (2006) "The interface of work and family life" *Professional Psychology: Research and Practice*, 37: 334-341.

Schein, E. H. (1978) *Career Dynamics: Matching Individual and Organizational*, Needs: Addison-Wesley Publishing Company.

—— (1980) "Developing your career: Know your career anchors and develop your options" (Sloan School of Management Working Papers), Retrieved from http://dspace.mit.edu/handle/1721.1/1968.

—— (1996) "Career anchors revisited: implications for career development in the 21st century," *Academy of Management Executive*, 10: 80-88.

Seibert, S. E., Crant, J. M., and Kraimer, M. L. (1999) "Proactive personality and career success," *Journal of Applied Psychology*, 84(3): 416-427.

Smola, K. W., and Sutton., C. D. (2002). "Generational differences: revisiting generational work values for the new millennium." *Journal of Organizational Behavior*, 23: 363-382.

Trask-Tate, A., and Cunningham, M. (2010) "Planning ahead: Examining the relation between school support and parental involvement in the development of future academic expectations in resilient African American adolescents," *Journal of Negro Education*, 79: 137-150.

Young, R. A., Valach, L., and Collin, A. (2002) "A contextual explanation of career," In D. Brown, L. Brooks, and Associates, *Career choice and development 4th ed*, San Francisco: Jossey-Bass, pp. 206-254.

Zhao, X., Lim, V. K. G., and Teo, T. S. H. (2012) "The long arm of job insecurity: Its impact on careerspecific parenting behaviors and youths' career self-efficacy," *Journal of Vocational Behavior*, 80(3): 619-628.

第4章

結婚しても働き続けたい女子学生は内定しやすいのか？

1 問題の所在

　本章では，過去3年間の卒業時点の大学生質問票調査を分析し，この期間で就職活動がどのように変化したのかを検証する。リーマンショックによる景気後退と採用数の減少が顕在化してくる過程で就職活動は大きく変化したと考えられ，この影響を女子学生に焦点を当てて分析する。

　女子学生のキャリア展望は，一般的に男子学生よりも多様である。女性の場合，卒業後に職業キャリアとライフイベントが重なり，その影響を男性よりも強く受ける。結婚や育児などを考えれば，仕事と家庭の同時選択の必要性が高く，それゆえ制約はありながら選択肢が多様になる。もちろん，男性にとってもキャリア選択の可能性は多様であるのだが，多くの男性は性別役割分業の意識を持っており，家庭と仕事の選択では仕事を選ぶと言えよう。

　女子学生のキャリア展望については，これまで多くの先行研究がその展望に影響を与える要因について検討してきた。たとえば，亀田（1977），岩永（1990），村松（1997, 2000）などは子供のキャリア展望や職業意識に対しては親の影響が大きいことを指摘している。もちろん，女子学生のキャリア展望は現在の企業の雇用実態を反映したものであり，勤続支援や昇進可能性などを反映したものと言えよう[1]。

　本分析では，従来の研究とは異なり，女子大生のキャリア展望の決定要因を探るのではなく，逆にキャリア展望の違いを前提に企業の採用行動の変化に伴って就職活動がどのような影響を受けるのかを分析する。大学生の就職活動について分析した研究は，安田（1999），濱中（2007），佐藤他（2009,

2010), 田中他 (2011) 等多数存在するが, キャリア展望の違いが就職活動に及ぼす影響についての研究は少ない。

ところで, ここ10年間の企業の採用戦略は, 大きく変化している。総合職と一般職という区分が曖昧化し, 地域限定職や職種別採用等の多様な採用・雇用形態が増えている。また, 外注や非正規雇用の拡大によって, 一般職の仕事が代替されるという変化もある。これらの変化は, 景気の変動によってさらに変化する。具体的には, コスト削減のために新卒採用数を減少させるが, その順序が雇用形態によって違うことが予測されるからである。本章の分析は3年間の調査なので, 同じ大学の同じ学部という同じ属性を持つ学生の中で, キャリア展望の違いによる影響を分析できる。

なお, 本章の構成は以下の通りである。続く第2節では, データと分析手法を説明する。第3節では, 就職活動や就職結果について男女差とキャリア展望の違いの影響を検証する。第4節は, 分析結果のまとめについて述べていく。

2 データ・分析手法

(1) データ

本分析で使用するデータは, H大学A学部の2008年度, 2009年度, 2010年度卒業の大学4年生についての質問票調査(「大学生活とキャリアに関する4年生調査」)である[2]。調査は各年の卒業直前の2月に実施された。主な質問項目は, 学業, サークル・アルバイト, 就職活動等である。調査は就職活動が終了した直後に行われており, その回答に対する信頼性は高い。また, 同一の質問票を利用しており, 回答内容の比較が可能となっている。なお, H大学A学部では, 1学年約300名の学生が在籍しているが, 社会人学生のように入学時点で仕事をしている, もしくは専業主婦や定年後の社会人学生は分析対象から除外した。

次に, A学部の基本的な特徴を説明していく。A学部は文系の学部であり, 各年の男女比は表1のとおり女子学生の割合が高い。東京にある全国的に知

名度がある中堅私立大学である。

また，各年度の卒業後の進路について表2から見ていくと，女子学生は90％以上が就職し，専門学校・大学院へは約2％未満しか進学していない。これに対して男子学生は約3〜6％が専門学校・大学院へ進学しており，女子学生よりも若干就職する割合が低い傾向にある。

表1　各年度の男女比

	男子学生	女子学生	合計
2008年度卒	82	141	223
％	36.77	63.23	100
2009年度卒	86	122	208
％	41.35	58.65	100
2010年度卒	89	134	223
％	39.91	60.09	100
合計	257	397	654
％	39.3	60.7	100

出所：「大学生活とキャリアに関する4年生調査」から筆者作成。

表2　各年度の卒業後の進路

	卒業後の進路	2008年度卒	2009年度卒	2010年度卒
女子学生	就業	129	112	121
	％	91.49	91.8	90.3
	専門学校・大学院等に進学	2	2	2
	％	1.42	1.64	1.49
	その他	10	8	11
	％	7.09	6.56	8.21
	合計	141	122	134
	％	100	100	100
男子学生	就業	68	74	71
	％	83.95	86.05	81.61
	専門学校・大学院等に進学	5	4	3
	％	6.17	4.65	3.45
	その他	8	8	13
	％	9.88	9.3	14.94
	合計	81	86	87
	％	100	100	100

出所：「大学生活とキャリアに関する4年生調査」から筆者作成。

今回の分析対象となっている大学4年生は，ちょうどリーマンショックの前後に就職活動を経験しているという特徴がある。2008年度卒の学生は，就職活動期間がリーマンショックの前となっており，2009年度卒の学生は，就職活動期間がリーマンショックの発生当初となっている。ただし，企業が採用計画を立てるのが採用の2年前の時点であると考えられるため，リーマンショックが及ぼす影響は大きくない可能性がある。2010年度卒の学生は，就職活動期間がリーマンショックの後となっており，リーマンショックの影響が顕在化した後での採用となるため，就職活動がより困難になった可能性が高い。実際，リクルートワークス研究所の大卒求人倍率調査を見ると，2008年度卒および2009年度卒の大学生に対する値は2.14であるが，2010年度卒になると，その値が1.62へと低下している。リーマンショックによる景気後退が大卒需要を減少させていると考えられ，これが大学生の就職活動にも大きな影響を及ぼしていると言えよう。

　このデータを利用する際，注意すべき点がある。それは，1大学の1学部の学生にサンプルが絞られているため，分析結果を大学生全体に一般化するには注意が必要となるというものである。本来であればランダムサンプリングを達成するため，複数の大学のさまざまな学部を調査対象とすべきであるが，さまざまな制約のため実現できなかった。

　その一方で，1学部の積極的な協力を得ることで，高い回収率を達成することができたという理由，さらに同一の質問票で複数年度の就職活動の結果と個人属性の関係を分析することが可能であるという理由から本データを使用するメリットが大きいと考え，本分析では使用している。

　本章の分析では，女子大生のキャリア展望について分析を行なっていくが，このキャリア展望は，「あなたのキャリア展望は（○は1つ）」という質問から作成している。質問の回答の選択肢には「1：1つの勤務先でフルタイムで働き続け，いずれ管理職をめざしたい」，「2：1つの勤務先でフルタイムで働き続け，いずれ専門職をめざしたい」，「3：1つの勤務先でフルタイムで働き続けたいが，安定した生活が保障されていれば仕事内容にはこだわらない」，「4：必要に応じて転職しながら，フルタイムで働き続けたい」，「5：いずれ独立・起業したい」，「6：結婚・出産後はいったん家庭に入り，その

表3 性別キャリア展望の分布

	キャリア展望	2008年度卒	2009年度卒	2010年度卒	合計
女子学生	フルタイム	74	62	73	209
	%	52.48	50.82	54.48	52.64
	転職・起業	31	22	33	86
	%	21.99	18.03	24.63	21.66
	家庭・パート	36	38	28	102
	%	25.53	31.15	20.9	25.69
	合計	141	122	134	397
	%	100	100	100	100
男子学生	フルタイム	54	62	62	178
	%	65.85	72.09	69.66	69.26
	転職・起業	28	24	27	79
	%	34.15	27.91	30.34	30.74
	家庭・パート	0	0	0	0
	%	0	0	0	0
	合計	82	86	89	257
	%	100	100	100	100

出所:「大学生活とキャリアに関する4年生調査」から筆者作成。

後パートなどで働きたい」,「7:結婚・出産後は家庭に入りたい」,「8:考えていない・わからない」,「9:その他」がある。このうち1から3の選択肢の場合を「フルタイム志望」,4と5の選択肢の場合を「転職・起業志望」,6と7の選択肢の場合を「家庭・パート志望」と3つのグループに分類し,分析を行なっていく[3]。なお,女子学生の比較対象として,男子学生についても分析を行なっていく。

　女子学生,男子学生のキャリア展望の各年度の構成比は,表3のとおりになっている。表3を見ると,女子学生および男子学生ともフルタイム志望の割合が最も大きくなっている。女子学生の場合,家庭・パート志望と転職・起業志望がほぼ同じ大きさであるが,男子学生の場合,家庭・パート志望が0%となっており,男女間で違いがあることがわかる。

(2) 分析手法

　就職活動の方法に関する分析と就職活動結果に関する分析を行う。就職活動の方法に関する分析では,①就職活動の実施頻度(資料請求やプレエント

リーを行った企業数，説明会に参加した企業数，エントリーシートを送った企業数，筆記試験・Web試験を受けた企業数，面接を受けた企業数）が卒業年度，キャリア展望，性別によってどのように異なっているのかをクロス集計で比較していく。

就職活動結果に関する分析では，②卒業後の進路に関する分析，③就職先での雇用形態に関する分析，④大企業かつ上場企業への就職割合に関する分析[4]，⑤内々定数に関する分析，⑥就職先の企業から内々定を取得した時期に関する分析を行う。いずれの分析においても卒業年度，キャリア展望，性別によって結果がどのように異なっているのかについてクロス集計で比較していく。

なお，①〜⑥のいずれの分析も本来であれば回帰分析等を用い，さまざまな要因をコントロールした上で統計的に検証していくべきであるが，観測数が少なかったため，ここではクロス集計によってどのような傾向が示されるのかを確認するだけに留めた。

3 分析結果

(1) 就職活動の方法に関する分析

まず，①就職活動の実施頻度に関する分析を行なっていく。表4は，卒業年度別，キャリア展望別，性別の就職活動実施頻度を表している。

表4を見ると，女子学生の場合，フルタイム志望と家庭・パート志望において，時系列的にプレエントリー数，説明会参加数，エントリー数，筆記試験受験数が増加傾向にあることがわかる。これに対して，男子学生の場合，女子学生と同様にプレエントリー数，説明会参加数，エントリー数，筆記試験受験数が増加する傾向にあったが，女子学生よりも実施頻度は低かった。この結果から，リーマンショックによる景気後退に対して，男子学生より女子学生の方が敏感に反応した可能性が考えられる。

表4 卒業年度別，キャリア展望別，性別の就職活動実施頻度

		フルタイム			転職・起業			家庭・パート		
		2008年度卒	2009年度卒	2010年度卒	2008年度卒	2009年度卒	2010年度卒	2008年度卒	2009年度卒	2010年度卒
女子学生	プレエントリー数	57.5	79.7	89.0	52.4	62.5	82.4	42.4	72.0	80.4
	説明会参加数	30.9	40.3	43.5	28.8	36.7	36.0	26.2	35.1	45.4
	エントリー数	25.4	30.3	36.2	23.1	29.8	25.2	19.3	32.3	36.2
	筆記試験数	19.1	25.5	27.3	19.0	23.9	18.7	14.9	22.9	27.6
	面接数	16.1	18.9	20.3	17.6	20.9	17.6	13.4	19.6	18.8

		フルタイム			転職・起業		
		2008年度卒	2009年度卒	2010年度卒	2008年度卒	2009年度卒	2010年度卒
男子学生	プレエントリー数	53.1	52.6	67.8	32.0	66.6	66.1
	説明会参加数	29.1	33.2	35.6	29.0	35.8	29.5
	エントリー数	23.7	24.4	26.2	14.0	23.6	25.1
	筆記試験数	18.1	19.1	19.7	8.6	18.4	20.2
	面接数	15.4	16.3	16.7	9.2	15.2	18.3

注：各値は平均値を示している。
出所：「大学生活とキャリアに関する4年生調査」から筆者作成。

(2) 就職活動結果に関する分析

次に，②卒業後の進路に関する分析から行なっていく。表5は，卒業年度別，キャリア展望別，性別の卒業後の進路を表している。

表5を見ると，転職・起業志望の女子学生が民間企業に正社員として就職する比率が2010年度卒の時点で80%台から70%近くに低下していることがわかる。また，家庭・パート志望の女子学生は，卒業後の進路が未定である比率が時系列的に上昇する傾向にあった。これら転職・起業志望および家庭・パート志望の女子学生の就職活動結果が悪化している背景には，リーマンショックによる新卒需要の減少があるのではないかと考えられる。これに対して，フルタイム志望の女子学生の場合，正社員として就職する割合はあまり低下していなかった。さらに，卒業後の進路が未定である比率も低下する傾向にあった。この結果から，女子学生の場合，新卒需要減少時にキャリア展望によって就職活動結果が異なっている可能性がある。

続いて，男子学生の結果について見てみると，フルタイム志望の学生の場

表5 卒業年度別, キャリア展望別, 性別の卒業後の進路

(%)

	進路予定	フルタイム			転職・起業			家庭・パート		
		2008年度卒	2009年度卒	2010年度卒	2008年度卒	2009年度卒	2010年度卒	2008年度卒	2009年度卒	2010年度卒
女子学生	民間企業 (政府系機関, 民間団体, NPO等を含む) に就職する (正社員として)	86.5	87.1	84.9	80.7	81.8	69.7	88.9	79.0	82.1
	民間企業 (政府系機関, 民間団体, NPO等を含む) に就職する (契約社員として)	2.7	3.2	1.4	0.0	9.1	3.0	2.8	2.6	0.0
	公務員に内定している (正職員として)	4.1	1.6	2.7	0.0	0.0	3.0	0.0	0.0	3.6
	公務員に内定している (非常勤・臨時職員として)	0.0	0.0	0.0	0.0	0.0	0.0	0.0	0.0	0.0
	教員に内定している (正職員として)	0.0	0.0	2.7	0.0	0.0	3.0	0.0	0.0	0.0
	教員に内定している (非常勤・臨時職員として)	0.0	0.0	0.0	0.0	0.0	0.0	2.8	0.0	0.0
	自営業・家業を継ぐ	0.0	1.6	1.4	0.0	0.0	9.1	2.8	7.9	0.0
	パート・アルバイトとして勤務する	0.0	0.0	0.0	0.0	4.6	3.0	2.8	2.6	3.6
	専門学校, 大学院等に進学する	1.4	1.6	1.4	0.0	0.0	3.0	0.0	0.0	0.0
	留年または卒業し, 民間企業への就職活動を継続する	0.0	0.0	0.0	9.7	0.0	3.0	0.0	0.0	0.0
	留学する (予定している)	0.0	3.2	1.4	0.0	4.6	0.0	0.0	5.3	7.1
	未定	5.4	1.6	4.1	9.7	0.0	0.0	0.0	2.6	3.6
	その他	0.0	0.0	0.0	0.0	0.0	0.0	0.0	0.0	0.0
	サンプル数合計	74	62	73	31	22	33	36	38	28
	%	100	100	100	100	100	100	100	100	100

進路予定	フルタイム			転職・起業		
	2008年度卒	2009年度卒	2010年度卒	2008年度卒	2009年度卒	2010年度卒
民間企業（政府系機関，民間団体，NPO等を含む）に就職する（正社員として）	84.9	69.4	63.3	64.3	79.2	63.0
民間企業（政府系機関，民間団体，NPO等を含む）に就職する（契約社員として）	1.9	1.6	3.3	3.6	4.2	7.4
公務員に内定している（正職員として）	3.8	14.5	6.7	0.0	0.0	3.7
公務員に内定している（非常勤・臨時職員として）	0.0	0.0	1.7	0.0	0.0	0.0
教員に内定している（正職員として）	0.0	1.6	1.7	0.0	0.0	0.0
教員に内定している（非常勤・臨時職員として）	0.0	0.0	1.7	0.0	0.0	3.7
自営業・家業を継ぐ	0.0	0.0	3.3	0.0	0.0	3.7
パート・アルバイトとして勤務する	1.9	0.0	3.3	0.0	0.0	3.7
専門学校，大学院等に進学する	3.8	3.2	3.3	10.7	8.3	3.7
留年または卒業し，民間企業への就職活動を継続する	0.0	1.6	0.0	3.6	0.0	0.0
留学する（予定している）	0.0	0.0	0.0	3.6	4.2	7.4
未定	3.8	8.1	3.3	3.6	0.0	3.7
その他	0.0	0.0	8.3	10.7	4.2	3.7
サンプル数合計	53	62	60	28	24	27
%	100	100	100	100	100	100

男子学生

出所：「大学生活とキャリアに関する4年生調査」から筆者作成。

合，民間企業に正社員として就職する比率が80％台から60％台に低下していた。転職・起業志望の男子学生の場合，2009年度卒で卒業後の進路が未定である比率が0％であるが，2010年度卒では7.4％へと上昇していた。また，転職・起業志望の男子学生では，民間企業へ契約社員として就職する比率が上昇していた。この結果から，男子学生の場合，どのキャリア展望であってもリーマンショックによる新卒需要減少によって就職活動結果が悪化している可能性がある。

次に，③就職先での雇用形態に関する分析を行なっていく。表6は，卒業年度別，キャリア展望別，性別の就職先での雇用形態を表している。女子学生について見ていくと，フルタイム志望および転職・起業志望の女子学生の場合，正社員（一般職以外）として就職している比率は高いが，家庭・パート志望の女子学生だと一般職・契約社員・その他で就職している比率が30％台となっており，しかもその比率が時系列的に上昇する傾向にあった。男子学生の場合，いずれのキャリア展望でも正社員（一般職以外）として就職している比率が最も高くなっていた。

これらの結果から，家庭・パート志望の女子学生の場合であると他のキャリア展望とは違った雇用形態で就職する比率が高いと言える。一般職・契約社員・その他といった形で就職する傾向は，家庭・パート志望というキャリア展望を考慮すると，意外な結果ではないが，リーマンショック後にその割合が約5％も上昇する傾向を見ると，新卒需要の減少が家庭・パート志望の女子学生に対して強い影響を及ぼしている可能性が考えられる。

次に，④大企業かつ上場企業への就職割合に関する分析を行なっていく。図1は，卒業年度別，キャリア展望別，性別の大企業かつ上場企業への就職割合を表している。

女子学生について見ていくと，フルタイム志望および転職・起業志望の女子学生の場合，2009年度卒では大企業かつ上場企業への就職割合が低下するものの，2010年度卒で上昇する傾向にあった。しかし，家庭・パート志望の女子学生の場合，大企業かつ上場企業への就職割合は低下傾向を辿っていることが確認できる。また，男子学生について見ていくと，フルタイム志望の学生の場合，2009年度卒で大企業かつ上場企業への就職割合が上昇し，

表6 卒業年度別, キャリア展望別, 性別の就職先企業での雇用形態

(%)

		フルタイム			転職・起業			家庭・パート		
		2008年度卒	2009年度卒	2010年度卒	2008年度卒	2009年度卒	2010年度卒	2008年度卒	2009年度卒	2010年度卒
女子学生	正社員〈総合職・一般職の区分なし〉	34.4	40.7	41.5	46.2	41.2	45.8	36.4	41.2	37.5
	正社員〈総合職〉	39.1	20.4	24.6	26.9	41.2	41.7	24.2	11.8	16.7
	正社員〈エリア総合職・特定総合職〉	7.8	9.3	7.7	19.2	0.0	8.3	9.1	14.7	8.3
	一般職・契約社員・その他	18.8	29.6	26.2	7.7	17.7	4.2	30.3	32.4	37.5
	合計	64	54	65	26	17	24	33	34	24
	%	100	100	100	100	100	100	100	100	100
		2008年度卒	2009年度卒	2010年度卒	2008年度卒	2009年度卒	2010年度卒			
男子学生	正社員〈総合職・一般職の区分なし〉	40.8	48.1	43.2	42.9	42.1	31.6			
	正社員〈総合職〉	53.1	36.5	50.0	47.6	47.4	57.9			
	正社員〈エリア総合職・特定総合職〉	4.1	7.7	2.3	4.8	5.3	5.3			
	一般職・契約社員・その他	2.0	7.7	4.6	4.8	5.3	5.3			
	合計	49	52	44	21	19	19			
	%	100	100	100	100	100	100			

出所:「大学生生活とキャリアに関する4年生調査」から筆者作成。

第4章 結婚しても働き続けたい女子学生は内定しやすいのか?

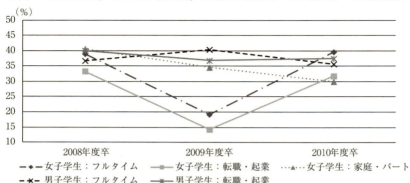

図1 卒業年度別，キャリア展望別，性別の大企業かつ上場企業への就職割合

2010年度卒では低下した。これに対して転職・起業志望の男子学生の場合，2009年度卒で大企業かつ上場企業への就職割合が低下し，2010年度卒ではわずかに就職割合が上昇していた。これらの結果から，家庭・パート志望の女子学生ほど，大企業かつ上場企業に就職することが困難となっており，就職活動結果が悪化する傾向がある。

次に，⑤内々定数に関する分析を行なっていく。表7は，卒業年度別，キャリア展望別，性別の内々定数の割合を表している。女子学生について見ていくと，いずれのキャリア展望でも最も大きな割合を占めていたのは内々定数が1の場合であった。特にフルタイム志望および家庭・パート志望では内々定数が1の割合が時系列的に増加する傾向にある。また，転職・起業志望および家庭・パート志望の学生において，内々定数が0の割合が2008年度卒と比較して，2009年度卒および2010年度で上昇していた。これに対してフルタイム志望の女子学生の場合，2009年度卒で内々定数が0の割合が上昇したが，2010年度卒では低下していた。フルタイム志望の女子学生の場合，2010年度卒であっても新卒需要の減少の影響が少ない可能性がある。

さらに，男子学生について見ていくと，女子学生と同様にいずれのキャリア展望でも最も大きな割合を占めているのは内々定数が1の場合であった。フルタイム志望の男子学生について見ていくと，内々定数が0の割合が時系列的に上昇していた。これに対して転職・起業志望の場合，2009年度卒で

表7 卒業年度別，キャリア展望別，性別の内々定数

	内々定数	フルタイム			転職・起業			家庭・パート		
		2008年度卒	2009年度卒	2010年度卒	2008年度卒	2009年度卒	2010年度卒	2008年度卒	2009年度卒	2010年度卒
女子学生	0	3.2	8.9	3.1	0.0	5.6	10.0	0.0	8.6	8.0
	1	34.9	39.3	47.7	36.0	50.0	33.3	31.3	40.0	60.0
	2	22.2	28.6	27.7	28.0	33.3	23.3	43.8	28.6	20.0
	3	22.2	8.9	16.9	20.0	5.6	20.0	12.5	14.3	0.0
	4	6.4	10.7	1.5	12.0	0.0	3.3	3.1	5.7	4.0
	5	7.9	3.6	3.1	4.0	5.6	10.0	9.4	2.9	0.0
	6以上	3.2	0.0	0.0	0.0	0.0	0.0	0.0	0.0	8.0
	サンプル数合計	63	56	65	25	18	30	32	35	25
	%	100	100	100	100	100	100	100	100	100
	内々定数	フルタイム			転職・起業					
		2008年度卒	2009年度卒	2010年度卒	2008年度卒	2009年度卒	2010年度卒			
男子学生	0	2.0	10.5	11.1	12.5	9.5	13.6			
	1	38.0	38.6	51.1	41.7	42.9	40.9			
	2	22.0	28.1	22.2	16.7	38.1	18.2			
	3	24.0	12.3	4.4	8.3	4.8	9.1			
	4	4.0	8.8	2.2	8.3	0.0	9.1			
	5	0.0	0.0	4.4	8.3	4.8	4.6			
	6以上	10.0	1.8	4.4	4.2	0.0	4.6			
	サンプル数合計	50	57	45	24	21	22			
	%	100	100	100	100	100	100			

出所：「大学生活とキャリアに関する4年生調査」から筆者作成。

内々定数が0の割合が低下したが，2010年度卒では上昇していた。これらの結果から，キャリア展望によって内々定数が0となる割合に違いが見られることがわかる。

　女子学生の場合，フルタイム志望と家庭・パート志望の2010年度卒で内々定数が0となる割合が減少していたが，転職・起業志望では増加する傾向にあった。ただし，家庭・パート志望の場合，2008年度卒と比較すると，2009年度卒および2010年度卒で内々定数が0の割合が増加していた。一方，男子学生の場合，いずれのキャリア展望であっても2010年度卒で内々定数が0となる割合が増加していた。

最後に，⑥就職先の企業から内々定を取得した時期に関する分析を行なっていく。図2から図6は，累積百分率で卒業年度別，キャリア展望別，性別の就職先企業から内々定を得た時期を表している。これらの図から，各時点において何％の学生が就職先を決めたのかを知ることができる。
　女子学生について見ていくと，フルタイム志望および転職・起業志望の場合，2008年度卒と比較して，2009年度卒および2010年度卒の内々定の取得時期が遅れる傾向にあることがわかる。ただし，2010年度卒は2009年度卒よりも早期に内々定を取得していた。家庭・パート志望の女子学生を見ると，フルタイム志望および転職・起業志望とは異なり，時系列的に内々定の取得時期が遅れる傾向にあった。また4年生の3月中旬の家庭・パート志望の女子学生の値を見ると，2009年度卒および2010年度卒で値が約90％まで低下してきており，そもそも内定を得ることができない割合が約10％増加したことを示している。
　続いて，男性について見ていくと，フルタイム志望の場合，女子学生の家庭・パート志望と同様に時系列的に内々定の取得時期が遅れる傾向にあった。

図2　就職先企業から内々定を得た時期（女性：フルタイム）

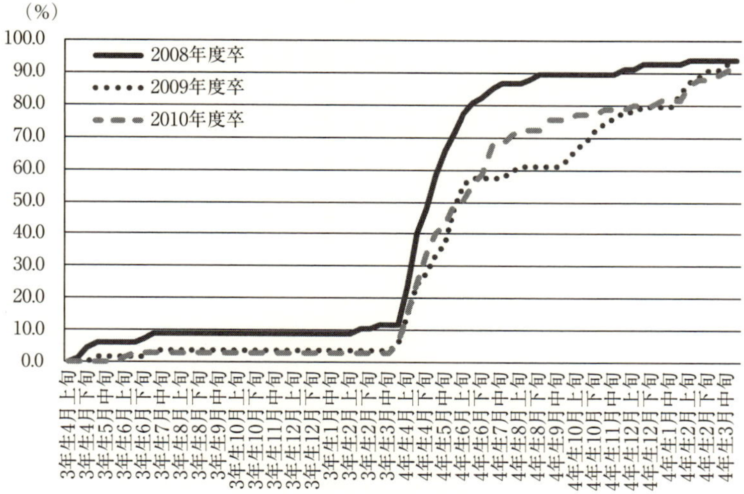

出所：「大学生活とキャリアに関する4年生調査」から筆者作成。

図3　就職先企業から内々定を得た時期（女性：転職・起業）

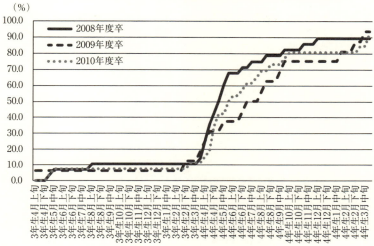

出所：「大学生活とキャリアに関する4年生調査」から筆者作成。

図4　就職先企業から内々定を得た時期（女性：家庭・パート）

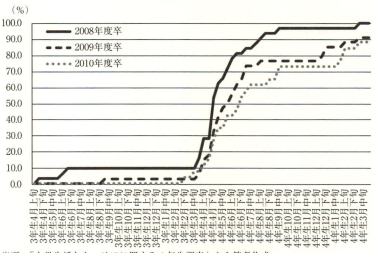

出所：「大学生活とキャリアに関する4年生調査」から筆者作成。

図5　就職先企業から内々定を得た時期（男性：フルタイム）

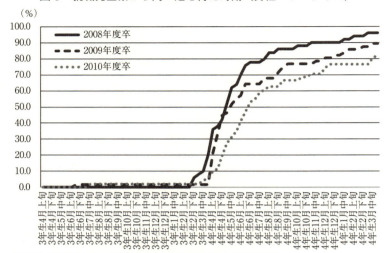

出所：「大学生活とキャリアに関する4年生調査」から筆者作成。

図6　就職先企業から内々定を得た時期（男性：転職・起業）

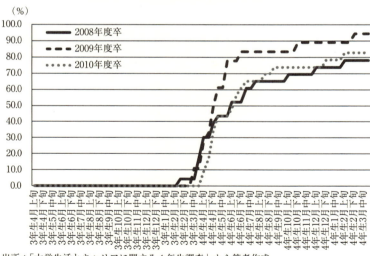

出所：「大学生活とキャリアに関する4年生調査」から筆者作成。

内々定の取得者の割合を見ても，2008年度卒よりも約10％程度低下している。これに対して転職・起業志望の男子学生の場合，2008年度卒と比較して，2009年度卒で内々定取得時期が早期化したが，2010年度卒になると内々定取得時期が遅くなる傾向にあった。

　これらの結果から，キャリア展望によって就職先企業から内々定を得る時期に違いが見られることがわかる。女子学生の場合，家庭・パート志望で内定取得時期が遅くなっていた。男子学生の場合，フルタイム志望で内定取得時期が遅くなっていた。この背景にはリーマンショックによる新卒需要の減少が大きな影響を及ぼしていると考えられるが，キャリア展望の違いに起因した就職活動に対する取り組み方も影響を及ぼしている可能性がある。

（3）分析結果のまとめ

　ここでは就職活動の方法に関する分析と就職活動結果に関する分析を行った。分析結果をまとめると表8になる。表8のうち，網がかかっている部分は，就職活動結果が悪化していることを示している。この表からキャリア展望の違いによって，網がかかっている部分に違いがあることがわかる。

　最も多く網がかかっているのは，女子学生の家庭・パート志望であり，いずれの就職活動結果もリーマンショック後に悪化する傾向にあると言える。女子学生の家庭・パート志望の場合，就職活動の実施頻度は増加傾向にあり，就職活動を積極的に行なっているものの，その活動結果は悪化している。これに対して，女子学生のフルタイム志望の場合，就職活動結果の悪化は見られず，リーマンショックによる影響は少ないと考えられる。一方，男子学生についてみると，フルタイム志望と比較して，転職・起業志望の方が網がかかっている部分が少なく，就職活動結果があまり悪化していないと言える。

表8 分析結果のまとめ

	女子学生			男子学生	
	フルタイム	転職・起業	家庭・パート	フルタイム	転職・起業
①就職活動の実施頻度に関する分析	各プロセスへの参加程度は上昇傾向	―	各プロセスへの参加程度は上昇傾向	各プロセスへの参加程度は上昇傾向	各プロセスへの参加程度は上昇傾向
②卒業後の進路	卒業後進路の未定率が低下	民間企業への正社員比率が低下	卒業後進路の未定率が上昇	民間企業への正社員比率が低下	民間企業への契約社員比率が上昇
③就職先での雇用形態	正社員比率（一般職以外）が高い	正社員比率（一般職以外）が高い	一般職・契約社員・その他の比率が上昇	正社員比率（一般職以外）が高い	正社員比率（一般職以外）が高い
④大企業かつ上場企業への就職割合	09年度卒で低下し，10年度卒で上昇	09年度卒で低下し，10年度卒で上昇	低下傾向	09年度卒で上昇し，10年度卒で低下	09年度卒で低下し，10年度卒で上昇
⑤内々定数	内々定未取得率は09年度卒で上昇するも，低下	内々定未取得率が上昇	08年度卒と比較して，09年度卒，10年度卒の内々定未取得率が上昇	内々定未取得率が上昇	内々定未取得率が上昇
⑥就職先の企業から内々定を得た時期	09年度卒で取得時期が晩期化したが，10年度卒で早期化	09年度卒で取得時期が晩期化したが，10年度卒で早期化	時系列的に時期は遅くなる傾向	時系列的に時期は遅くなる傾向	09年度卒で取得時期が早期化したが，10年度卒で晩期化

出所：本論文の表4～表7および図1～図6の分析結果から筆者作成。

4 結 論

本章の目的は，独自調査によって収集した都内私立大学の卒業直前の学生の質問票調査を用い，卒業後のキャリア展望の違いが大学生の就職活動に及ぼす影響を検証することであった。分析の結果，次の2点が明らかになった。

1点目は，就職活動の方法に関する分析の結果，女子学生の場合，フルタイム志望と家庭・パート志望において，時系列的にプレエントリー数，説明会参加数，エントリー数，筆記試験受験数が増加傾向にあることがわかった。これに対して，男子学生の場合，プレエントリー数，説明会参加数，エントリー数，筆記試験受験数が増加する傾向にあったが，女子学生よりも実施頻

度は低かった。

 2点目は、就職活動結果に関する分析の結果、キャリア展望の違いによって、就職活動結果が悪化する程度が異なっていることがわかった[5]。最も悪化していたのは女子学生の家庭・パート志望であり、この背景にはリーマンショックによる新卒需要の減少とキャリア展望の違いに起因した就職活動結果の違いが影響を及ぼしていると考えられる。家庭・パート志望の学生ほど、総合職よりも一般職を希望していると考えられるが、リーマンショックによる新卒需要の減少を受け、一般職での採用が抑制されている可能性がある。この結果、家庭・パート志望の学生ほど、想定していた就職先から内定を得ることができなくなっていると考えられる。また、もし一般職で内定を得ることができずに、改めて総合職を目指すとしても、急な変更であるため、成功する確率は高くないと考えられる。

 以上の分析結果から、大学生の就職活動支援に関してどのような示唆が得られるのだろうか。特に考えるべきなのは、家庭・パート志望の女子学生に対する支援策である。家庭・パート志望の女子学生のように、積極的に就職活動を行なっても良い結果が得られないのは問題であると言える。今後は、学生がどのようなキャリア展望を持っているのかに応じて支援策を講じていく必要があろう。

 最後に本章の課題について述べておきたい。本章ではサンプルサイズが小さかったこともあり、主にクロス集計表でキャリア展望と就職活動結果の関係を分析してきた。本来であれば回帰分析等を利用し、さまざまな要因をコントロールする必要がある。この点は本章の研究課題であり、今後データの蓄積をさらに進め、再度検証していく必要がある。

注
1) 大卒女性の働き方については、脇坂・冨田 (2001) を参照されたい。なお、男性も含めた若年就業について包括的な研究に太田 (2010) がある。
2) 本章で使用している「大学生活とキャリアに関する4年生調査」を用いた研究に佐藤他 (2009, 2010)、田中他 (2011)、田澤・梅崎 (2011) 等がある。佐藤他 (2009) では、新卒需要の変動が就職活動に及ぼす影響を分析し、佐藤他 (2010) では、大学生の就職活動期間中

の志望業界の変更が就職活動期間や内々定数等の就職活動結果にどのような影響を及ぼしたのかを分析している。田中他（2011）では，大学生の利用する就職活動の情報を「就活生向け情報」と「一般向けビジネス情報」の2つに分け，それぞれが就職活動結果にどのような影響を及ぼしているのかを分析している。また，田澤・梅崎（2011）では，1年生の大学生活における達成が自尊感情に与える影響を分析している。

3）キャリア展望の中で，フルタイム志望に「4：必要に応じて転職しながら，フルタイムで働き続けたい」を含めなかったのは，長期雇用という日本的雇用慣行を前提とすると，転職を考えている学生と1つの勤務先で働き続けようと考えている学生と間には就職先の選び方，就職活動の方法，卒業後の進路に違いがあるのではないかと考えたためである。実際，卒業後の進路を見ると，男子学生，女子学生とも卒業後に留学すると回答したのは「4：必要に応じて転職しながら，フルタイムで働き続けたい」と「5：いずれ独立・起業したい」のみであり，フルタイム志望の学生よりも，起業志望の学生に転職志望の学生が近い傾向がある。

4）大企業とは企業規模が1000人以上の企業を指している。

5）今回分析に使用した調査は，卒業直前の大学4年生の2月に行っているため，就職活動結果が卒業後のキャリア展望を形成するといった因果関係も存在する可能性が考えられる。本来であれば，このような因果関係の有無を識別するためにも，就職活動を開始する以前のキャリア展望を使用する必要がある。しかし，今回は使用することができなかった。また，このような因果関係を考慮するためにも，操作変数法を用いた分析をすることも検討したが，適切な操作変数を見つけることができず，使用を断念した。このため，今回の集計結果を解釈する際は，就職活動結果が卒業後のキャリア展望を形成するといった因果関係が存在している可能性があり，その解釈には注意が必要となる。この点に対する対処は本章の研究課題であり，今後，質問票を改善することで対処していきたい。

引用文献

岩永雅也（1990）「アスピレーションとその実現――母が娘に伝えるもの」，岡本英雄・直井道子編『現代日本の階層構造 4 女性と社会階層』東京大学出版会

太田聰一（2010）『若年者就業の経済学』日本経済新聞社

亀田温子（1977）「女子生徒の職業意識形成についての一考察」『人間発達研究』2: 9-15頁

佐藤一磨・梅崎修・上西充子・中野貴之（2009）「新卒需要の変動が大学生の就職活動に与える影響――卒業生アンケート調査の分析」『キャリアデザイン研究』5: 51-63頁（「新卒需要変動と就活の結果（第6章）」，平尾智隆・梅崎修・松繁寿和編著『教育効果の実証――キャリア形成における有効性』日本評論社，111-131頁）

佐藤一磨・梅崎修・上西充子・中野貴之（2010）「志望業界の変化は大学生の就職活動にどのような影響を及ぼすのか――卒業生アンケート調査の分析」『キャリアデザイン研究』6: 83-99頁（「志望業界の変更が就活に与える影響（第3章）」，平尾智隆・梅崎修・松繁寿和編著『教育効果の実証――キャリア形成における有効性』日本評論社，39-65頁）

田澤実・梅崎修（2011）「大学生活への意欲と達成が自尊感情に与える影響――大学1年生に対する縦断調査」『京都大学高等教育研究』17: 65-71頁（「大学生活と自尊感情（第6章）」，梅崎修・田澤実編著『大学生の学びとキャリア――入学前から卒業後までの継続調査の分析』法政大学出版局，117-127頁）

田中賢久・佐藤一磨・梅崎修・上西充子・中野貴之（2011）「大学生の就職活動における情報活用の意義――大学4年生調査の分析」『キャリアデザイン研究』7: 175-184頁（「情報活用が就活に与える影響（第4章）」，平尾智隆・梅崎修・松繁寿和編著『教育効果の実証

――キャリア形成における有効性』日本評論社, 67-82頁)
濱中義隆 (2007)「現代大学生の就職活動プロセス」小杉礼子編『大学生の就職とキャリア――「普通」の就活・個別の支援』勁草書房, 17-50頁
村松幹子 (1997)「女子学生のライフコース観の形成――親の影響を中心に」『年報社会学論集』第7号, 85-96頁
村松幹子 (2000)「女子学生のライフコース展望とその変動」『教育社会学研究』66: 137-155頁
安田雪 (1999)『大学生の就職活動――学生と企業の出会い』中央公論新社
脇坂明・冨田安信編 (2001)『大卒女性の働き方――女性が仕事をつづけるとき, やめるとき』日本労働研究機構

第5章

就職活動解禁時期の変更は学生の就職活動を変えたのか？

1 問題の所在

　本章では，卒業時点の大学生アンケート調査を用い，就職活動の解禁時期の変更が大学生の就職活動方法や就職活動結果に及ぼす影響を明らかにする。
　近年，多くのメディアで大学生の就職活動に注目が集まっている。その背景には，バブル崩壊から2000年代前半にかけての景気悪化によって，内定を得ることができない大学生が増加し，就職率が低下した時期があったためである。同時に，採用行動の競争過熱化は就職活動の早期化を生み出し，大学における学業を阻害するだけでなく，留学等の大学外での活動を抑制するため，以前から制度上の問題点として指摘されてきた。就職活動早期化による学業への阻害が，就業後の人材育成へもマイナスの影響を与えるならば，企業側にとっても損失となる。個々の企業の競争行動が結果的に全体の社会的損失を生み出していると考えられる。
　これらの問題に対処するためにも，日本経団連の倫理憲章が改定された。この倫理憲章とは1997年に日本経団連が「採用選考に関する企業の倫理憲章」として定めたものであり，新卒者の採用活動に関するガイドラインとなっている。今回の改定によって，2013年3月に卒業した大学生から就職活動の解禁時期が3年生の10月から12月へと変更された。
　しかし，この解禁時期の変更によって大学生の就職活動や企業の採用活動がどのように変わったのかは検証されていない。第一に，倫理憲章の変更が企業の採用活動を遅れさせる効果を持っているかどうかを確認しなければならない。その上で第二に，仮に開始が2カ月遅れたとしても，エントリーや

面接、さらに内々定獲得まで2カ月遅れれば、4年次の学業（例えば卒論作成）を阻害する可能性を検討する必要がある。第三に、首尾よく解禁日の変更が就職活動期間を短縮化したとしても、その結果、学生側がその短縮化にうまく対応できず、就職活動の困難を生み出している可能性もある。つまり、開始時期の変化は内々定数や大学生の就職先企業の満足度に影響を及ぼしたのだろうか。

株式会社リクルートキャリア（2013）を見ると、企業の採用活動スケジュールが遅くなったり、期間が短縮化したと回答した企業の58.7%が「倫理憲章改定の影響」と回答しており、企業の採用活動に変化をもたらしている。この倫理憲章の改定は、大学生の就職活動にも同様に変化をもたらしたと予測される。しかし、これらに関する学術的な研究はまだ行われておらず、実態は明らかになっていない。この点を明らかにすることは、現在議論されているさらなる就職活動開始時期の変更が及ぼす影響を予測することに役立つと考えられるため、研究意義が大きい。ただし、この分析のためには倫理憲章変更前後を比較できる継続的な調査が必要である。

そこで、都内の私立大学の卒業直前の学生に対して2007年から毎年継続して調査している質問票データを用い、就職活動解禁時期の変化前後において、大学生の就職活動方法や就職活動結果がどのように変化したのかを比較分析する。具体的には2011年度卒の学生（2012年3月に卒業）と2012年度卒の学生（2013年3月に卒業）の就職活動方法や就職活動結果を比較する。

本章の構成は以下の通りである。第2節では、先行研究を簡単に概観する。第3節ではデータを説明し、続く第4節では、分析仮説と分析手法を説明する。第5節は、分析結果について説明し、最後の第6節では本章の結論を述べる。

2　先行研究

大学生の就職活動に関する研究は、若年労働市場の需給状況の悪化を受け、

近年蓄積されつつある。これらの研究を見ると，大学生活や就職活動のやり方が内定獲得に与える影響を分析した先行研究がある。これらの研究成果をまとめると，部活・サークル，インターンシップへの参加や高い成績が就職活動結果に正の影響をもたらすことが明らかになっている。

　例えば，梅崎（2004）は，ある国立大学の社会科学系学部の卒業生に成績と部活・サークルへの参加有無を質問し，それらが内定先満足度に正の効果を持っていることを明らかにした。また永野（2004）は，複数の大学まで調査を拡げ，大学ごとの入試難易度をコントロールしたうえで成績の内定獲得に対する正の効果を確認している。さらに，『大学生のキャリア展望と就職活動に関する実態調査』（労働政策研究・研修機構）を用いた小杉（2007）は，友達との付き合い，クラブ・サークル，アルバイトといった活動に意欲的な学生ほど内定数が増加することを明らかにした。小杉（2007）と同じデータを使用した濱中（2007）は，銘柄大学と非銘柄大学に分けて就職活動スケジュールを詳細に調べ，銘柄大学だけで早期開始が内定獲得を促すことを確認した。これらの研究以外にも本章で使用した『大学生活とキャリアに関する4年生調査』を用いた研究に佐藤ほか（2009）があり，インターンシップへの参加やサークル・部活動への参加が内定獲得時期にプラスの影響を与えていることを明らかにしている。さらに，佐藤ほか（2009）は新卒需要が多かった年度の方が就職活動期間もより短くなり，内々定数もより多くなることを明らかにした。

　以上の分析は，大学生の就職活動の実態を明らかにした研究であり，非常に興味深い。しかし，就職活動の解禁時期の変更という制度の変更が大学生の就職活動に及ぼす影響については検証していない。このような就職活動の解禁時期の変更は，一種の自然実験とみなすことができるため，その影響を検証することは学術的にも意義が大きい。そこで，本章では就職活動の解禁時期の変更が大学生の就職活動に及ぼす影響を分析する。

3 データ

本分析で使用するデータは，H大学A学部の2011年度，2012年度卒業の大学4年生についての質問票調査（「大学生活とキャリアに関する4年生調査」）である[1]。調査は各年の卒業直前の2月に実施された。主な質問項目は，学業，サークル・アルバイト，就職活動等である。調査は就職活動が終了した直後に行われており，その回答に対する信頼性は高い。また，同一の質問票を利用しており，回答内容の比較が可能となっている。なお，H大学A学部では，1学年約300名の学生が在籍しているが，社会人学生のように入学時点で仕事をしている，もしくは専業主婦や定年後の社会人学生が存在しており，それらの学生は分析対象から除外した。

次に，H大学A学部の基本的な特徴を説明していく。H大学は，東京にある全国的に知名度がある中堅私立大学であり，A学部は文系の学部で，各年の男女比は表1のとおり女子学生の割合が高い。また，各年度の卒業後の進路について表2から見ていくと，女子学生は90％近くが就職し，専門学校・大学院へは約2％未満しか進学していない。これに対して男子学生は約3〜6％が専門学校・大学院へ進学しており，女子学生よりも若干就職する割合が低い傾向にある。

このデータを利用する際，注意すべき点がある。1つ目は，1大学の1学部の学生にサンプルが絞られているため，分析結果を大学生全体に一般化するには注意が必要となるというものである。しかし，1学部の積極的な協力

表1　各年度の男女比

	2011年度卒		2012年度卒	
	観察数	％	観察数	％
男子学生	111	41.73	119	47.04
女子学生	155	58.27	134	52.96
合計	266	100	253	100

出所：「大学生活とキャリアに関する4年生調査」から筆者作成。

表2　各年度の卒業後の進路

	卒業後の進路	2011年度卒 観察数	%	2012年度卒 観察数	%
男子学生	就職	89	86.41	97	86.61
	専門学校・大学院へ進学	4	3.88	7	6.25
	その他	10	9.71	8	7.14
	合計	103	100	112	100
女子学生	卒業後の進路	2011年度卒 観察数	%	2012年度卒 観察数	%
	就職	130	88.44	117	94.35
	専門学校・大学院へ進学	2	1.36	1	0.81
	その他	15	10.20	6	4.84
	合計	147	100	124	100

出所:「大学生活とキャリアに関する4年生調査」から筆者作成。

を得ることで，高い回収率を達成することができたという理由と，同一の質問票で複数年度の就職活動の結果と個人属性の関係を分析することが可能であるという理由から本データを使用するメリットが大きいと考え，本分析では使用している。

4　分析仮説・分析手法

(1) 分析仮説

　就職活動の解禁時期の変更は，大学生の就職活動にどのような影響を及ぼすのだろうか。さまざまな影響を及ぼすと考えられるが，その中でも特に就職活動期間に大きな影響を及ぼすと考えらえる。そこで，就職活動の解禁時期の変更が就職活動期間に及ぼす影響について考察する（図1）。

　図1は，就職活動の解禁時期の変更が就職活動期間に及ぼす影響についての3つのパターンを示す。パターン①は，3年生の10月に就職活動が解禁される従来の就職活動期間である。これに対してパターン②，③は，就職活動の解禁時期が3年生の12月に変更された場合の就職活動期間を示す[2]。パターン②では就職活動が3年生の12月に解禁され，そのまま内々定取得時期も遅れると想定している。パターン②では，就職活動の解禁時期の変更

図1 就職活動の解禁時期の変更が就職活動期間に及ぼす影響

	3年生の10月	3年生の12月		4年生の4月以降
パターン①	解禁 ──────→		エントリー・面接 ──→	内定
パターン②		解禁 ──→	エントリー・面接 ──────→	内定
パターン③		解禁 ──→	エントリー・面接 ──→	内定

出所:筆者作成。

が企業の採用スケジュールに影響を及ぼすと考えており,この場合だと就職活動期間が全体的にずれる。パターン②の場合,就職活動の実施期間は大きく変化しないため,内々定数等の就職活動結果に大きな影響を及ぼさない可能性がある。パターン③では就職活動が3年生の12月に解禁されるものの,企業から内々定を得る時期に変更がなく,就職活動期間が全体的に短縮することを想定している。パターン③では就職活動の解禁時期の変更が企業の採用スケジュールに影響を及ぼしていない場合を考えている。パターン③の場合,就職活動の実施期間が短縮化するため,十分なジョブサーチが行えず,就職活動結果が悪化する可能性がある。以上,就職活動の解禁時期の変更が就職活動期間に及ぼす影響についてはパターン②とパターン③の2つが考えられる。どちらのパターンが当てはまるのかについて分析を通じて確認する。

(2) 分析手法

今回は,就職活動の方法に関する分析と就職活動結果に関する分析を行う。就職活動の方法に関する分析では,①就職活動の実施頻度(資料請求やプレエントリーを行った企業数,説明会に参加した企業数,エントリーシートを送った企業数,筆記試験・Web試験を受けた企業数,面接を受けた企業数)が2011年度卒と2012年度卒でどのように異なっているのかを記述統計を用いて比較する。また,②就職活動の実施時期(就職支援サイトへ登録し始めた時期,企業説明会に参加し始めた時期,エントリーシートを提出し始めた時期,企業で人事面接を受け始めた時期)が2011年度卒と2012年度卒でどのように異なっているのかを記述統計を用いて比較する。

就職活動結果に関する分析では,③就職先での雇用形態,④大企業への就職割合,⑤上場企業への就職割合,⑥内々定数,⑦就職先の企業から内々定

を取得した時期[3],⑧就職先企業に対する満足度に関する分析を行う[4]。いずれの分析においても 2011 年度卒と 2012 年度卒で結果がどのように異なっているのかを記述統計を用い,比較する。

さらに,③〜⑧の就職活動結果に関する分析では計量経済学的な手法を用い,就職活動解禁時期の変更が及ぼす影響を検証する。具体的には次式を推計する。

$$Y_{it} = X'_{it}\beta + \alpha j s_{it} + \gamma y 2012 + \delta j s_{it} \times y 2012 + \varepsilon_{it} \cdots\cdots\cdots\cdots (1)$$

Y_{it} は被説明変数を示し,分析によって変数が異なる。③の分析では正社員((総合職・一般職等の区分なし)および(総合職))での就職ダミー,④の分析では 1000 人以上の大企業への就職ダミー,⑤の分析では上場企業への就職ダミー,⑥の分析では内々定数,⑦の分析では就職先の企業から内々定を取得するまでの期間,⑧就職先企業に対する満足度を使用する。なお,⑦の就活期間に関する変数は 3 年生の 4 月を 1 とし,4 年生の 3 月を 24 とした変数を使用し,どの月で内々定を取得したのかを分析する。

X_{it} は個人属性を示し,女性ダミー,インターン経験ダミー,ゼミに積極的参加ダミー,成績のうち A および A+ の割合が 8 割以上ダミー,入学方法ダミー(4 種類),就職活動実施頻度に関する変数(5 種類)を使用している。js_{it} は就職活動の実施時期を示しており,就職支援サイトへ登録し始めた時期,企業説明会に参加し始めた時期,エントリーシートを提出し始めた時期,企業で人事面接を受け始めた時期の 4 種類の変数を使用している。$y 2012$ は 2012 年度卒業ダミーを示している。

$js_{it} \times y 2012$ は,就職活動の実施時期と 2012 年度卒業ダミーの交差項である。この変数は,就職活動解禁時期が変更された 2012 年度卒業生と 2011 年度の卒業生において,各就職活動の実施時期が及ぼす影響に違いが見られるかどうかを検証している。就職活動解禁時期の変更は,大学生の就職活動開始時期を遅らせるため,就職活動結果にも影響を及ぼす可能性がある。今回の分析ではこの交差項を使用して分析する。なお,最後の ε_{it} は誤差項を示している。

今回の分析では被説明変数に応じて推計手法を変更する。③,④,⑤の分

析では Probit 分析を使用する。⑥，⑧の分析では最小二乗法（OLS）を使用する。そして，⑦の分析では比例ハザードモデルを使用する。

以上の変数を用い，分析を行っていく。なお，使用した変数の基本統計量は表3に掲載してある。

5 分析結果

(1) 就職活動の方法に関する分析（記述統計）

表4は，①就職活動の実施頻度を示している。表中の値を見ると，資料請求やプレエントリーを実施した企業数は55〜70社程度，説明会に参加した企業数は28〜34社程度，エントリーシートを提出した企業数は22〜26社程度，筆記試験等を受けた企業数は約18〜20社程度，そして面接を受けた企業は13〜15社程度であった。卒業年度による違いを見ると，就職活動時期変更後の2012年度卒の企業数が減少していた。しかし，その差はわずかであり，大きな違いは見られない。

次の図2〜5は，②就職活動の実施時期を示している。図中の値は各月に何％の学生が該当する活動を開始したのかを示す。まず図2の就職支援サイトに登録し始めた時期を見ると，2011年度卒の学生は3年生の10月に最も登録を実施するが，2012年度卒だと3年生の12月に登録時期が遅れる傾向にあった。

次に，図3の企業説明会やセミナーなどに出席し始めた時期を見ると，図2と同様に2011年度卒の学生は3年生の10月に最もセミナーへ参加するが，2012年度卒だと3年生の12月に参加時期が遅れる傾向にあった。しかも2012年度卒の方が3年生の12月に初めてセミナーへ参加する割合がより高くなっていた。おそらくこの背景には，就職活動時期の変更により企業説明会やセミナーの数が3年生の12月により集中したためだと考えられる。

次に，図4のエントリーシートを提出し始めた時期を見ると，2011年度卒と2012年度卒とも3年生の12月および1月にエントリーシートを提出し始めた時期が集中しており，両年度で大きな違いが見られなくなった。この

表 3 基本統計量

変数	就職先での雇用形態に関する分析 平均値	標準偏差	大企業への就職割合に関する分析 平均値	標準偏差	上場企業への就職割合に関する分析 平均値	標準偏差	内々定数に関する分析 平均値	標準偏差	就職先の企業から内々定数に関した時期に関する分析 平均値	標準偏差	就職先企業に対する満足度に関する分析 平均値	標準偏差
正社員での就職ダミー	0.81	0.39										
1000人以上の大企業への就職ダミー			0.48	0.50								
上場企業への就職ダミー					0.48	0.50						
内々定数							1.89	1.37				
就職先の企業から内々定を取得するまでの時期									15.66	4.20		
就職先企業に対する満足度											1.60	0.63
女性ダミー	0.55	0.50	0.55	0.50	0.55	0.50	0.57	0.50	0.55	0.50	0.55	0.50
インターン経験ダミー	0.43	0.50	0.45	0.50	0.44	0.50	0.42	0.49	0.43	0.50	0.43	0.50
ゼミに積極的参加ダミー	0.59	0.49	0.60	0.49	0.59	0.49	0.59	0.49	0.58	0.49	0.59	0.49
成績のうちAおよびA+の割合が8割以上ダミー	0.45	0.50	0.46	0.50	0.45	0.50	0.48	0.50	0.46	0.50	0.45	0.50
大学方法ダミー：一般入試	0.45	0.50	0.45	0.50	0.44	0.50	0.44	0.50	0.45	0.50	0.45	0.50
大学方法ダミー：小論文入試	0.06	0.25	0.06	0.23	0.06	0.25	0.07	0.25	0.07	0.25	0.06	0.24
大学方法ダミー：自己推薦・スポーツ推薦・留学生入試	0.13	0.34	0.13	0.34	0.13	0.34	0.13	0.34	0.14	0.34	0.13	0.34
大学方法ダミー：指定校・付属校・編入	0.28	0.45	0.29	0.45	0.29	0.45	0.28	0.45	0.27	0.45	0.29	0.45
就職活動実施頻度に関する変数：資料請求やプレエントリーを行なった企業数	70.41	58.19	70.33	58.59	70.37	58.22	68.14	56.41	69.11	57.79	70.10	58.24
就職活動実施頻度に関する変数：説明会に参加した企業数	33.81	21.50	33.84	21.48	33.77	21.54	32.81	21.23	33.10	21.48	33.66	21.57
就職活動実施頻度に関する変数：筆記試験・Web試験を受けた企業数	25.32	17.28	25.31	17.33	25.30	17.29	25.06	17.21	25.08	17.36	25.08	17.32
就職活動実施頻度に関する変数：面接を受けた企業数	20.21	15.36	20.14	15.47	20.15	15.41	19.86	15.18	20.02	15.32	20.12	15.38
就職活動の実施時期に関する変数：企業説明会やセミナー・就職支援サイトなどに出席した時期	15.26	10.08	15.27	10.11	15.26	10.08	14.96	9.93	15.07	10.09	15.20	10.11
就職活動の実施時期に関する変数：エントリーシートを初めて提出した時期	7.66	3.18	7.61	3.23	7.63	3.20	7.67	3.35	7.63	3.15	7.66	3.18
就職活動の実施時期に関する変数：企業で人事面接を受けた時期	9.11	3.48	9.08	3.50	9.11	3.48	9.25	3.56	9.14	3.52	9.12	3.47
就職活動の実施時期に関する変数：内々定を受けた時期	10.29	3.61	10.28	3.65	10.29	3.61	10.38	3.68	10.29	3.66	10.30	3.61
就職活動の実施時期に関する変数：就職先企業から人事面接を受けた時期	12.02	4.02	12.03	4.05	12.01	4.02	12.17	4.11	12.08	4.10	12.03	4.01
2012年度卒業ダミー	0.45	0.50	0.44	0.50	0.45	0.50	0.48	0.50	0.45	0.50	0.45	0.50
観察数	219		215		219		248		228		220	

出所：「大学生生活とキャリアに関する4年生調査」から筆者作成。

第5章　就職活動解禁時期の変更は学生の就職活動を変えたのか？

表4 就職活動の実施頻度

	2011年卒			2012年卒		
	観察数	平均値	標準偏差	観察数	平均値	標準偏差
資料請求やプレ・エントリーを行った企業数	190	69.1	61.7	183	54.7	38.6
説明会に参加した企業数	193	33.7	23.1	184	27.9	20.9
エントリーシートを送った企業数	194	25.5	19.7	181	21.9	15.3
筆記試験・Web試験を受けた企業数	189	20.2	16.8	176	17.6	14.1
面接を受けた企業数	192	15.4	11.6	185	13.3	9.5

出所:「大学生活とキャリアに関する4年生調査」から筆者作成。

結果から,就職活動の解禁時期が2ヵ月遅れたことがエントリーシートの提出といった選考の開始時期に影響を及ぼさなかったと考えられる。

最後に,図5の企業で人事面接を受け始めた時期を見ると,2011年度卒の学生は3年生の12月と3年生の2月に最も面接を受け始める傾向にあった。これに対して2012年度卒の学生は3年生の2月と4年生の4月に最も面接を受け始めていた。この結果から,就職活動の解禁時期の変更が面接を受け始める時期を若干遅くさせた可能性がある。

以上の結果をまとめると,①就職活動の実施頻度については,就職活動開始時期の変更前後において大きな変化は見られないと言える。これに対して②就職活動の実施時期については,就職支援サイトに登録し始めた時期や企業説明会やセミナーへ出席し始めた時期が2012年度卒ほど遅くなる傾向が見られた。しかし,エントリーシートを提出し始めた時期や企業で人事面接を受けた時期については大きな変化は見られなかった。これらの結果から,企業の採用選考の時期は就職活動解禁時期の変更から影響を受けていない可能性が高いと考えられる。

(2) 就職活動結果に関する分析(記述統計)

表5は,③就職先での雇用形態に関する分析結果を示している。この表を見ると,2011年度卒と2012年度卒の両方とも正社員(総合職・一般職等の区分なし)と正社員(総合職)が多くの割合を占めていた。これら以外の雇用形態の割合を見ると,2012年度卒で契約社員の割合が若干高くなっているが,それ以外では大きな差はなかった。これらの結果から,2011年度卒

図2　就職支援サイトに登録し始めた時期

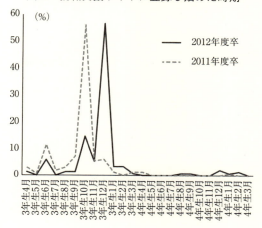

図3　企業説明会やセミナーなどに出席し始めた時期

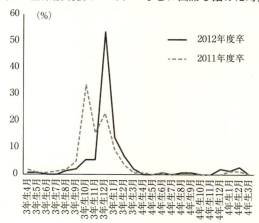

注：図中の値は，どの月に該当する活動を始めたのかを示している。
出所：「大学生活とキャリアに関する4年生調査」から筆者作成。

第5章　就職活動解禁時期の変更は学生の就職活動を変えたのか？

図4 エントリーシートを提出し始めた時期

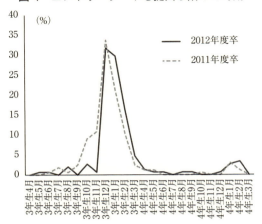

図5 企業で人事面接を受け始めた時期

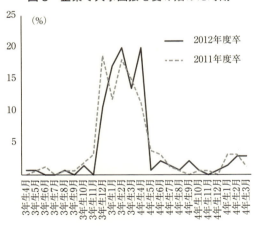

注：図中の値は，どの月に該当する活動を始めたのかを示している。
出所：「大学生活とキャリアに関する4年生調査」から筆者作成。

と2012年度卒では雇用形態に大きな違いがあると言えない。

次に，表6の④大企業への就職割合について見ていく。表6を見ると，1000人以上の大企業への就職割合は2011年度卒と2012年度卒で大きな違いは見られなかった。また，表7の⑤上場企業への就職割合について見ると，④大企業への就職割合と同様に，2011年度卒と2012年度卒で大きな違いは見られなかった。

さらに，表8の⑥内々定数について見ていく。表8の値を見ると，2011年度卒と2012年度卒の両方とも内々定数の平均値は約2社となっており，ここでも大きな違いは確認できなかった。

続けて，図6の⑦就職先の企業から内々定を取得した時期について見ていく。図6は3年生の4月から4年生の3月までの間で，どの月に就職先企業から内々定を取得したのかを割合で示している。図6を見ると，2011年度

表5　就職先での雇用形態

	2011年度卒		2012年度卒	
	観察数	%	観察数	%
正社員（総合職・一般職等の区分なし）	79	43.17	64	43.54
正社員（総合職）	71	38.8	53	36.05
正社員（エリア総合職（地域限定総合職））	8	4.37	4	2.72
正社員（特定業務職（職種限定））	6	3.28	4	2.72
一般職	17	9.29	14	9.52
契約社員	2	1.09	7	4.76
その他	0	0	1	0.68
合計	183	100	147	100

出所：「大学生活とキャリアに関する4年生調査」から筆者作成。

表6　大企業への就職割合

	2011年度卒		2012年度卒	
	観察数	%	観察数	%
100人未満	25	14.2	15	10.71
100–999人	73	41.48	61	43.57
1000人以上	78	44.32	64	45.71
合計	176	100	140	100

出所：「大学生活とキャリアに関する4年生調査」から筆者作成。

表7　上場企業への就職割合

	2011年度卒		2012年度卒	
	観察数	%	観察数	%
上場企業である	79	43.89	67	47.18
非上場企業である	68	37.78	49	34.51
上場企業かどうかわからない	33	18.33	26	18.31
合計	180	100	142	100

出所:「大学生活とキャリアに関する4年生調査」から筆者作成。

表8　内々定数

	観察数	平均値	標準偏差	最小値	最大値
2011年度卒	195	1.9	1.6	0	14
2012年度卒	184	2.0	1.6	0	15

出所:「大学生活とキャリアに関する4年生調査」から筆者作成。

卒と2012年度卒の両方とも4年生の4月および5月に最も就職先企業から内定を取得する割合が高い傾向にあった。しかし，2012年度卒の方がより4年生の5月に内々定を取得する割合が高くなっていた。この結果は，就職活動解禁時期が3年生の12月になった2012年度卒ほど，4年生の5月に内々定取得時期が集中することを示している。この結果と図2～図5までの結果を合わせて考えると，就職活動解禁時期が3年生の12月に変更されることによって就職活動の開始時期は遅れたものの，企業の採用選考および内々定を出す時期に変更が見られなかったと言える。つまり，就職活動開始から内々定取得までの期間は，就職活動解禁時期の変更によって短縮化したと考えられる。

　最後に，表9の⑧就職先企業に対する満足度について見ていく。表中の値を見ると，2011年度卒と2012年度卒の両方とも就職先企業に対して「とても満足している」と「まあ満足している」の合計が90%以上となっており，その大半を占めている。ほとんどの学生が就職先企業について満足しており，学卒年度による明確な違いが見られない傾向にある。

　以上の分析結果をまとめると，③就職先での雇用形態，④大企業への就職割合，⑤上場企業への就職割合，⑥内々定数，そして⑧就職先企業に対する

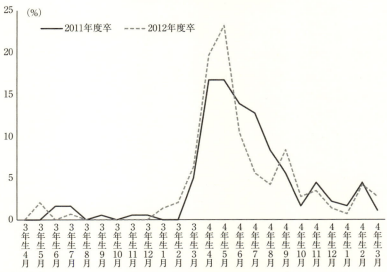

図6 就職先企業から内々定を得た時期

出所:「大学生活とキャリアに関する4年生調査」から筆者作成。

表9 就職先企業に対する満足度

	2011年度卒		2012年度卒	
	観察数	%	観察数	%
とても満足している	90	49.18	75	50.68
まあ満足している	82	44.81	66	44.59
やや不満である	7	3.83	7	4.73
不満である	4	2.19	0	0
合計	183	100	148	100

出所:「大学生活とキャリアに関する4年生調査」から筆者作成。

満足度については，2011年度卒と2012年度卒で明確な違いが見られなかった。しかし，⑦就職先の企業から内々定を取得した時期については，2012年度卒ほど取得時期が4年生の5月に集中する傾向を示していた。これらの結果から，就職活動解禁時期の変更は，内々定数等の就職活動結果には影響を及ぼさないが，内々定を取得するまでの期間に影響を及ぼしたと考えられる。

この結果は，図1のパターン③に該当しており，就職活動解禁時期の変更によって大学生の就職活動期間が短縮化したことを意味する。しかし，ここで疑問となるのは，就職活動期間が短縮化したのにもかかわらず，大学生の就職活動結果が悪化していないという点である。大学生のジョブサーチ期間が短縮化したため，就職活動結果が悪化する可能性があったが，その傾向は確認されなかった。おそらく，この背景には今回の2か月間という就職活動解禁時期の変更が就職活動結果を悪化させるほどの長さではなかったためではないかと考えられる。

(3) 就職活動結果に関する分析（計量分析）

　表10は，計量経済学的手法を用い，就職活動解禁時期の変更が大学生の就職活動結果に及ぼす影響を分析した結果である。

　まず，（A1）は正社員での就職に関するProbit分析の結果である。この分析では限界効果が正の値を示した場合，正社員での就職確率が上昇し，負の値を示した場合，正社員での就職確率が低下することを意味する。本分析で注目する就職活動の実施時期に関する変数と2012年度卒業ダミーの交差項を見ると，いずれの変数も有意な値を示していなかった。この結果は，2011年度卒業生と比較して，2012年度卒業生は就職活動実施時期の違いから影響を受けていないことを意味する。

　さらに，（A2）の1000人以上での大企業への就職に関するProbit分析の結果を見ていく。この分析では限界効果が正の値を示した場合，大企業への就職確率が上昇し，負の値を示した場合，大企業への就職確率が低下することを意味する。就職活動の実施時期に関する変数と2012年度卒業ダミーの交差項を見ると，いずれの変数も有意な値を示していなかった。この結果は，（A1）と同様に2011年度卒業生と比較して，2012年度卒業生は就職活動実施時期の違いから影響を受けていないことを意味する。

　次に，（A3）の上場企業への就職に関するProbit分析の結果を見ていく。この分析では限界効果が正の値を示した場合，上場企業への就職確率が上昇し，負の値を示した場合，上場企業への就職確率が低下することを意味する。就職活動の実施時期に関する変数と2012年度卒業ダミーの交差項を見ると，

いずれの変数も有意な値を示していなかった。この結果は，2011年度卒業生と比較して，2012年度卒業生は就職活動実施時期の違いから影響を受けていないことを意味する。

次に，(A4) の内々定数に関するOLSの分析結果を見ていく。この分析では係数が正の値を示した場合，内々定数が増加し，負の値を示した場合，内々定数が低下することを意味する。就職活動の実施時期に関する変数と2012年度卒業ダミーの交差項を見ると，いずれの変数も有意な値を示していなかった。この結果は，2011年度卒業生と比較して，2012年度卒業生は就職活動実施時期の違いから影響を受けていないことを意味する。

続いて，(A5) の就職先の企業から内々定を取得するまでの期間に関する比例ハザード分析の結果を見ていく。この分析では係数が正の値を示した場合，内々定取得時期が早期化し，負の値を示した場合，内々定取得時期が遅れることを意味する。就職活動の実施時期に関する変数と2012年度卒業ダミーの交差項を見ると，いずれの変数も有意な値を示していなかった。この結果は，大学3年生の4月から就職先企業から内々定を取得するまでの期間については，卒業年度によって違いが見られないことを示している。つまり，就職活動解禁時期が異なっていても，最終的に就職先から内々定を取得する時期に統計的に有意な差が見られないことを意味する。図6では2012年度卒業生ほど4年生の5月に内々定を取得する割合が増加する傾向を示していたが，さまざまな変数をコントロールするとその違いは有意ではなく，内々定取得時期に違いが見られなくなったと言える。

最後に，(A6) の就職先企業に対する満足度に関するOLSの分析結果を見ていく[5)]。この分析では係数が正の値を示した場合，就職先企業に対する満足度が上昇し，負の値を示した場合，就職先企業に対する満足度が低下することを意味する。就職活動の実施時期に関する変数と2012年度卒業ダミーの交差項を見ると，企業説明会やセミナーなどに出席した時期と2012年度卒業ダミーの交差項が有意に負の係数を示していた。この結果は，2011年度卒業生と比較して，2012年度卒業生ほど企業説明会やセミナーなどに出席した時期が遅れると就職先企業に対する満足度が低下することを意味する。図3にあるとおり，就職活動解禁時期の変更は，企業説明会やセミナー

表10 就職活動解禁時期の変更が大学生の就職活動結果に及ぼす影響

被説明変数		(A1) 正社員での就職ダミー		(A2) 1000人以上の大企業への就職ダミー		(A3) 上場企業への就職ダミー		(A4) 内々定数		(A5) 就職先の企業から内々定を取得するまでの時期		(A6) 就職先企業に対する満足度	
	説明変数	限界効果		限界効果		限界効果		係数		係数		係数	
女性ダミー		-0.274***	(0.051)	0.041	(0.080)	-0.080	(0.082)	0.083	(0.198)	0.126	(0.157)	0.000	(0.095)
インターン経験ダミー		0.011	(0.048)	0.050	(0.078)	0.186**	(0.079)	0.062	(0.195)	0.253	(0.161)	-0.137	(0.094)
ゼミに積極的参加ダミー		0.045	(0.049)	-0.063	(0.078)	0.093	(0.078)	0.070	(0.193)	0.125	(0.155)	-0.124	(0.093)
成績のうちA および A+ の割合が8割以上ダミー		-0.078	(0.049)	0.001	(0.079)	0.127	(0.080)	-0.332*	(0.196)	-0.051	(0.158)	-0.205**	(0.094)
大学方法ダミー ref：一般入試 小論文入試		-0.036	(0.092)	-0.103	(0.150)	0.102	(0.151)	0.516	(0.367)	-0.209	(0.298)	0.231	(0.182)
自己推薦・スポーツ推薦・留学生入試		0.008	(0.064)	-0.171	(0.109)	-0.074	(0.113)	0.242	(0.284)	-0.276	(0.228)	0.274*	(0.139)
指定校・付属校・編入		0.007	(0.050)	-0.099	(0.081)	-0.003	(0.084)	0.323	(0.210)	-0.017	(0.167)	0.095	(0.100)
就職活動実施頻度に関する変数 資料請求やプレ・エントリーを行なった企業数		0.001*	(0.001)	-0.000	(0.001)	-0.001	(0.001)	-0.001	(0.002)	0.003**	(0.001)	-0.000	(0.001)
説明会に参加した企業数		-0.001	(0.002)	-0.001	(0.003)	0.001	(0.003)	-0.006	(0.007)	0.002	(0.005)	-0.002	(0.003)
エントリーシートを送った企業数		0.003	(0.003)	0.006	(0.004)	0.004	(0.004)	-0.007	(0.009)	-0.004	(0.007)	0.006	(0.004)
筆記試験・Web試験を受けた企業数		-0.002	(0.003)	0.002	(0.005)	0.000	(0.005)	0.003	(0.011)	-0.001	(0.008)	-0.000	(0.005)
面接を受けた企業数		-0.008**	(0.003)	-0.011**	(0.006)	-0.010*	(0.006)	0.033**	(0.014)	-0.011	(0.011)	0.003	(0.007)

就職活動の実施時期に関する変数		(1)	(2)	(3)	(4)	(5)	(6)
	就職支援サイトに登録した時期	0.018 (0.017)	0.003 (0.024)	0.018 (0.024)	0.012 (0.059)	0.053 (0.049)	-0.020 (0.028)
	企業説明会やセミナーなどに出席した時期	-0.030* (0.018)	-0.015 (0.024)	0.017 (0.026)	0.033 (0.059)	-0.062 (0.044)	0.009 (0.028)
	エントリーシートを初めて提出した時期	0.017 (0.018)	-0.000 (0.020)	-0.053** (0.024)	0.077 (0.049)	0.038 (0.033)	0.002 (0.023)
	企業で人事面接を受けた時期	0.012 (0.011)	-0.012 (0.016)	-0.000 (0.017)	-0.061* (0.036)	-0.048* (0.027)	-0.013 (0.019)
2012年度卒業ダミー		0.227 (0.190)	-0.391* (0.235)	0.034 (0.281)	0.900 (0.641)	0.298 (0.588)	-0.081 (0.312)
就職活動の実施時期に関する変数×2012年度卒業ダミー	就職支援サイトに登録した時期×2012年度卒業ダミー	-0.005 (0.023)	0.011 (0.034)	0.000 (0.038)	0.007 (0.079)	0.009 (0.072)	0.029 (0.040)
	企業説明会やセミナーなどに出席した時期×2012年度卒業ダミー	-0.002 (0.034)	-0.050 (0.056)	-0.011 (0.054)	-0.073 (0.111)	-0.022 (0.092)	-0.091* (0.054)
	エントリーシートを初めて提出した時期×2012年度卒業ダミー	0.010 (0.038)	0.049 (0.055)	-0.015 (0.051)	-0.081 (0.108)	-0.069 (0.082)	0.070 (0.052)
	企業で人事面接を受けた時期×2012年度卒業ダミー	-0.026 (0.020)	0.031 (0.029)	0.018 (0.029)	0.049 (0.067)	0.060 (0.052)	0.000 (0.035)
定数項					1.216** (0.570)		1.836*** (0.271)
推計手法		Probit	Probit	Probit	OLS	比例ハザード分析	OLS
自由度修正済み決定係数					0.010		0.033
対数尤度		-77.777	-139.954	-135.144		-984.763	
観察数		219	215	219	248	228	220

注：1）（ ）内の値は標準誤差を表す。
2）***は1％水準、**は5％水準、*は10％水準で有意であることを表す。
3）(A1)～(A3)の値はProbit分析によって推計された限界効果を示し、(A4)と(A6)の値はOLSによって推計された係数を示す。また、(A5)は比例ハザードモデルによって推計された係数を示す。
出所：「大学生活とキャリアに関する4年生調査」から筆者作成。

への参加時期を遅らせていると考えられる。このため，2012年度卒の就職先企業に対する満足度の低下の背景には，就職活動解禁時期の変更が影響を及ぼしていると考えられる。

　以上の分析結果をまとめると，就職先企業に対する満足度以外は，就職活動解禁時期の変更から影響を受けていないと言える。この結果は，記述統計の結果と整合的な部分が多い。

　この結果の中でも特に注目されるのが，就職先企業から内々定を取得する時期に関する分析結果である。記述統計では2012年度卒ほど4年生の5月に集中する傾向があったが，比例ハザード分析ではそのような傾向は確認されなかった。この結果は，大学3年生の4月から就職先企業から内々定を取得するまでの期間に卒業年度による違いがないことを意味する。このため，就職活動解禁時期が2ヵ月遅れた2012年度卒業生ほど就職活動期間が短縮化されたこととなる。2012年度卒の学生は以前よりも短期間で就職先を決定する必要があったと言える。この場合，ジョブサーチ期間が短くなるため，就職活動結果が悪化する可能性があるが，その傾向が見られない点を考慮すると，2ヵ月という就職活動期間の短縮化は大学生が対処できる範囲内の期間だったと考えられる。

6　結　論

　本章の目的は，独自調査によって収集した都内私立大学の卒業直前の学生のアンケート調査を用い，就職活動解禁時期の変化前後において，大学生の就職活動方法や就職活動結果がどのように変化したのかを比較分析することであった。この分析の結果，次の4点が明らかになった。

　1点目は，就職活動の方法に関する分析の結果，就職活動解禁の前後において①就職活動の実施頻度に違いは見られないことがわかった。これに対して，②就職活動の実施時期については，就職支援サイトに登録し始めた時期や企業説明会やセミナーへ出席し始めた時期が2012年度卒ほど遅くなる傾向が見られた。しかし，エントリーシートを提出し始めた時期や企業で人事

面接を受けた時期については大きな変化は見られなかった。これらの結果から，企業の採用選考の時期は就職活動解禁時期の変更から影響を受けなかった可能性が高いと考えられる。

2点目は，就職活動結果に関する分析の結果，③就職先での雇用形態，④大企業への就職割合，⑤上場企業への就職割合，⑥内々定数については，2011年度卒と2012年度卒で明確な違いが見られないことがわかった。これらの就職活動結果は，就職活動解禁時期の変更から影響を受けていないと考えられる。

3点目は，⑦就職先の企業から内々定を取得した時期に関する分析の結果，記述統計では2012年度卒ほど取得時期が4年生の5月に集中する傾向を示していたが，比例ハザードモデルの分析結果では学卒年による有意な違いを確認できなかった。この結果は，大学3年生の4月から就職先企業から内々定を取得するまでの期間に卒業年度による違いがないことを意味する。このため，就職活動解禁時期が2ヵ月遅れた2012年度卒業生ほど，就職活動期間が短縮化されたこととなる。

4点目は，⑧就職先企業に対する満足度に関する分析の結果，記述統計では学卒年による明確な違いは見られなかったが，OLSの分析結果では2012年度卒業生ほど企業説明会やセミナーなどに出席した時期が遅れると就職先企業に対する満足度が低下していた。就職活動解禁時期の変更は，企業説明会やセミナーへの参加時期を遅らせていると考えられるため，2012年度卒の就職先企業に対する満足度の低下の背景には，就職活動解禁時期の変更が影響を及ぼしている可能性がある。

以上の分析結果をまとめると，就職活動解禁時期の変更は，就職活動期間に短縮化という変化をもたらしたと言える。この背景には，就職活動解禁時期が2ヵ月遅れたのにもかかわらず，企業の採用選考のスケジュールが変化しなかった事実がある。その上で，この短縮化によって就職活動結果に大きな変化が見られない点を考慮すると，2ヵ月という就職活動期間の短縮化は大学生が対処できる範囲内の期間だったと考えられる。結果的に，学業時間の確保という当初の目的は，就職活動の阻害という負の効果を伴わず，成し遂げられたと考えられる。

ただし，2012年度卒業生ほど企業説明会やセミナーなどに出席した時期が遅れると就職先企業に対する満足度が低下していたので，短縮化によって就職活動に対する学生の戦略的行動の重要性は高まり，結果的に個人差が広がる危険性があると考えられる。言い換えると，短縮化前は，のんびりと就職活動を行っていた学生たちは，周りに合わせてゆっくりと就職活動を意識しても間に合ったが，短縮化後は，解禁日直前の意識や準備によって格差が生まれてしまう。

　以上の発見を踏まえると，倫理憲章の改定の効果は検証され，3年次の学業時間の確保は可能と言えるので，卒業後のキャリア形成を踏まえて学業の社会的意義を議論する土台ができたと言える。しかし，個別学生の支援を考慮すると，学業と同時に解禁日前にも就職に対する意識づけを目的とした適宜の個別支援の必要性も指摘できる。今後は，本章の結果を踏まえてキャリア教育と学業の充実のための議論が広がることを希望する。

　最後に，本章の課題について述べておきたい。1点目はデータについてである。本章で使用したデータは，ある1大学を対象にした調査であり，その他の大学生にも同様の結果が導きだせるかは明らかではない。このため，本章で得られた分析結果の妥当性を検証するためにも，より多くの大学生を調査対象としたデータを使用し，再度分析する必要があるだろう。なお，この点に関して，より多くの大学生を調査対象とした株式会社マイナビ（2012）を見ると，(1) 1次選考を受けてから内々定までの期間は短縮化（p 12，図33），(2) 内々定を出した時期は前年よりも早まり，4月上旬の割合が増加（p 14，図36）といった傾向があり，本章で得られた結果と整合的な部分がある。このため，本章の分析結果は，その他の大学生の就職活動の動向と大きな差がない可能性がある。

　2点目は推計手法についてである。今回の分析ではOLSやProbit分析等を使用したが，各個人の観察できない固定効果を考慮することができなかった。この点については今後の検討課題である。

注
1) 本章で使用した「大学生活とキャリアに関する4年生調査」を用いた研究には佐藤ほか (2010),田中ほか (2011),田澤・梅崎 (2011) 等がある。佐藤ほか (2010) では,大学生の就職活動期間中の志望業界の変更が就職活動期間や内々定数等の就職活動結果にどのような影響を及ぼしたのかを分析している。田中ほか (2011) では,大学生の利用する就職活動の情報を「就活生向け情報」と「一般向けビジネス情報」の2つに分け,それぞれが就職活動結果にどのような影響を及ぼしているのかを分析している。また,田澤・梅崎 (2011) では,1年生の大学生活における達成が自尊感情に与える影響を分析している。
2) 現在の就職活動の状況を見ると,就職活動解禁時期以前に就職活動を実質的に開始している場合がある。本章で分析を行う場合,就職活動の開始は,各学生が実際に就職支援サイトへ登録した時期を開始と見なし,分析を行っている。
3) 今回の就職活動期間の分析では,就職先の企業から内々定を取得することで就職活動の終了と見なしている。しかし,現在の大学生の就職活動を見ると,就職先の企業から内々定を取得して就職活動を終了する場合もあれば,その後も就職活動を継続する場合もある。このように,今回の定義では実際の就職活動の終結時期とは異なる可能性があるものの,本研究では就職先の企業から内々定を取得した時期をもって,終了の時期と見なしている。
4) 本章では,就職先での雇用形態,大企業への就職割合,上場企業への就職割合,内々定数,就職先の企業から内々定を取得した時期といった客観的な指標と就職先企業に対する満足度という主観的な指標の良し悪しによって,就職結果が良いかどうかを判断する。もちろん,就職結果の良し悪しを判断する指標は,これら以外のものも考えられる。例えば,就職活動期間中,もしくは就職活動開始当初に志望していた企業に就職できたかどうか,という指標や就職先企業での初任給の水準およびその企業における平均年収という指標も考えられる。しかし,これらの指標は本章のデータでは利用するのが困難であるため,使用データで採取可能である就職活動の結果の一部を示す客観的,主観的な指標で就職結果の良し悪しを判断することとする。
5) 就職先企業に対する満足度の分析では Ordered Probit モデルを用いても推計を行った。Ordered Probit モデルによる分析結果は,OLS の推計結果と大きな違いは見られなかった。

引用文献

梅崎修 (2004)「第2章 成績,クラブ活動成績・クラブ活動と就職の関係――新規大卒市場における OB ネットワークの利用」,松繁寿和編『大学教育効果の実証分析――ある国立大学卒業生のその後』日本評論社,29-48 頁

株式会社マイナビ (2012)「2012年度就職戦線総括」http://saponet.mynavi.jp/material/saiyousoukatsu/12soukatsu/pdf/12chapter-all.pdf

株式会社リクルートキャリア (2013)「就職白書 2013～採用活動・就職活動編～」http://www.recruitcareer.co.jp/news/2013/03/27/20130312％E5％B0％B1％E8％81％B7％E7％99％BD％E6％9B％B82013％E3％80％90％E5％B0％B1％E8％81％B7％EF％BC％86％E6％8E％A1％E7％94％A8％E6％B4％BB％E5％8B％95％E7％B7％A8％E3％80％91.pdf

小杉礼子 (2007)「企業からの人材要請と大学教育・キャリア形成支援」,小杉礼子編『大学生の就職とキャリア――「普通」の就活・個別の支援』勁草書房,第4章,117-154 頁

佐藤一磨・梅崎修・上西充子・中野貴之 (2009)「新卒需要の変動が大学生の就職活動に与える影響――卒業生アンケート調査の分析」『キャリアデザイン研究』5: 51-63 頁(「新卒需要変動と就活の結果 (第6章)」,平尾智隆・梅崎修・松繁寿和編著『教育効果の実証――

キャリア形成における有効性』日本評論社, 111-131 頁）
佐藤一磨・梅崎修・上西充子・中野貴之（2010）「志望業界の変化は大学生の就職活動にどのような影響を及ぼすのか——卒業生アンケート調査の分析」『キャリアデザイン研究』6: 83-99 頁（「志望業界の変更が就活に与える影響（第3章）」, 平尾智隆・梅崎修・松繁寿和編著『教育効果の実証——キャリア形成における有効性』日本評論社, 39-65 頁）
田澤実・梅崎修（2011）「大学生活への意欲と達成が自尊感情に与える影響——大学1年生に対する縦断調査」『京都大学高等教育研究』17: 65-71 頁（「大学生活と自尊感情（第6章）」, 梅崎修・田澤実編著『大学生の学びとキャリア——入学前から卒業後までの継続調査の分析』法政大学出版局, 117-127 頁）
田中賢久・佐藤一磨・梅崎修・上西充子・中野貴之（2011）「大学生の就職活動における情報活用の意義——大学4年生調査の分析」『キャリアデザイン研究』7: 175-184 頁（「情報活用が就活に与える影響（第4章）」, 平尾智隆・梅崎修・松繁寿和編著『教育効果の実証——キャリア形成における有効性』日本評論社, 67-82 頁）
永野仁（2004）「大学生の就職活動とその成功の条件」, 永野仁編著（2004）『大学生の就職と採用』中央経済社, 91-114 頁
濱中義隆（2007）「現代大学生の就職活動プロセス」, 小杉礼子編『大学生の就職とキャリア——「普通」の就活・個別の支援』勁草書房, 17-50 頁

第6章

インターンシップ体験は内定獲得をもたらすのか？

1 問題の所在

　本章では，独自調査によって収集した都内の私立大学の卒業直前の学生のアンケート調査を用い，インターン経験が就職活動結果に及ぼす影響を分析する。

　近年，さまざまなメディアで大学生の就職活動に注目が集まっている。その背景には，景気の変動によって変動するが，内定を得ることができない大学生が多いためである。

　このような大学生の就職状況を受け，大学でもさまざまな支援策が実施されてきた。この中の1つがインターンシップ（以下，インターン）の実施である[1]。教育実習，工場実習，医師の臨床研修制度も広い意味でのインターンの中に含めると，この制度の歴史は古いが，限定的な利用であったと言えよう。インターンが広く注目を集めて多くの学校で導入されるようになった契機は，1997年の政府による「教育改革プログラム」（1月24日文部省）や「経済構造の変革と創造のための行動計画」（5月16日閣議決定）において，インターンが総合的に推進する施策として提案されてからである。

　近年ではキャリア教育の一環として大学が主体となり，インターンを実施する場合も増えてきている（キャリア教育との関係については，江藤(2007)を参照）。このインターンを通じて，会社組織や仕事の実態にふれ，大学生に進路についての問題意識を育成すると同時に，就職後のミスマッチを防ぐという目的がある。実際，インターンを実施している大学数の推移を文部科学省の『インターンシップ実施状況調査結果』から見ると，増加傾向にあり，2008年度では約71%の大学が実施するまでに至っている。

このように多くの大学で実施され，徐々に普及しつつあるインターンであるが，そのインターン経験は，就職活動やその結果に対して意図通りの効果を及ぼしているのだろうか。大学から職場への円滑な移動を促進するというインターンの制度の目標を達成しているのだろうか。インターンについては，多くの実践報告はあるが，教育担当者によるものが中心である。その効果の検証は少なく，仮に効果が検討されていたとしてもサンプル・バイアスという実証上の問題を抱えている。そこで本章では，実証上の問題を考慮しつつ，インターンの効果測定を行う。

2　分析枠組み

(1) 先行理論の紹介

　就職活動に対するインターンの効果を大きく分けると，育成仮説とマッチング効率性仮説がある。

　はじめにインターン経験自体が学生の成熟度や社会に対する知識を深め，結果的に就職活動時にもそれらが評価されるという育成仮説が考えられる。

　第一に，インターン経験が社会人基礎力などの職業能力そのものを向上させるかを分析した研究がある。代表的な研究として真鍋 (2010) があげられる。この研究では，インターン経験が社会人基礎力を向上させ，就職活動時でもそれらの経験を活かしていることを確認した。ただし，この研究では，社会人基礎力の伸長は本人の自己評価に基づいているという問題がある。

　第二に，能力そのものではなく，大学生の心理・意識・態度の変化を分析した研究がある。まず，浅海 (2007) は，インターンに参加した学生への質問票調査によって，「学業・能力向上」や「社会体験」に変化を与えるだけでなく，「就職活動の準備」，「就業意識向上」，「自己理解・自己信頼の探索」に影響があることを指摘している。また，インターン経験が学生の自己概念の明確化 (Brooks, Cornelius, Greenfield & Joseph, 1995)，また自己効力感の向上 (楠奥 2006)，さらに企業入社後のキャリア適応力の向上に影響を与えていた (古田 2010)。

他方，インターンには，就職活動と採用活動への直接的な支援であるというマッチング効率性仮説も考えられる。田中（2007）は，インターンには，仕事に対する興味・意欲が湧き，職業意識の芽生えを実感できることだけでなく，就職活動の企業選択の幅を広げる等の特定の職種や業種を確認できること，さらに実際の職場や社会人のイメージを摑み，アルバイトと正社員の職種や業種の違い等を理解できること，といった効果を明らかにしている。また，堀田（2007）は，インターンを通じてリアリズムに徹した情報提供をすることによって，入社後の過剰な期待が抑制され，離職が減ると指摘している。

　加えて，これ以外でも，(1) 選抜のために実際の就職試験（ES，面接等）と同様のものが行われる場合があり，採用プロセスに慣れることが可能，(2) インターン経験を通じた学生同士の人的ネットワークの形成，(3) 企業と学生の間の情報の非対称性の緩和といった効果も期待することができる。

　実証上，育成仮説とマッチング効率性仮説を分けることが難しいが，どちらにせよインターンには就職活動を促進する効果があると考えられている。

　しかし，就職活動結果自体への影響を分析している研究は少ない。佐藤・堀・堀田（2008）では，インターンと就職活動の関連性を分析し，インターン先への就職活動を行ったかを分析している。一方，佐藤・梅崎・上西・中野（2009）などでも，インターン経験の有無と就職活動結果の関連性を分析しているが，実証結果は不確定である。就職活動の結果として内定獲得速度，内定数，本人の満足度，内定先企業規模等の指標が使用されたが，それらの一部にはインターン経験の影響が確認され，他の指標には影響が確認できていない。

(2) 本章が注目する効果測定の課題
①サンプル・バイアス問題

　インターンについては，担当教員や職員の事例報告は多いが，成功事例の紹介という側面が大きく，効果測定に関しては実証上の限界がある。一般的にインターン参加者の評価を聞いた研究はあるが，これらは学生側の満足であり，本当にその後，就職活動への影響があったのかはわからない。

さらに，インターンの効果検証にはサンプル・バイアスの問題がある。教育プログラムとして実施する大学主体のインターンを経験した学生数の推移を文部科学省の『インターンシップ実施状況調査結果』から見ると，1998年から2007年にかけて増加する傾向にある。しかし，在学生に対する体験学生数の比率を見ると，1998年で0.6％，2007年で1.8％と少ない。大学主体のインターンを経験する学生の割合が小さいのは，大学側も企業側もインターンを実施するには労力がかかるからであろう。大学側には，受け入れてくれる企業を探し，インターン中に学生たちのサポートを行う担当教員や職員を配置する充分な体制はないし，企業も学生を受け入れるためには，普段の仕事とは切り離した担当者を設ける必要があるため，受け入れ人数が限られている。なお，希望者が多ければ，大学側も企業側も選抜を行う。そもそもインターンを希望する学生は，他の学生よりも働くことに対する意識が高いという自己選別（セルフ・セレクション）の問題もある。

　つまり，仮にインターン参加者の就職活動結果が良かったとしても，それがインターン体験自体の効果なのか，それともインターンに参加した学生が本来持っていた特質なのかを切り分けて検証できている先行研究はないという問題がある。

②分析手法の改良

　次に，上記の問題を踏まえてどのように数量分析を設計するかを検討する。まず，インターン経験が内々定数に及ぼす影響を検証する場合，被説明変数に内々定数をとり，説明変数にインターン経験やその他のコントロール変数をとって回帰分析をするという方法が考えられる。この場合，インターン経験の係数がどのような符号を示すのかに注目すればよい。しかし，この推計手法では，上記のような自己選別が推計結果にバイアスをもたらしている可能性がある。自己選別とは，分析対象グループの個人に元々備わっている特定の属性によって特定の結果が起こりやすくなる現象をさす。今回の場合だと，先述したとおりインターンは少ない教育機会の獲得競争であるため，インターンを経験した大学生ほど，もともと就職活動に対する意欲が高いだけでなく，成績等が良く，大学や受け入れ企業の選抜に残っていると考えられ

る。

そこで本章では，この自己選別によるバイアスを回避し，インターン経験が就職活動結果に及ぼす影響を分析するためにマッチング法を使用する。マッチング法とは，インターンを行ったグループ（トリートメント・グループ）に対して，さまざまな個人属性が同じであるがインターンを行っていないグループ（コントロール・グループ）を作成し，その両者を統計的手法によってマッチングさせ，効果を測定する分析手法である。このマッチング法は Rosenbaum and Rubin（1983）を嚆矢として，経済学の分野では Heckman, Ichimura and Todd（1997）が応用している。本章では，このマッチング法による ATT（Average Treatment Effect on the Treated）を推計することでインターンが就職活動結果に及ぼす影響を検証する。

また，本章では通常の OLS や Logit 分析でも推計を行い，自己選別を考慮した分析としなかった分析によって，インターン経験が就職活動結果に及ぼす影響がどのように異なっているのかも検証する。もし OLS や Logit 分析でインターン経験が就職活動結果に統計的に有意な影響を及ぼしているものの，マッチング法では有意な影響を及ぼしていなかった場合，その背景には自己選別が影響を及ぼしていると考えられる。

3　データ・分析手法

(1) データ

使用データは，H 大学 A 学部の 2008, 2009, 2010 年度卒業の大学 4 年生についてのアンケート調査である。調査は各年の卒業直前の 2 月に実施された。なお，H 大学 A 学部では，1 学年約 300 名の学生が在籍している（社会人学生は除外）。

本データの特徴は，主観的なものから客観的なものまで就職結果の指標が複数存在する点である。就職結果も，単に内定が有無だけでなく，内定獲得速度や内定先企業の属性，さらに本人の満足度が挙げられる。

次に A 学部の基本的な特徴を説明していく。A 学部は文系の学部であり，

東京にある中堅私立大学である。各年の男女比は女子学生の割合（約61％）が高い。また，90％以上が就職する。

(2) インターン制度の説明

本章では，「あなたは在学中にインターンシップに参加しましたか」という質問項目を使っている。インターンには，一定期間，企業での就業体験を行う「日常業務型」や企業などから与えられた課題を長期間にわたってチームで解決していく「課題設定型」の違いがあり，その上，同じタイプのインターンでも期間や頻度は大学側や企業側の都合でばらつきがある。例えば，真鍋（2010）では，大きく分けて「日常業務型」と「課題設定型」の就職活動に対する影響の違いを分析しているが，本調査では，就職活動を把握することを第一の目的としており，インターンに関しては，質問項目が少なく分類ができない。ただし，先行研究でも，インターン経験と就職活動を分析できるデータは希少なので，分析を行う研究意義はあろう。

その上で，対象学生のインターン経験を把握するために対象学部の特徴を説明しよう。インターンに関しては半期の選択授業3コマが存在する。40名定員の1コマは，「日常業務型」であり，教員が用意したインターン先を選んでもよいし，自分自身で訪問先を見つけてきてもよい。多くの学生は教員が用意したインターン先に一人ずつ訪問する。期間や回数にはばらつきがある。他2コマは定員が各30名で，ある特定地域・特定団体と連携し，「課題解決型」のインターンを実施している。合計100名の定員で，隔年ごとに約300人の定員を考えると，約3分の1の学生が授業としてインターンを経験していることになる。

なお，選択授業ということは，学生の自己選別が存在する。インターンや就職に対しても意欲の高い学生が授業している可能性が高い。

(3) 推計手法

本節では，Propensity Score Matching 法による ATT の推計方法について簡単に説明していく。なお，Propensity Score Matching 法に関する説明は，黒澤（2005）に基づいている。インターン経験が就職活動結果に及ぼす影響

を検証する場合，ATT は次式のとおりとなる．

$$\mathrm{ATT} = \mathrm{E}(Y_1 - Y_0 | D=1) = \mathrm{E}(Y_1 | D=1) - \mathrm{E}(Y_0 | D=1) \cdots\cdots (1)$$

(1)式のうち，D はインターンを経験したかどうかを示し，インターンを経験した場合は1，経験しなかった場合は0となる．Y_1 はインターンを経験した者の就職活動結果に関する値を示し，Y_0 はインターンを経験しなかった者の就職活動結果に関する値を示している．

(1)式のうち $\mathrm{E}(Y_0 | D=1)$ は，インターンを実施しているときの値となっているため，実際には観測することができない．そこで，実際には $\mathrm{E}(Y_0 | D=1)$ を観測可能な $\mathrm{E}(Y_0 | D=0)$ で代替する．これを可能にしたのが Rosenbaum and Rubin（1983）による Propensity Score Matching 法である．この Propensity Score Matching 法は，トリートメント・グループになる確率（$\Pr(D=1|X) = \mathrm{P}(X)$）を用い，トリートメント・グループとコントロール・グループをマッチングさせ，ATT の一致推計量を得るという推計手法である．この $\Pr(D=1|X)$ は，Propensity Score と言われ，通常だと Probit モデルあるいは Logit モデルで推計される．この Propensity Score を用いた場合，ATT は次式で表すことができる．

$$\mathrm{ATT} = \frac{1}{n_1} \sum_{i=1 | D_i=1|}^{n_1} \left[Y_{1i} - \sum_{j=1 | D_i=0|}^{n_0} W(i,j) Y_{0j} \right] \cdots\cdots (2)$$

ただし，n_1 はインターンを経験したサンプルの数，n_0 はインターンを経験しなかったサンプルの数を示す．また，$W(i,j)$ は Propensity Score に基づくインターン未経験者サンプルへのウェイトであり，$\Sigma_j W(i,j) = 1$ となる．

分析に用いる Y_i には内々定数，就職先企業から内々定を得た時期，大企業（1000人以上の企業）かつ上場企業への就職ダミー，一般職・契約社員・その他での就職ダミー，就職活動プロセスに対する自己採点，就職先企業に対する満足度ダミーを用いる．なお，就職活動プロセスに対する自己採点は，「あなたの就職活動のプロセスを振り返って，何点くらいであると自己採点しますか．100点満点でお答えください．」といった質問から作成し

表 1 基本統計量

変数	内々定数，就職先企業での内定取得時期，大企業かつ上場企業への就職，一般職・契約社員等への就職，就職先の企業に対する満足度に関する分析		大企業かつ上場企業への就職，一般職・契約社・員等への就職，就職先の企業に対する満足度に関する分析		就職活動のプロセスに対する自己採点に関する分析	
	平均値	標準偏差	平均値	標準偏差	平均値	標準偏差
内々定数	2.116	1.538				
大企業かつ上場企業への就職	0.349	0.477				
一般職，契約社員，その他で就職	0.155	0.363				
就職先企業から内定を得た時期	14.537	3.954				
就職先の企業に対する満足度	0.931	0.254				
就職活動プロセスに対する自己採点			71.006	18.861		
インターン経験ダミー	0.346	0.476	0.345	0.476		
男性ダミー	0.368	0.483	0.367	0.483		
女性ダミー	0.632	0.483	0.630	0.483		
ゼミに積極的参加ダミー	0.529	0.500	0.524	0.500		
卒業論文作成ダミー	0.729	0.445	0.725	0.447		
成績のうちAおよびA+の割合	4.953	2.291	4.931	2.294		
月の平均読書数	2.095	3.286	1.973	2.107		
入学方法ダミー：一般入試	0.424	0.495	0.429	0.496		
入学方法ダミー：小論文入試	0.047	0.212	0.048	0.213		
入学方法ダミー：自己推薦・スポーツ推薦・留学生入試	0.175	0.380	0.171	0.377		
入学方法ダミー：指定校・付属校・編入	0.355	0.479	0.353	0.479		
3年生時に就職活動に意欲的に取り組んだダミー	0.712	0.454	0.714	0.452		
就職活動実施頻度に関する変数：資料請求やプレ・エントリーを行った企業数	71.665	57.487	71.835	57.631		
就職活動実施頻度に関する変数：説明会に参加した企業数	37.695	24.486	37.782	24.507		
就職活動実施頻度に関する変数：エントリーシートを送った企業数	28.222	20.163	28.289	20.217		
就職活動実施頻度に関する変数：筆記試験・Web試験を受けた企業数	21.842	16.653	21.877	16.682		

就職活動実施頻度に関する変数：面接を受けた企業	17.543	12.926	17.613	12.974
就職活動実施時期に関する変数：就職支援サイトに登録した時期	6.560	2.282	6.552	2.269
就職活動実施時期に関する変数：企業説明会やセミナーなどに出席した時期	8.213	2.615	8.207	2.621
就職活動実施時期に関する変数：エントリーシートを始めて提出した時期	9.751	3.001	9.756	3.012
就職活動実施時期に関する変数：企業で人事面接を受けた時期	11.560	3.911	11.546	3.887
3年生の秋の就職活動開始時の第1志望業界ダミー：マスコミ（テレビ, 広告, 出版, 新聞他)	0.188	0.392	0.185	0.389
3年生の秋の就職活動開始時の第1志望業界ダミー：銀行, 信金, 信販, 証券, 生保, 損保	0.144	0.352	0.146	0.353
3年生の秋の就職活動開始時の第1志望業界ダミー：その他	0.668	0.472	0.669	0.471
就活生向け情報の利用数	4.673	1.987	4.697	1.978
一般ビジネス向けビジネス情報の利用数	1.521	1.528	1.535	1.529
大卒求人倍率	1.989	0.236	1.989	0.237
サンプルサイズ	361		357	

出所：「大学生活とキャリアに関する4年生調査」を用い、筆者作成。

ている。就職先企業に対する満足度は,「とても満足している」,「まあ満足している」,「やや不満である」,「不満である」の選択肢のうち,「とても満足している」,「まあ満足している」と回答した場合に1となるダミー変数である。以上,本分析では客観的な指標のみならず,主観的な指標についても分析する。

Dには,「あなたは在学中にインターンシップに参加しましたか」という質問に対して,「参加した」と回答した場合に1,「参加していない」と回答した場合に0となるダミー変数である。

Propensity Scoreの推計に用いる個人属性XにはY_iおよびDに影響を及ぼす変数を用いる必要がある(黒澤2005)。今回の推計では,女性ダミー,ゼミに積極的参加ダミー,卒業論文作成ダミー,成績のうちAおよびA+の割合,月の平均読書数,入学方法ダミー(一般入試,小論文入試,自己推薦・スポーツ推薦・留学生入試,指定校・付属校・編入),3年生時に就職活動に意欲的に取り組んだダミー[2],就職活動実施頻度に関する変数(資料請求やプレ・エントリーを行った企業数,説明会に参加した企業数,エントリーシートを送った企業数,筆記試験・Web試験を受けた企業数,面接を受けた企業数),就職支援サイトに登録した時期,企業説明会やセミナーなどに出席した時期,エントリーシートを初めて提出した時期,企業で人事面接を受けた時期[3],3年生の秋の就職活動開始時の第1志望業界ダミー(マスコミダミー(テレビ,広告,出版,新聞他),銀行・信金・信販・証券・生保・損保ダミー,その他ダミー),就活生向け情報の利用数,一般ビジネス向けビジネス情報の利用数,大卒求人倍率を用いている。

また,Y_iに内々定数を用いる場合,就職先企業から内々定を得た時期を説明変数に追加していく。なお,Propensity Scoreの推計にはLogitモデルを使用している。

Propensity Score Matching法を用いる際,サンプルのマッチング方法を選択する必要がある。今回の分析ではNearest Neighbor Matching, Kernel Matching, Stratification Matching, Radius Matchingの4種類を使用する。なお,各手法の詳細についてはBecker and Ichino(2002)を参照されたい。また,コモン・サポート内で推計を行い,Balancing Propertyに基づく検定

も実施し，いずれの説明変数も棄却されていない。推計に使用した変数の基本統計量は表1に掲載してある。

4　分析結果

(1) OLS および Logit 分析による推計結果

　表2は，インターン経験が就職活動結果に及ぼす影響に関する推計結果である。(A1) および (A2) は内々定数に関する OLS の推計結果を示している。なお，(A1) と (A2) の違いは，(A2) の説明変数に就職先の企業からの内々定時期を加えている点である。これは，就職活動期間の違いが内々定数に及ぼす影響をコントロールするためである。(A3) は就職先企業での内々定取得時期に関する OLS の推計結果を示している。(A4) は大企業かつ上場企業への就職に関する Logit 分析の推計結果を示し，(A5) は一般職・契約社員・その他への就職に関する Logit 分析の推計結果を示している。(A6) は就職活動プロセスに対する自己採点に関する OLS の推計結果を示し，(A7) は就職先企業に対する満足度に関する Logit 分析の推計結果を示している。

　これらの推計結果を見ると，被説明変数が内々定数の (A1) および (A2) の場合のみインターン経験ダミーが有意に正の符号を示していた。この結果から，インターン経験は内々定数を増加させる効果があると考えられる。これに対して (A3) から (A7) の結果から，インターン経験は，就職先企業での内定取得時期，大企業かつ上場企業への就職，一般社員・契約社員・その他での就職，就職活動プロセスに対する自己採点，そして就職先企業に対する満足度には影響を及ぼしていないと考えられる。以上の推計結果からインターン経験は，内々定数を増加させる効果があると言える。しかし，ここでは用いた推計手法は，OLS であり，自己選別の影響をコントロールできていない。

表2 OLSやLogit分析によるインターン経験が就職活動結果に及ぼす影響に関する推計結果

被説明変数	内々定数	内々定数	就職先企業での内定取得時期	大企業かつ上場企業へ就職		一般職・契約社員等へ就職		就職活動のプロセスに対する自己採点	就職先の企業に対する満足度	
	(A1) 係数	(A2) 係数	(A3) 係数	(A4) 係数	限界効果	(A5) 係数	限界効果	(A6) 係数	(A7) 係数	限界効果
説明変数										
インターン経験ダミー	0.315* [0.181]	0.317* [0.179]	0.0373 [0.454]	-0.214 [0.269]	-0.0449 [0.0562]	-0.266 [0.381]	-0.0279 [0.0398]	-1.743 [2.194]	0.771 [0.587]	0.0410 [0.0314]
女性ダミー	-0.304* [0.182]	-0.313* [0.180]	-0.153 [0.458]	-0.443* [0.267]	-0.0927* [0.0553]	2.833*** [0.648]	0.297*** [0.0651]	1.872 [2.210]	0.343 [0.563]	0.0182 [0.0300]
ゼミに積極的参加ダミー	0.345** [0.176]	0.344** [0.175]	-0.0231 [0.443]	0.384 [0.261]	0.0805 [0.0540]	0.208 [0.366]	0.0218 [0.0383]	4.821** [2.149]	0.616 [0.526]	0.0328 [0.0280]
卒業論文作成ダミー	0.193 [0.199]	0.214 [0.197]	0.357 [0.499]	-0.180 [0.295]	-0.0378 [0.0616]	-0.176 [0.416]	-0.0185 [0.0436]	0.526 [2.409]	-0.458 [0.615]	-0.0244 [0.0328]
成績のうちAおよびA+の割合	0.0458 [0.0390]	0.0405 [0.0387]	-0.0885 [0.0981]	0.0484 [0.0578]	0.0101 [0.0121]	-0.0754 [0.0799]	-0.00791 [0.00834]	0.590 [0.474]	-0.175 [0.126]	-0.00932 [0.00673]
月の平均読書数	-0.0239 [0.0252]	-0.0131 [0.0253]	0.180*** [0.0634]	-0.109 [0.0664]	-0.0228* [0.0138]	-0.276* [0.138]	-0.0290* [0.0142]	-1.095** [0.480]	0.0104 [0.0972]	0.000555 [0.00516]
入学方法ダミー ref: 一般入試										
小論文入試	0.568 [0.386]	0.654* [0.384]	1.427 [0.971]	-0.130 [0.577]	-0.0272 [0.121]	-0.808 [0.883]	-0.0848 [0.0923]	-5.209 [4.687]	0.703 [1.150]	0.0374 [0.0612]
自己推薦・スポーツ推薦・留学生入試	-0.163 [0.227]	-0.140 [0.225]	0.387 [0.571]	-0.0898 [0.347]	-0.0188 [0.0727]	-0.725 [0.482]	-0.0760 [0.0500]	3.275 [2.783]	0.291 [0.609]	0.0155 [0.0324]
指定校・付属校・編入	-0.229 [0.187]	-0.195 [0.185]	0.572 [0.470]	0.260 [0.273]	0.0544 [0.0570]	-0.176 [0.388]	-0.0184 [0.0407]	1.228 [2.283]	1.890** [0.792]	0.100** [0.0438]
3年生時に就職活動に意欲的に取り組んだダミー	0.304 [0.191]	0.275 [0.189]	-0.484 [0.480]	0.384 [0.290]	0.0805 [0.0602]	0.427 [0.410]	0.0448 [0.0428]	-0.433 [2.323]	-0.251 [0.602]	-0.0133 [0.0320]
就職活動実施頻度に関する変数										
資料請求やプレエントリーを行なった企業数	2.74e-05 [0.00190]	-0.000323 [0.00188]	-0.00583 [0.00476]	0.00566** [0.00286]	0.00119** [0.000587]	-0.00711 [0.00499]	-0.000746 [0.000519]	0.000284 [0.0230]	0.00551 [0.00637]	0.000293 [0.000340]
説明会に参加した企業数	-0.00169 [0.00528]	0.00114 [0.00523]	0.00916 [0.0133]	-0.00246 [0.00798]	-0.000515 [0.00167]	0.00188 [0.0124]	0.000197 [0.00131]	0.0803 [0.0642]	0.00955 [0.0139]	0.000508 [0.000735]
エントリーシートを送った企業数	-0.0105 [0.00740]	-0.0102 [0.00733]	0.00446 [0.0186]	-0.0130 [0.0115]	-0.00272 [0.00239]	-0.00280 [0.0146]	-0.000294 [0.00153]	-0.0210 [0.0900]	0.00567 [0.0183]	0.000302 [0.000973]

	(1)	(2)	(3)	(4)	(5)	(6)	(7)	(8)
	OLS	OLS	OLS	Logit	OLS	Logit	OLS	Logit
筆記試験・Webテストを受けた企業	0.00350 [0.00907]	0.00671 [0.00905]	0.0534** [0.0228]	0.0119 [0.0134]	0.00250 [0.00281]	0.0307* [0.0181]	0.00322* [0.00186]	-0.0247 [0.111]	-0.0130 [0.0261]	-0.000691 [0.00138]
面接を受けた企業	0.0225** [0.0102]	0.0243** [0.0102]	0.0305 [0.0257]	-0.0184 [0.0161]	-0.00385 [0.00336]	-0.00256 [0.0195]	-0.000269 [0.00204]	-0.426*** [0.125]	-0.0545** [0.0242]	-0.00290** [0.00130]
就職活動実施時期に関する変数										
就職支援サイトに登録した時期	0.00455 [0.0413]	0.000642 [0.0409]	-0.0650 [0.104]	0.0340 [0.0609]	0.00713 [0.0127]	0.00702 [0.0944]	0.000737 [0.00991]	-0.0733 [0.505]	0.207* [0.122]	0.0110* [0.00656]
企業説明会やセミナーなどに出席した時期	0.0257 [0.0375]	0.0325 [0.0372]	0.112 [0.0942]	0.0434 [0.0566]	0.00910 [0.0118]	-0.0915 [0.0844]	-0.00961 [0.00882]	-0.111 [0.455]	-0.0629 [0.107]	-0.00334 [0.00567]
エントリーシートを初めて提出した時期	-0.0228 [0.0319]	-0.0292 [0.0317]	-0.106 [0.0802]	-0.0572 [0.0541]	-0.0120 [0.0113]	0.122 [0.0749]	0.0128* [0.00775]	-0.665* [0.393]	-0.0574 [0.0775]	-0.00305 [0.00412]
企業で人事面接を受けた時期	-0.0179 [0.0233]	-0.00867 [0.0233]	0.153*** [0.0585]	-0.0147 [0.0355]	-0.00309 [0.00744]	-0.00967 [0.0544]	-0.00101 [0.00571]	-0.278 [0.286]	-0.0892 [0.0680]	-0.00474 [0.00365]
3年次秋の就職活動開始時の第1志望業界ダミー: ref:銀行,信金,信販,証券,生保,損保	0.461 [0.290]	0.426 [0.287]	-0.594 [0.728]	0.109 [0.416]	0.0229 [0.0871]	1.740** [0.792]	0.183** [0.0818]	5.385 [3.535]	1.372 [0.970]	0.0729 [0.0518]
マスコミ、テレビ、広告、出版、新聞他	0.323 [0.219]	0.350 [0.217]	0.444 [0.550]	-0.293 [0.325]	-0.0615 [0.0677]	1.828*** [0.694]	0.192*** [0.0712]	1.837 [2.684]	1.106* [0.574]	0.0588* [0.0307]
その他										
就職活動時の利用情報に関する変数										
就活生向け情報の利用数	-0.154*** [0.0577]	-0.150*** [0.0571]	0.0635 [0.145]	0.118 [0.0858]	0.0248 [0.0178]	0.127 [0.122]	0.0134 [0.0127]	-0.617 [0.702]	0.00148 [0.169]	7.86e-05 [0.00896]
一般ビジネス向けビジネス情報の利用数	0.124* [0.0738]	0.117 [0.0732]	-0.127 [0.186]	-0.0175 [0.109]	-0.00366 [0.0228]	-0.0407 [0.161]	-0.00427 [0.0169]	0.868 [0.907]	-0.211 [0.211]	-0.0112 [0.0112]
大卒求人倍率	0.808** [0.355]	0.703** [0.354]	-1.753** [0.893]	-0.0175 [0.527]	-0.00366 [0.111]	-0.722 [0.726]	-0.0758 [0.0757]	4.614 [4.326]	-0.794 [1.192]	-0.0422 [0.0634]
就職先企業から内々定を得た時期		-0.0601*** [0.0215]								
定数項	0.280 [0.905]	1.160 [0.950]	14.63*** [2.275]	-0.817 [1.384]		-4.410** [2.092]		73.38*** [11.08]	5.224* [3.034]	
推計手法	OLS	OLS	OLS	OLS	Logit	Logit	Logit	OLS	OLS	Logit
対数尤度					-218.736		-120.018			-70.406
自由度修正済み決定係数	0.137	0.157	0.117					0.0969		
疑似決定係数					0.063		0.230			0.225
サンプルサイズ	361	361	361	361	361	361	361	357	361	361

注:1) [ ]内の値はWhite (1980) の一致性を持つ標準誤差を表す。
2) ***は1%水準、**は5%水準、*は10%水準で有意であることを示す。

出所:「大学生活とキャリアに関する4年生調査」を用い、筆者推計。

第6章 インターンシップ体験は内定獲得をもたらすのか? 149

表3 インターン経験の有無に関するLogit分析

被説明変数:1＝インターンを実施,0＝インターン未実施	(B1)		(B2)		(B3) 就職先の企業で内定を取得した時期		(B4) 大企業かつ上場企業へ就職		(B5) 一般職・契約社員,その他へ就職		(B6) 就職活動のプロセスに対する自己採点		(B7) 就職先の企業に対する満足度	
説明変数	内々定数		内々定数											
	係数	限界効果	係数	限界効果	係数	限界効果	係数	限界効果	係数	限界効果	係数	限界効果	係数	限界効果
女性ダミー	0.104 [0.291]	0.019 [0.053]	0.106 [0.291]	0.019 [0.053]	0.104 [0.291]	0.019 [0.053]	0.104 [0.291]	0.019 [0.053]	0.104 [0.291]	0.019 [0.053]	0.106 [0.291]	0.020 [0.054]	0.104 [0.291]	0.019 [0.053]
ゼミに積極的参加ダミー	0.462* [0.273]	0.085* [0.049]	0.463* [0.273]	0.085* [0.049]	0.462* [0.273]	0.085* [0.049]	0.462* [0.273]	0.085* [0.049]	0.462* [0.273]	0.085* [0.049]	0.474* [0.273]	0.088* [0.050]	0.462* [0.273]	0.085* [0.049]
卒業論文作成ダミー	0.520 [0.333]	0.096 [0.061]	0.517 [0.333]	0.095 [0.061]	0.520 [0.333]	0.096 [0.061]	0.520 [0.333]	0.096 [0.061]	0.520 [0.333]	0.096 [0.061]	0.522 [0.333]	0.097 [0.061]	0.520 [0.333]	0.096 [0.061]
成績のうちAおよびA+の割合	0.158** [0.061]	0.029*** [0.011]	0.159*** [0.062]	0.029*** [0.011]	0.158** [0.061]	0.029*** [0.011]	0.158** [0.061]	0.029*** [0.011]	0.158** [0.061]	0.029*** [0.011]	0.158** [0.061]	0.029*** [0.011]	0.158** [0.061]	0.029*** [0.011]
月の平均読書数	0.100* [0.060]	0.018* [0.011]	0.098 [0.060]	0.018* [0.011]	0.100* [0.060]	0.018* [0.011]	0.100* [0.060]	0.018* [0.011]	0.100* [0.060]	0.018* [0.011]	0.098 [0.061]	0.018 [0.011]	0.100* [0.060]	0.018* [0.011]
入学方法ダミー ref:一般入試 小論文入試	0.498 [0.588]	0.091 [0.108]	0.488 [0.590]	0.090 [0.108]	0.498 [0.588]	0.091 [0.108]	0.498 [0.588]	0.091 [0.108]	0.498 [0.588]	0.091 [0.108]	0.488 [0.587]	0.090 [0.108]	0.498 [0.588]	0.091 [0.108]
自己推薦・スポーツ推薦・留学生入試	0.419 [0.356]	0.077 [0.065]	0.416 [0.356]	0.076 [0.065]	0.419 [0.356]	0.077 [0.065]	0.419 [0.356]	0.077 [0.065]	0.419 [0.356]	0.077 [0.065]	0.459 [0.357]	0.085 [0.066]	0.419 [0.356]	0.077 [0.065]
指定校・付属校・編入	0.552* [0.300]	0.101* [0.054]	0.549* [0.300]	0.101* [0.054]	0.552* [0.300]	0.101* [0.054]	0.552* [0.300]	0.101* [0.054]	0.552* [0.300]	0.101* [0.054]	0.534* [0.300]	0.099* [0.055]	0.552* [0.300]	0.101* [0.054]
3年生時に就職活動に意欲的に取り組んだダミー	-0.027 [0.307]	-0.005 [0.056]	-0.025 [0.307]	-0.005 [0.056]	-0.027 [0.307]	-0.005 [0.056]	-0.027 [0.307]	-0.005 [0.056]	-0.027 [0.307]	-0.005 [0.056]	-0.026 [0.307]	-0.005 [0.057]	-0.027 [0.307]	-0.005 [0.056]
就職活動実施頻度に関する変数 資料請求やプレエントリーを行った企業数	0.002 [0.003]	0.000 [0.001]	0.002 [0.003]	0.000 [0.001]	0.002 [0.003]	0.000 [0.001]	0.002 [0.003]	0.000 [0.001]	0.002 [0.003]	0.000 [0.001]	0.002 [0.003]	0.000 [0.001]	0.002 [0.003]	0.000 [0.001]
説明会に参加した企業数	0.003 [0.008]	0.001 [0.002]	0.003 [0.008]	0.001 [0.002]	0.003 [0.008]	0.001 [0.002]	0.003 [0.008]	0.001 [0.002]	0.003 [0.008]	0.001 [0.002]	0.003 [0.008]	0.001 [0.002]	0.003 [0.008]	0.001 [0.002]
エントリーシートを送った企業数	-0.009 [0.011]	-0.002 [0.002]	-0.009 [0.011]	-0.002 [0.002]	-0.009 [0.011]	-0.002 [0.002]	-0.009 [0.011]	-0.002 [0.002]	-0.009 [0.011]	-0.002 [0.002]	-0.009 [0.011]	-0.002 [0.002]	-0.009 [0.011]	-0.002 [0.002]
筆記試験・Web試験を受けた企業数	0.006 [0.014]	0.001 [0.003]	0.006 [0.014]	0.001 [0.003]	0.006 [0.014]	0.001 [0.003]	0.006 [0.014]	0.001 [0.003]	0.006 [0.014]	0.001 [0.003]	0.007 [0.014]	0.001 [0.003]	0.006 [0.014]	0.001 [0.003]

150

	面接を受けた企業																	
就職活動実施時期に関する変数	就職支援サイトに登録した時期	0.010 [0.016]	0.002 [0.003]	0.010 [0.016]	0.002 [0.003]	0.010 [0.016]	0.002 [0.003]	0.010 [0.016]	0.002 [0.003]	0.010 [0.016]	0.002 [0.003]	0.010 [0.016]	0.002 [0.003]	0.010 [0.016]	0.002 [0.003]	0.010 [0.016]	0.002 [0.003]
	企業説明会やセミナーなどに出席した時期	-0.107 [0.068]	-0.020 [0.012]	-0.107 [0.068]	-0.020 [0.012]	-0.107 [0.068]	-0.020 [0.012]	-0.107 [0.068]	-0.020 [0.012]	-0.107 [0.068]	-0.020 [0.012]	-0.107 [0.068]	-0.020 [0.012]	-0.101 [0.068]	-0.019 [0.013]	-0.107 [0.068]	-0.020 [0.012]
	エントリーシートを初めて提出した時期	-0.119* [0.067]	-0.022* [0.012]	-0.120* [0.067]	-0.022* [0.012]	-0.119* [0.067]	-0.022* [0.012]	-0.119* [0.067]	-0.022* [0.012]	-0.119* [0.067]	-0.022* [0.012]	-0.119* [0.067]	-0.022* [0.012]	-0.118* [0.067]	-0.022* [0.012]	-0.119* [0.067]	-0.022* [0.012]
	企業で人事面接を受けた時期	-0.011 [0.055]	-0.002 [0.010]	-0.010 [0.055]	-0.002 [0.010]	-0.011 [0.055]	-0.002 [0.010]	-0.011 [0.055]	-0.002 [0.010]	-0.011 [0.055]	-0.002 [0.010]	-0.011 [0.055]	-0.002 [0.010]	-0.012 [0.055]	-0.002 [0.010]	-0.011 [0.055]	-0.002 [0.010]
3年生の秋の就職活動時期の強い求職意思ダミー		0.000 [0.038]	0.000 [0.007]	-0.001 [0.039]	0.000 [0.007]	0.000 [0.038]	0.000 [0.007]	0.000 [0.038]	0.000 [0.007]	0.000 [0.038]	0.000 [0.007]	0.000 [0.038]	0.000 [0.007]	-0.001 [0.038]	0.000 [0.007]	0.000 [0.038]	0.000 [0.007]
就職活動時の利用情報に関する変数	マスコミ(テレビ、広告、出版、新聞他)	-1.134** [0.455]	-0.208** [0.081]	-1.131** [0.455]	-0.208** [0.081]	-1.134** [0.455]	-0.208** [0.081]	-1.134** [0.455]	-0.208** [0.081]	-1.134** [0.455]	-0.208** [0.081]	-1.134** [0.455]	-0.208** [0.081]	-1.107** [0.456]	-0.205** [0.082]	-1.134** [0.455]	-0.208** [0.081]
	その他	-0.967*** [0.332]	-0.178*** [0.058]	-0.971*** [0.333]	-0.178*** [0.059]	-0.967*** [0.332]	-0.178*** [0.058]	-0.967*** [0.332]	-0.178*** [0.058]	-0.967*** [0.332]	-0.178*** [0.058]	-0.967*** [0.332]	-0.178*** [0.058]	-0.932*** [0.334]	-0.173*** [0.059]	-0.967*** [0.332]	-0.178*** [0.058]
	就活生向け情報の利用件数	-0.103 [0.091]	-0.019 [0.017]	-0.104 [0.091]	-0.019 [0.017]	-0.103 [0.091]	-0.019 [0.017]	-0.103 [0.091]	-0.019 [0.017]	-0.103 [0.091]	-0.019 [0.017]	-0.103 [0.091]	-0.019 [0.017]	-0.100 [0.091]	-0.019 [0.017]	-0.103 [0.091]	-0.019 [0.017]
	一般ビジネス向けビジネス情報の利用件数	0.161 [0.116]	0.030 [0.021]	0.163 [0.116]	0.030 [0.021]	0.161 [0.116]	0.030 [0.021]	0.161 [0.116]	0.030 [0.021]	0.161 [0.116]	0.030 [0.021]	0.161 [0.116]	0.030 [0.021]	0.156 [0.116]	0.029 [0.021]	0.161 [0.116]	0.030 [0.021]
大卒求人倍率		-0.873 [0.552]	-0.160 [0.100]	-0.864 [0.554]	-0.159 [0.101]	-0.873 [0.552]	-0.160 [0.100]	-0.873 [0.552]	-0.160 [0.100]	-0.873 [0.552]	-0.160 [0.100]	-0.873 [0.552]	-0.160 [0.100]	-0.844 [0.552]	-0.156 [0.101]	-0.873 [0.552]	-0.160 [0.100]
就職先企業から内々定を得た時期				0.007 [0.035]	0.001 [0.006]													
定数項		1.515 [1.437]		1.423 [1.510]		1.515 [1.437]		1.515 [1.437]		1.515 [1.437]		1.515 [1.437]		1.413 [1.439]		1.515 [1.437]	
推計手法		Logit		Logit		Logit		Logit		Logit		Logit		Logit		Logit	
対数尤度		-196.784		-196.764		-196.784		-196.784		-196.784		-196.784		-195.985		-196.784	
疑似決定係数		0.155		0.155		0.155		0.155		0.155		0.155		0.148		0.155	
サンプルサイズ		361		361		361		361		361		361		357		361	

注:1) [ ] 内の値はWhite (1980) の一致性を持つ標準誤差を表す。
2) ***は1%水準、**は5%水準、*は10%水準で有意であることを示す。
出所:「大学生活とキャリアに関する4年生調査」を用い、筆者推計。

第6章 インターンシップ体験は内定獲得をもたらすのか?

表 4 Propensity Score Matching 法によるインターン経験が就職活動結果に及ぼす影響に関する推計結果

被説明変数：内々定数

マッチング方法	就職先企業から内々定を得た時期なし			就職先企業から内々定を得た時期あり		
	ATT	N (トリートメント)	N (コントロール)	ATT	N (トリートメント)	N (コントロール)
Nearest Neighbor Matching	0.248 [0.317]	125	69	0.262 [0.366]	125	74
Kerneal Matching	0.277 [0.244]	125	222	0.281 [0.230]	125	222
Stratification Matching	0.278 [0.217]	125	222	0.291 [0.217]	125	222
Radius Matching	0.319 [0.342]	40	43	0.100 [0.271]	44	50

被説明変数：就職先の企業での内定を取得した時期

被説明変数：大企業から上場企業へ就職

マッチング方法	ATT	N (トリートメント)	N (コントロール)	ATT	N (トリートメント)	N (コントロール)
Nearest Neighbor Matching	-0.032 [0.692]	124	69	-0.032 [0.085]	125	69
Kerneal Matching	-0.153 [0.716]	125	222	-0.060 [0.055]	125	222
Stratification Matching	-0.153 [0.716]	125	222	-0.052 [0.058]	125	222
Radius Matching	-1.143 [0.947]	40	43	0.023 [0.111]	40	43

被説明変数：一般職、契約社員、その他で就職

マッチング方法	ATT	N (トリートメント)	N (コントロール)
Nearest Neighbor Matching	-0.032 [0.069]	125	69
Kerneal Matching	-0.065 [0.053]	125	222
Stratification Matching	-0.076 [0.056]	125	222
Radius Matching	-0.064 [0.083]	40	43

被説明変数：就職先の企業に対する満足度

マッチング方法	ATT	N (トリートメント)	N (コントロール)
Nearest Neighbor Matching	-0.016 [0.045]	125	69
Kerneal Matching	0.025 [0.033]	125	222
Stratification Matching	0.030 [0.035]	125	222
Radius Matching	0.050 [0.054]	40	43

被説明変数：就職活動プロセスに対する自己採点

マッチング方法	ATT	N (トリートメント)	N (コントロール)
Nearest Neighbor Matching	-4.661 [3.553]	125	69
Kerneal Matching	-2.049 [2.527]	125	222
Stratification Matching	-2.018 [2.570]	125	222
Radius Matching			

注：1) [ ] 内の値は標準誤差を表す。
2) ***は1％水準、**は5％水準、*は10％水準で有意であることを示す。
3) N (トリートメント) はトリートメントに属する観測値の数を、N (コントロール) はコントロールに属する観測値を示す。
4) Radius Matching の r の値は、0.1 としている。また、Kernel Matching のバンド幅は 0.06 としている。
5) 被説明変数が就職活動プロセスに対する自己採点の推計の場合、サンプル数が少なくなってしまったため、Radius Matching の推計値を得ることができなかった。
6) Kernel Matching の標準誤差はブートストラッピング法によって算出しており、反復回数は 1000 回である。
出所：「大学生活とキャリアに関する4年生調査」を用い、筆者推計。

第6章 インターンシップ体験は内定獲得をもたらすのか？ 153

(2) マッチング法による推計結果

　表3は，インターン経験の有無に関するLogit分析の結果である。このLogitモデルの推計によって得られたPropensity Scoreを用い，ATTを算出した結果が表4である。

　表4の前に，表3の各変数の推定結果を解釈する。表3のLogitモデルの推計結果を見ると，ゼミに積極的参加ダミー，成績のうちAおよびA+の割合，月の平均読書数が正に有意な値を示していた。この結果は，ゼミに積極的参加している学生ほど，成績でAの数が多い学生ほど，そして，月の平均読書数が多い学生ほどインターンシップに参加する確率が高いことを意味する。学業等に意欲的な学生ほどインターンシップに参加していると言える。入学方法ダミーを見ると，指定校・付属校・編入ダミーのみが正に有意な値を示していた。この結果は，一般入試で入学した学生と比較して，指定校・付属校・編入といった形で入学するとインターンシップに参加する確率が高いことを意味する。

　次の3年生時に就職活動に意欲的に取り組んだダミーであるが，有意な値を示していなかった。就職活動に意欲的な学生ほどインターンシップに参加すると予想されたが，今回のデータでは必ずしもその傾向は確認できなかった。さらに，就職活動実施頻度に関する変数を見ると，いずれの変数も有意ではなかった。実際の就職活動量とインターンシップへの参加には明確な関係が見られないと言える。就職活動実施時期に関する変数を見ると，企業説明会やセミナーなどに出席した時期の変数が負に有意な値を示していた。この結果は，企業説明会やセミナーなどに出席した時期が遅いほど，インターンシップに参加する確率が低いことを意味する。次に3年生の秋の就職活動開始時の第1志望業界ダミーを見ると，マスコミダミー，その他ダミーとも負に有意な値を示していた。この結果は，3年生の秋の時点で銀行等の金融業を志望する学生と比較して，マスコミやその他の業界を志望している場合，インターンシップに参加する確率が低いことを意味する。銀行等の金融業を志望する学生ほどインターンシップに参加する傾向にあると言えよう。次に就職活動時の利用情報に関する変数，大卒求人倍率，そして，就職先企業から内々定を得た時期の変数を見ると，いずれも有意な値を示していなかった。

これらの変数とインターンシップへの参加には明確な関係が見られないと言える。

最後に，表4のPropensity Score Matching法による推計結果を見ていく。表4のATTを見ると，いずれも有意な値を示していなかった。この結果は，インターン経験が内々定数，就職先企業での内定取得時期，大企業かつ上場企業への就職，一般社員・契約社員・その他での就職，就職活動プロセスに対する自己採点，そして就職先企業に対する満足度のいずれの就職活動結果にも影響を及ぼしていないことを示している。

この結果は，表2の推計結果とは異なったものとなっている。特に注目すべきなのは，インターン経験が内々定数に及ぼす影響である。OLSではインターン経験が内々定数を増やすという結果であったが，Propensity Score Matching法ではインターン経験は影響を及ぼしていないという結果であった。このような違いの背景には，自己選別を考慮したかどうかといった点が大きな影響を及ぼしていると考えられる。インターンを経験した大学生ほど，もともと成績等が良く，就職活動に対する意欲も高いため，内々定数も多くなっている可能性がある。この成績や意欲の高さによる影響をPropensity Score Matching法によってコントロールした結果，純粋なインターンシップの影響が計測できると考えられる。実際のPropensity Score Matching法ではインターンシップの係数は有意ではなかったため，インターンシップに参加すること自体が内々定数の増加に寄与しているわけではなく，参加学生の能力の高さが主な原因だと考えられる。また，内々定数の結果の係数の大きさに注目すると，ほとんどの場合においてATTの係数がOLSよりも小さい傾向にあった。この結果からもOLSの推計結果は，自己選別による上方バイアスが発生している可能性がある。

5 結論

本章の目的は，独自調査によって収集した都内の私立大学の卒業直前の学生のアンケート調査を用い，インターン経験が就職活動結果に及ぼす影響を

分析することであった．近年の新卒労働市場のミスマッチ問題を受け，インターンに注目が集まっている．

しかし，このインターン経験が就職活動結果にどのような影響を及ぼしているのかはまだ十分に分析されていない．また，インターンを経験する大学生ほど意欲が高く，自己選別が推計結果にバイアスをもたらす可能性を踏まえずに教育プログラムを過大評価している危険性がある．そこで，本章ではPropensity Score Matching法を用い，自己選別をコントロールした上でインターン経験が就職活動結果に及ぼす影響を分析した．

まず，OLSやLogitモデルを用い，インターン経験が就職活動結果に及ぼす影響を分析した結果，インターン経験は内々定数を増加させる効果があることがわかった．しかし，Propensity Score Matching法を用いた分析の結果，いずれの就職活動結果にもインターン経験は影響を及ぼしていなかった．この結果から，インターン経験には就職活動結果を向上させる効果はなく，もともと成績等が良く，就職活動に対して高い意欲を持つ大学生ほどインターンを実施するという自己選別が推計結果にバイアスをもたらしている可能性が考えられる．この結果から，インターンの実施は，大学が実施する就職支援策として必ずしも効果的であるとは言えない．

この分析結果は，教育担当者にとっては，「望ましくない結果」と言えるかもしれない．しかし，多くの教育実践がPDCAサイクルを回すことなく，次から次へのPDの連続になってしまう大学教育の現場では，統計的には効果が確認できないという事実は貴重な発見であろう．この結果を踏まえ，大学と企業を繋ぐ教育のマネジメントが求められる．例えば，インターンの実施だけでなく，その効果をより高める補完的な支援策を実施するといった対応が必要になってくると考えられる．最後に本章に残る研究課題について述べておきたい．本章の課題として，「日常業務型」や「課題設定型」といったインターンの内容別の効果測定，理系学生の「課題設定型」のインターンの効果測定や大学の偏差値別のインターンの効果測定がある．これらの点に関しては，今後別なデータを使用し，検証していきたい．

注

1) インターンシップは,古閑(2011)によって「学生が,在学中に教育の一環として,企業等で一定の業務に従事し,職業人に必要な一般的・専門的な知識や能力を実践的に身に付けるための就業体験を行うことおよびその機会を与える制度」と定義されている。
2)「あなたが大学1~4年次のとき,力を入れたことは何ですか。それぞれの学年について,下記の7項目から3つを選んで,その番号を回答欄に記入してください。」という質問に対して,3年生時点で「就職活動」と回答した場合に1となるダミー変数である。
3) 就職支援サイトに登録した時期,企業説明会やセミナーなどに出席した時期,エントリーシートを初めて提出した時期,企業で人事面接を受けた時期の各変数は,3年生の4月を1とし,4年生の3月を24とする連続変数である。

引用文献

浅海典子(2007)「学生にとってのインターンシップの成果とその要因」『国際経営フォーラム』18: 163-179 頁

江藤智佐子(2007)「第2章 インターンシップの多様な展開とキャリア教育」,高良和武監修『インターンシップとキャリア――産学連携教育の実証的研究』学文社, 31-50 頁

楠奥繁則(2006)「自己効力論からみた大学生のインターンシップの効果に関する実証研究――ベンチャー系企業へのインターンシップを対象にした調査」『立命館経営学』44(5): 169-185 頁

黒澤昌子(2005)「積極労働政策の評価 レビュー」『フィナンシャル・レビュー』77: 197-220

古閑博美(2011)『インターンシップ――キャリア教育としての就業体験』学文社

佐藤一磨・梅崎修・上西充子・中野貴之(2009)「新卒需要の変動が大学生の就職活動に与える影響――卒業生アンケート調査の分析」『キャリアデザイン研究』5: 51-63 頁(「新卒需要変動と就活の結果(第6章)」,平尾智隆・梅崎修・松繁寿和編著『教育効果の実証――キャリア形成における有効性』日本評論社, 111-131 頁)

佐藤博樹・堀有喜衣・堀田聰子(2008)『人材育成としてのインターンシップ』労働新聞社。

田中宣秀(2007)「高等教育機関におけるインターンシップの教育効果に関する一考察――新たな意義をみいだし,改めて「効果」を考える」『日本インターンシップ学会年報』10: 7-14 頁

古田克利(2010)「インターンシップ経験が新入社員のキャリア適応力に及ぼす影響」『インターンシップ研究年報』13: 1-7 頁

堀田聰子(2007)「採用時点におけるミスマッチを軽減する採用のあり方――RJP (Realistic Job Preview) を手がかりにして」『日本労働研究雑誌』567: 60-75 頁

真鍋和博(2010)「インターンシップタイプによる基礎力効果と就職活動への影響」『インターンシップ研究年報』13: 9-17 頁

Becker, S. O. and Ichino A. (2002) "Estimation of Average Treatment Effects Based on Propensity Scores," *The Stata Journal*, 2(4): 358-377.

Brooks, L., Cornelius, A., Greenfield, E., and Joseph, R. (1995) "The Relation of Career-related Work or Internship Experience to the Career Development of College Seniors", *Journal of Vocational Behavior*, 46: 332-349.

Heckman, J. J., H. Ichimura, and P. Todd (1997) "Matching as an Econometric Evaluation Estimator: Evidence from Evaluation a Job Training Programme," *Review of Economics and*

Statistics, 64: 605–654.

Rosenbaum, P. R., and D. B. Rubin. (1983) "The Central Role of the Propensity Score in Observational Studies for Causal Effects," *Biometrika*, 70(1): 41–55.

第 7 章
就活生から見た大学内支援者

1　問題の所在

2010年2月に大学設置基準が改正され，以下の条文が規定された。

> （大学設置基準第42条の2）大学は，当該大学及び学部等の教育上の目的に応じ，学生が卒業後自らの資質を向上させ，社会的及び職業的自立を図るために必要な能力を，教育課程の実施及び厚生補導を通じて培うことができるよう，大学内の組織間の有機的な連携を図り，適切な体制を整えるものとする

　このように，社会的および職業的自立を図るために必要な能力を培うことができるように学内組織の連携や体制整備を求める内容となっている。このような点を明らかにする際には組織側の視点から，体制同士がどのようにかかわりあっているかを示す必要があると思われるが，それだけではなく，利用者側の視点から，複数の組織をどのように活用しているのかを示す必要もあろう。これは言い換えれば，学内の複数のサポート資源の活用の仕方と就職活動のプロセスの関係を明らかにする必要があるということである。

　就職活動を支援する学内のサポート資源としてまず考えられるのは，キャリアセンターなどの組織である。キャリアセンターを対象にした先行研究は数少ないが，例えば，どのような学生がキャリアセンターを利用するのか（大島 2012），キャリアセンターはどのようなプログラムを提供しているのか（労働政策・研修機構 2014），大学の特性による支援形態，支援の時期，満たすべきニーズの違いはあるのか（牧野ほか 2011）という観点から研究がなされてきた。キャリアセンターの利用が就職活動プロセスに与える影響

に注目してみると，小杉（2007）によれば，インターンシップや企業実習を実施すること，また就職手帳や履歴書・エントリーシートの書き方指導に内定を獲得させる効果があることが明らかになっている。

なお，学部によっては，全学とは別に，学部独自の支援体制が構築されているところもある。そこで本章では，全学での支援体制と学部での支援体制の二つのかかわりという視点から，学内にある複数の組織が提供するサポート資源を学生がどのように利用しているのかについて，また，それらの利用の仕方と就職活動プロセスの関係について明らかにすることを目的とする。このような点を明らかにすることは，大学における学内組織連携や体制整備が強く求められている背景を考慮すると一定の価値があると思われる。

2　方　法

(1) 対象者

H大学A学部の大学4年生249名であった。なお，これらの者に社会人入試経路の者は含まれていない。少しでも就職活動をおこなった223名（男性89名，女性134名）を分析の対象とした。具体的には，以降で説明する就職活動プロセスの指標（資料請求数，説明会参加数，エントリーシート送付数，筆記試験やWeb試験数，内々定数）のいずれかが1以上であった者を対象とした。平均年齢は22.34歳（SD＝0.74）であった。

(2) 調査データ概要

使用したデータはH大学A学部の2011年度卒業の4年生に実施した質問票調査（「大学生活とキャリアに関する4年生調査」）であった。調査時期は2012年2月であった。なお，A学部は学際的な学部であり，教育，ビジネス，家族や地域にかかわる科目などが存在する。

(3) 調査に用いた項目
①全学および学部の支援体制の利用状況
　全学の支援体制としてキャリアセンターのセミナーおよび個別相談に注目した。学部の支援体制として，A学部生のみが利用できるキャリアアドバイザーによるセミナーおよび個別相談に注目した。それぞれについて，セミナーおよび個別相談の利用の有無，また利用時期を尋ねた。複数回の利用がある者には初めて相談した時期を調査した。
②就職活動プロセス
　資料請求数，説明会参加数，エントリーシート送付数，筆記試験やWeb試験数，面接数，進路決定の有無，内々定数，内々定時期を尋ねた。
③進路についての相談相手の有無
　「あなたは大学3年生のときに，卒業後の進路について誰かと話し合ったり相談したりしましたか。（複数回答可）」と教示し，各相談相手の有無を尋ねた。

(4) 分析の視点
　まず，全学の支援体制と学部の支援体制の利用状況を明らかにし，それらの結果をもとにして学生のタイプ分類を行う。
　続いて，学生のタイプごとに就職活動プロセスおよび，他の相談相手の有無を明らかにする。相談相手の有無を扱うのは，学生が学内のサポート資源以外を利用している可能性を考慮するためである。

(5) 対象校（H大学）の概要
　下村（2013）によれば，キャリアガイダンスをする際には，対象層にもれなくサービスを提供できるように，「相談」「ガイダンス」「情報」を重層的に整備し，ピラミッド型に構成すべきであることが指摘されてきたと述べている。すなわち，準備が整っていない学生には個別支援サービスとしての「相談」，ある程度の準備ができている学生にはスタッフ支援型サービスとしての「ガイダンス」，能動的に活動している学生にはセルフヘルプ型サービスとしての「情報」といった支援を行う。つまり，対象層に合ったキャリア

ガイダンスのデリバリーをする考え方である。

　ここでは，この枠組みを用いながら，大学全体の支援体制としてH大学のキャリアセンターの取り組みを，学部独自の支援体制としてH大学A学部のキャリアアドバイザー（以降，CAと表記）の取り組みを説明する。

①全学の支援体制

　H大学は，2005年4月にキャリアセンターを設立した。まず，「相談」についてであるが，希望者はキャリアセンターにおいて個別相談が可能である。希望する学生は手続きを経て，自己PRの添削などをマンツーマンで相談員から指導を受けることが可能である。就職斡旋として求人票をもとにした相談をすることもある。

　次に，「ガイダンス」についてであるが，就職活動を行う学生全体に対して，合同企業説明会や就職支援行事などを開催している。また，人数限定のキャリア支援プログラムなども有している。これは，総合的なキャリア支援プログラムと呼ばれており，以下の2点を目的とするといわれている。すなわち，1) 学生が「キャリア」を自主的に設計するための能力を育成すること，2) 学生が自ら選んだ「キャリア」を送るために必要なさまざまな能力を育成すること，である。このプログラムは，1年生から受講できるようになっている。

　最後に，「情報」についてであるが，H大学は，情報提供用に「キャリア就職システム」を有しており，支援行事の申込，求人情報の検索，先輩の「進路結果報告」検索などができるようになっている。学生は職員と直接かかわらなくとも上記のシステムを使って必要な情報にアクセスできるようになっている。

②学部の支援体制

　A学部にも独自の支援体制があり，A学部生のみが相談できるCAがいる。このCAはキャリアセンターで相談業務を行う者とは別の存在である。

　まず，「相談」についてであるが，希望者は学部生のみが利用できる専用の相談室において個別相談が可能である。CAは学部のカリキュラム（どのような科目が何年生から受講ができるかなど）についても知識を有している。そのため，ただの就職相談だけではなく，希望進路にあわせて，これから履

修すべき科目を検討するという相談も行われることがある。なお，どのような科目に興味を持ったかなどの情報は，学生が興味を示す業界リストの裏付けになることがある。履修にかかわる相談は履修科目登録時期である4月に行われることが相対的には多い。

次に，「ガイダンス」についてであるが，学部生に対して，独自の支援行事などを開催している。「相談」とも一部連動するが，就職活動を始める前の心構えについて，自己分析の方法や集団・個人面接対策など，段階に応じてさまざまなセミナーを開き，学部生の就職活動をきめ細かく支援している。

最後に，「情報」についてであるが，学部生向けの紙媒体のニュースを不定期で刊行することがある。支援プログラムなどの告知に使われることがある。

3 分析結果

(1) 全学の支援体制と学部の支援体制の利用状況

キャリアセンターのセミナーの利用状況（参加あり・参加なし）と学部のCA主催のセミナーの利用状況（参加あり・参加なし）のクロス集計を行った（表1）。χ^2検定の結果，人数の偏りに有意差を認めた（$\chi^2(1) = 16.82$, $p<.01$）。残差分析の結果を解釈すると，キャリアセンターのセミナーに参加する者は，学部のCA主催のセミナーにも参加することが多い。

次に，キャリアセンターの個別相談の利用状況（利用あり・利用なし）と学部のCAの個別相談の利用状況（利用あり・利用なし）のクロス集計を行った（表2）。χ^2検定の結果，人数の偏りに有意差を認めた（$\chi^2(1) = 22.47$, $p<.01$）。残差分析の結果を解釈すると，セミナーの場合と同様に，キャリアセンターの個別相談を利用する者は，学部のCAの個別相談を利用することが多い。

(2) 学生のタイプ分類

下村（2013）によれば，「相談」は個別支援サービスであるため，人的・

金銭的・時間的リソースは限られており，それが必要な対象層に集中的に投入する必要がある。キャリアガイダンスには「相談」以外に，スタッフ支援型サービスの「ガイダンス」，セルフヘルプ型サービスの「情報」があるが，以下の分析では，「相談」に注目する。

キャリアセンター相談と学部 CA の相談のあり・なしで 4 タイプに分類した。これらの相談タイプに性差があるか明らかにするために χ^2 検定を行った（表3）。その結果，人数の偏りは有意傾向であった（$\chi^2(3) = 7.51, p<.10$）。残差分析の結果を解釈すると，どちらの個別相談も利用した者には女性が多く，逆に，どちらも利用しなかった者には男性が多かった。

表1　全学の支援体制と学部の支援体制の利用状況の関係（セミナー）

		キャリアセンターのセミナー			
		参加あり		参加なし	
学部の CA 主催のセミナー	参加あり	45	(4.25)**	20	(-4.25)**
	参加なし	60	(-4.25)**	98	(4.25)**

**$p<.01$　　　　　　　　　　　　　　　　　カッコ内の数字は調整された残差

表2　全学の支援体制と学部の支援体制の利用状況の関係（個別相談）

		キャリアセンターの個別相談			
		利用あり		利用なし	
学部の CA の個別相談	利用あり	42	(4.89)**	27	(-4.89)**
	利用なし	41	(-4.89)**	113	(4.89)**

**$p<.01$　　　　　　　　　　　　　　　　　カッコ内の数字は調整された残差

表3　男女別の相談タイプの度数等

	男性		女性		合計
キャリアセンター相談あり・学部相談あり	12	(-1.48)	30	(1.48)	42
キャリアセンター相談あり・学部相談なし	13	(-1.22)	28	(1.22)	41
キャリアセンター相談なし・学部相談あり	9	(-0.77)	18	(0.77)	27
キャリアセンター相談なし・学部相談なし	55	(2.62)**	58	(-2.62)**	113
	89		134		223

**$p<.01$　　　　　　　　　　　　　　　　　カッコ内の数字は調整された残差

(3) 相談タイプごとの就職活動プロセス

　相談タイプごとに就職活動の各指標の平均を求めた（図1）。その結果，キャリアセンターと学部のCAの両方に相談をする者は，資料請求数，説明会参加数，エントリーシート送付数，筆記試験やWeb試験数，面接数といった就職活動の量が多く，どちらも利用しない者は少ないと判断できた。しかし，就職活動の結果を示す内々定数は同様の結果は見られず，大きな差は見られなかった。この結果は，どちらも利用しない者は効率よく活動し，内定を得ているとも解釈できる。

　次に，相談タイプごとの内定時期の累積パーセントを求めた（図2）。この図においては4年生の3月時点の結果が各タイプの内定率を示すことになる。4年生の8月までは，どの群もほぼ同様の傾向を示しているが，「キャリアセンター相談なし・学部CA相談あり」群がやや早くから内定を得ていると判断できた。また，4年生の9月頃から，キャリアセンターを利用している2つの群の方が，そうではない2つの群と比べて内々定率が高いことが分かる。この結果は，4年後期で未内定の者に対しては，キャリアセンターでの個別相談が有効になることを示している。

図1　相談のタイプごとの就職活動量の平均

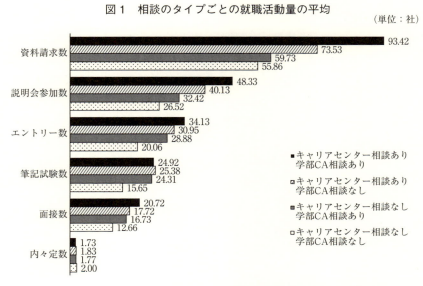

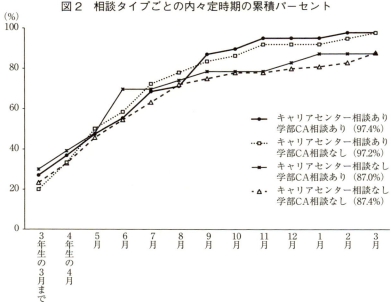

図2 相談タイプごとの内々定時期の累積パーセント

注：各系列のカッコ内の数値は4年生の3月時点での内定率。

(4) 相談タイプごとの相談時期

　相談タイプごとの相談時期の累積パーセントを求めた（図3）。複数回の相談をしている者は初めて相談した時期をカウントした。また，キャリアセンターと学部のCAの両方に相談している者は，先に利用した時期をカウントした。その結果，学部CAのみを利用する者は相談時期が早く，キャリアセンターのみを利用する者は相談時期が遅かった。これは学部CAの個別相談には，履修科目の相談が含まれることが影響しているのであろう。また，学生にとってはキャリアセンターに個別相談することに心理的負担を感じるために，相談を決意するまでに時間がかかることがあるかもしれない。

(5) 相談タイプごとの相談相手の有無

　相談タイプごとに各相談相手がいると回答した者の度数を求め，その割合を求めた（図4）。概して，キャリアセンターと学部のCAの両方の個別相

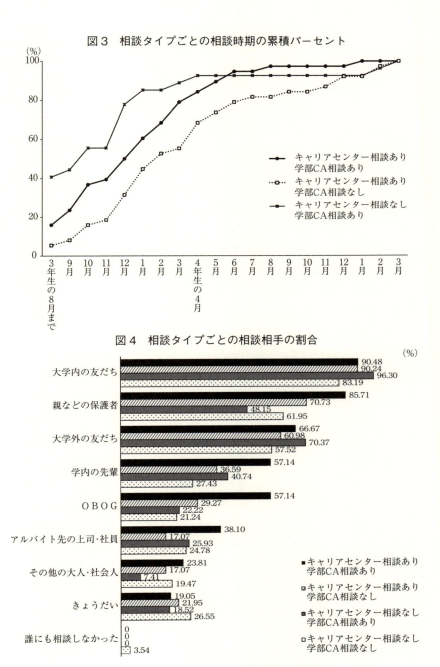

第7章　就活生から見た大学内支援者

談を利用する者は，大学の職員以外の他者にも相談する者が多く，どちらの個別相談も利用しない者は，相対的に相談する者が少ないという傾向が見られた。

4　考　察

本章の目的は，就職活動を行う大学生が学内の複数のサポート資源をどのように活用しているのか，また，その活用の仕方と就職活動プロセスの関係を明らかにすることであった。分析では，大学全体での支援体制（キャリアセンター）と学部での支援体制（CAの利用）との二つのかかわりという視点を取り入れた。

セミナーおよび個別相談のどちらにおいても，全学の支援（キャリアセンター）を利用している者は，学部の支援（学部のCA）も利用していることが多いことが明らかになった。どちらも利用する者は就職活動量も多く，さまざまな人に相談をしている傾向があった。一方で，どちらも利用しない者は，就職活動量が少なく，相対的に相談相手が少ない傾向があった。

どちらの個別相談も利用しない層では，男性が多かったが，これは，大島（2012）の先行研究と同様の結果であった。ただし，相談しない層の内々定時期に注目してみると，個人差が4年生の秋学期まで現れなかった。おそらくは，どちらも利用しない層の中には，下村（2013）の分類によるところの「情報」や「ガイダンス」のみで首尾よく就職活動を行い，「相談」を必要とせずに内定まで至る者と，本来は「相談」が必要である状態にもかかわらず，どちらの組織にも足を運ばない者が混在しているのであろう。

大島（2012）は，就職部の斡旋を受けた場合，就職活動の晩期でも良好な条件の職に辿りつきやすくなることを実証している。本章においても，4年生の後期で未内定の者に対して，キャリアセンターの個別相談を勧めることの重要性が示された。しかし田澤（2014）は，キャリア意識が低い者の方がキャリアセンターに対するイメージが良くないことを示している。このような層に対しては，4年後期に初めて個別相談を促すだけでなく，学部のCA

による個別相談のように，学部の履修の相談を入口にしながら，必要に応じて他の学内組織につなぐアプローチも有効になる。キャリアセンターでの支援が必要な層に，ただキャリアセンターに行くように指示するのではなく，学内の他の支援体制や組織からリファーがあることはきめ細やかな支援につながると思われる。

最後に，今後の課題を三点あげる。第一に，川﨑（2010）は，大学設置基準の改正において，最も重要な点は，「当該大学及び学部等の教育上の目的に応じ」という点にあると強調し，「キャリア教育は教育の理念・目的，教育目標との関連において位置づけることが必要であり，各大学が何を目指してどのようなキャリア教育を行うのかを大学全体の問題として議論する必要がある」と指摘する。本章では，この視点まで踏み込んだ分析はできなかった。今後の課題としたい。

第二に，本研究で扱ったのは，全学の支援体制（キャリアセンター）と学部の支援体制（CA）のみであった。学内サポート資源には，授業にかかわることはもちろんであるが，学生相談室のように，メンタルにかかわる相談ニーズに対応可能な部署なども考えられる。今後は，これらのような他の学内サポート資源の活用も含めて検討する必要があろう。

第三に，本研究では，全学の支援体制と学部の支援体制の使い分けについては明らかにできたが，それぞれの意義を学生がどのように感じているのかという視点も必要であろう。今後，扱う項目数などを追加した調査が必要になる。

引用文献

大島真夫（2012）『大学就職部にできること』勁草書房
川﨑友嗣「関西大学総合大学における標準型キャリア教育の展開」『IDE』521: 16-20 頁
小杉礼子（2007）「企業からの人材要請と大学教育・キャリア形成支援」，小杉礼子編『大学生の就職とキャリア——「普通」の就活・個別の支援』勁草書房，117-154 頁
下村英雄（2013）『成人キャリア発達とキャリアガイダンス——成人キャリア・コンサルティングの理論的・実践的・政策的基盤』労働政策研究・研修機構
田澤実「キャリア意識の高低とキャリアセンターに対するイメージ」『キャリアデザイン研究』10: 157-164 頁

牧野智和・河野志穂・御手洗明佳・松本暢平・丸山奈穂美・市川友里江（2011）「大学生の就職活動をめぐるニーズ・支援の多元性──大学キャリアセンターおよび大学生へのインタビュー調査から」『早稲田大学大学院教育学研究科紀要別冊』19: 23-33 頁

労働政策・研修機構（2014）「大学・短期大学・高等専門学校・専門学校におけるキャリアガイダンスと就職支援の方法──就職課・キャリアセンターに対する調査結果」No.116, 労働政策・研修機構

第 8 章

早期離職者はどこに転職したのか？

1 問題の所在

　早期離職に関する研究は多く行われてきたが，従来は学生の志向性などの個人要因や卒業時の不況など景気要因の検証が主であった（黒澤・玄田 2001，太田ほか 2007，近藤 2008）。そこでは，個人要因より就職時の不況が問題であり，不況期の就職活動を余儀なくされた者ほど就職先の制限からミスマッチが多く発生し，離職率も高くなることが共通して指摘された。これら研究により若年者の高い離職率を個人の属性や景気の側面から説明する議論については，ほぼ確定的な結論が得られていると思われる。

　しかし，図1のように平成17（2005）～平成19（2007）年の好況期に大学を卒業した者においても3年内離職率はほぼ3割を維持し，平成6（1996）年以前とは様子が異なっている。雇用動向調査からも図2のように20～24歳の特に若い層の離職率は極端に高いままであり，若年早期離職率が高止まっている背景には景気や個人属性以外の要因も大きいのではないか[1]。

　というのも2013年5月「ブラック企業」と指摘される問題が国会（参議院予算委員会）でもとり上げられ，近年では労働者個人や景気の側面だけでなく，就職先の職場と早期離職との関係も注目されている。2000年前後においては，若年者の早期離職は訓練投資が回収できないという企業側の不利益を問題視して議論されてきた感があった。このため労働者側の要因や景気環境要因が着目され，企業側の要因はあまり分析されなかった。しかし今野・川村（2011）が指摘するように，一部の新興産業では戦略的な企業行動の結果として早期離職が常態化しており，むしろ企業側の利益に繋がっているという議論も出始め，企業属性別の早期離職率の比較も着目されつつある。

図1 大卒者の卒業年別3年内離職率の推移

新規学卒就職者の在職期間別離職率の推移

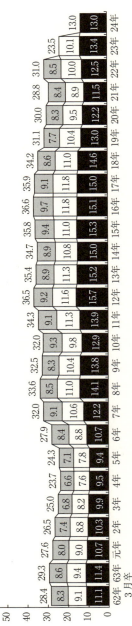

注：事業所からハローワークに対して、新規学卒者として雇用保険の加入届が提出された新規被保険者資格取得者資格取得者の生年月日、資格取得理由から各学歴ごとに新規学校卒業者と推定される就職者数を算出し、更にその離職日から離職者数・離職率を算出している。
3年目までの離職率は、四捨五入の関係で1年目、2年目、3年目の離職率の合計と一致しないことがある。
出所：「厚生労働省 http://www.mhlw.go.jp/topics/2010/01/tp0127-2/dl/24-02.pdf」

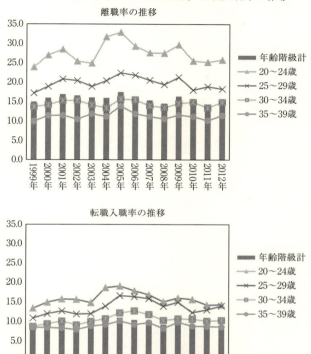

図2 雇用動向調査による離職率,転職入職率の推移

※19歳以下,40〜44歳,45〜49歳,50〜54歳,55〜59歳,60〜64歳,65歳以上は掲載していない
出所:「雇用動向調査 年次別推移 年次 2012」より筆者作成。

　例えば産業や規模については,2012年10月31日に厚生労働省,「新規学卒者の離職状況に関する資料一覧」(http://www.mhlw.go.jp/topics/2010/01/tp0127-2/24.html)が公表され,高卒,短大卒,大卒者の卒業3年後の産業・規模別の離職率が公にされた。これを見ると,大卒者の3年後の離職率は,飲食・宿泊サービス業,生活関連サービス業,教育・学習支援業などの産業や30人未満規模の企業では,いずれの卒業年度においても4割を超えており,特に早期離職率が高いことを確認できる。
　ただし,上記の分析は単純集計にとどまり,各産業・規模の労働者属性が

コントロールされてはいない。またこちらの集計は，雇用保険加入の届けが提出された労働者のみが集計対象となっており[2]，一部産業では結果の解釈が難しいものとなっている。例えば，教員共済などの加入者については集計対象から除かれるため，教育・学習支援業では共済に加入していない臨時職員などの構成比が多くなっている恐れもある。

そこで本章では，大卒者の就職先と継続状況に関する調査データを計量分析することで，個人属性も考慮したうえで，産業・規模と早期離職の関係について検討する。詳細は後述するが，用いるデータは同時期に卒業した新規大卒者のデータであり，同一人物についての約2年後の離職状況が確認できるものとなっている。雇用保険の種別による制限などはなく，このデータを用いることで，より厳密な比較が可能であると考える。またこのデータは，転職が行われた場合には転職先の産業や企業規模を追えるという利点もある。これまでの研究では，若年離職者が離職後にどの産業や規模の会社に移動しているのかという点はほとんど分析されていない。新卒時に離職しやすい産業や規模の会社に就職してしまったとしても，転職市場によって挽回できるのであればよいが，やはり離職率の高い産業や規模の企業にしか転職できないのなら問題であろう。

そこで本章では，産業や規模別の離職率の違いについて検討するだけでなく，そこからどの産業やどの程度の規模の企業に移りやすいのかについても検討を加える。また，産業や企業規模で早期離職や早期離転職者の受入状況が異なっているならば，その違いはなぜ発生しているかについても考察していきたい。永野（2012）はインタビュー調査によって，新卒採用を重視する企業が多い一方で，中途採用に力を入れている企業も別途存在することを示し，企業間で人材確保のタイミングが異なっていることを指摘している。中途採用が重視される企業では，新卒者を一括採用し長期的に育成する，いわゆる「日本型雇用システム」とは異なる雇用システムが採られている可能性も推察される。産業や規模によって雇用システムの特徴が異なり，それにより早期離職や中途採用の程度が異なっているなら，やはり早期離職者の転職先も，そもそも離職が発生しやすいシステムを運用しているかもしれない。

このような企業属性と早期離職，中途採用との関係を考えることは，これ

まで豊富な研究蓄積がある若年者の早期離職要因を考える文脈において重要であるとともに，近年社会問題化している「ブラック企業」問題にも一定の知見を与えるかもしれない。これまで「ブラック企業」を題材にし，綿密なデータ分析がなされた例は立道（2012）くらいである。立道（2012）は，主に濱口（2013）が指摘する「見返りのない滅私奉公」[3]仮説によるブラック企業の特徴を検証しているが，「見返りのない滅私奉公」仮説とは別のメカニズムによっても，当該問題が大きくなっているという指摘もある。今野・川村（2011）が指摘する一部の産業や新興ベンチャーなどで発生しやすい「選別型」，「使い切り型」，「職場統治不全型」[4]のブラック企業問題であるが，これら主張がデータから示唆されるような分析例はない。いまだ明確な定義に関する議論も少ない当該問題において，数少ない問題発生仮説に沿ったデータの確認は重要であろう。

　以下第2節では，若年早期離職や産業・規模要因が離職に与える影響についての先行研究を整理する。第3節では本章の分析に用いるデータの概要や分析手続きを述べる。第4節では分析結果を示し，続く第5節で分析結果を整理し，産業，企業規模ごとに離職などに違いが生じる理由についての解釈を加える。最後に，第6節で議論を整理し，現状の若年労働者支援に関する課題と提言を考察したい。

2　先行研究

(1) 若年者の早期離職について

　若年者の早期離職の要因を探る研究蓄積は豊富である。しかし，その多くは企業側要因に着目するのではなく，個人や就職時の景気要因に関心があるものとなっている。

　黒澤・玄田（2001）では，90年代後半以後，若年者の早期離職率が高まっている状況を受け，離職率の高まりが，近年の若者の意識の変化によるものか，その他の要因によるものかが分析されている。ここでは若年者の職業観は変化していない中で，卒業時の景気が悪かったことが若年正社員の早

期離職に繋がっていると指摘している。また，大竹・猪木（1997）は学卒後の勤続期間の分析により，バブル期に比べて不況期に入社した者の勤続期間が統計的有意に短くなること，太田ほか（2007）や近藤（2008）は不況期に学校を卒業した者ほどその後の就業率が長期的に低いままであることを指摘している。これら一連の先行研究によって，学卒時に不況だったことが早期離職を増やしたと指摘されるようになった。

また，一時期の景気要因だけでなく長期的な経済環境の変化から生じた雇用システムの変化によって，離職が増えていることを示唆する研究も見られるようになってきた。濱秋ほか（2011）は90年代後半以降に終身雇用率の低下や，年功賃金のフラット化が生じており，日本型雇用システムが維持されなくなってきていることを指摘し，このような賃金上昇率の低下によって，若年労働者の転職が増えている可能性を指摘している。

（2）産業・企業規模ごとの離職率の違いについて

産業，規模など企業属性と離職率との関係に着目した先行研究もあるが，これまでの研究では高齢者も含まれた分析となっている。平成14年度版労働経済白書では製造業の離職率が他産業に比べて低いこと，平成21年度版中小企業白書では100名未満企業の離職率が高いことが指摘されている。ただし，これらは基本集計にとどまっており，個人属性等の他要因を考慮した分析や，産業や企業規模ごとの離職率の違いがどのようなメカニズムで発生しているかまでは検討されていない。また，これら分析対象は新卒労働者の離職に限ったものではない。

詳細な分析がなされた例としては樋口（1991）があげられる。ここでは就業構造基本調査を用いて，産業や企業規模ごとに賃金プロファイルの傾きや離職率が異なることが指摘されている。さらに，上記確認事実の発生理由も考察され，産業や規模で技術革新のスピードが異なり，従業員への企業内訓練の重要性にも違いが生じ，賃金プロファイルや離職率も異なってくる可能性が指摘された。ただ樋口（1991）も新卒者に着目したものではなく，中途採用者も含まれているし，分析対象の年齢層も多岐にわたる。若年，新卒者の早期離職問題について産業や企業規模の要因に着目された研究は不足して

いると言えよう。

(3) 若年離職者の転職先について

　最後に，若年離職者のその後の就職先についての先行研究を見ると，前田ほか（2010）では新卒女性について家計経済研究所のパネルデータを用いた分析が行われ，新卒時に正規就業できたとしても一度離職してしまうと再度正規への再就職が難しくなることが指摘されている。佐藤（2009）では新卒男性について慶應義塾家計パネル調査のデータを用いた分析が行われ，学卒後の初職が非正規である場合は，それが正規である者に比べて正規就業への再就職が難しいことが示された。また，佐藤（2009）では学卒時の景気が悪ければ，転職後の勤続も短くなることが明らかにされ，ここからは学卒時の景気が悪ければ，たとえ景気回復後に転職をしたとしても，初職ミスマッチによる不利益を挽回できないことが示唆される。本章では産業や企業規模に着目し，早期離職や転職者の受け入れ状況との関係について分析を行うが，そもそも離職率の低い産業・規模へ就職する入り口が，新卒時に限られ転職入職については閉ざされているならば，たとえ景気回復後に転職をしても，やはり離職率の高い産業や規模の企業に就職せざるを得ないのかもしれない。しかし，新卒早期離職者の再就職先について産業・企業規模に着目した研究は少なく，そのような状況が存在するかどうかは，これまで十分には明らかにされてこなかったと言えよう。

3　データ・分析手法

(1) 分析に用いるデータ

　分析に用いるデータは，法政大学によって実施された2007年11月全国の大学4年生を対象としたインターネット調査（以降，卒業時調査と表記），と同サンプルについてその約2年後の2010年2月に行われたインターネット調査（以降，2年後調査と表記）のデータである。卒業時調査では「学校基本調査」を基に全国の大学生に占める各県の割合を反映させる形で回答者

を収集し，就職活動を行った（又は就職活動中の）大学4年生1851名（男性926名，女性925名）の回答を得た。地域による偏りはなくモニターによる全国規模の調査である。2年後調査は卒業時調査回答者への追跡調査となり，725名の回答を得た。この2回分の調査の回答を同サンプルについて結合させた2時点パネルデータを用いる。

ただし分析では，卒業時調査時点において就職先が決まっており，その産業や企業規模についての回答が確認できるサンプル，かつ，2年後調査における「大学卒業時の4月初めの状況について伺います。あてはまるものをお選びください。1 就職した，2 進学した，3 その他」との質問で「就職した」と回答し，次の「前問で「1. 就職した」と答えた方に質問します。その仕事を現在も続けていますか」との質問に無回答ではない417サンプルを用いている。

また厚生労働省の一般職業紹介状況より，卒業前年時の（2007年4月から2008年3月）都道府県別有効求人倍率の平均値を居住都道府県とマッチさせ景気状況をコントロールする。

分析に用いるサンプルの基本統計量は表1に掲載した。表1を見ると離職ダミーは平均で0.16となっており，約2割の者が学卒後約2年で離職をしていることが確認できる。回答者の自己申告による，卒業大学がいわゆる難関大学かどうかを聞いている「難関大学ダミー」は約25%程度となっている。また，大学時代の成績が「優」以上であった割合を聞いた主観変数は平均で5.8と約6割が優以上となっている。本章の分析対象が，大学を卒業し，スムーズに労働市場に移行できた者を対象としているため，比較的学業優秀者が多くなっているかもしれない[5]。

さらに，各就職先の産業[6]について見てゆくと，製造業が最も多く22%，次いで金融・保険業17%となっている。また就職先企業規模について見てゆくと，1,000～4,999人規模が25%と最も多く，次いで5,000人以上規模が17%と大企業へ就職した者が比較的多い。

(2) 分析の手順

まずは，各産業や企業規模ごとに離職確率が異なるかどうかについて，個

表1 基本統計量

変数名		平均	標準偏差
	離職ダミー	0.16	0.37
	男性ダミー	0.43	0.50
	年齢	24.21	0.69
	難関大学ダミー	0.24	0.43
	成績（優の割合）	5.80	2.29
	第一希望の内定先ダミー	0.56	0.50
卒業年調査時の内定先産業	製造業・建設業	0.22	0.41
	商社・卸売	0.05	0.21
	百貨店・小売店，飲食店	0.04	0.19
	金融・保険業	0.17	0.38
	運輸・通信・電気・ガス・水道	0.04	0.20
	マスコミ・広告・コンサルティング	0.04	0.19
	ソフトウェア・情報処理	0.14	0.35
	教育・保育	0.04	0.19
	医薬，医療・福祉・介護	0.03	0.16
	サービス	0.06	0.25
	公務（学校・病院・福祉施設を除く）	0.06	0.23
	その他・判らない	0.12	0.33
卒業年調査時の内定先企業規模	29人以下	0.03	0.18
	30～99人	0.09	0.28
	100～299人	0.11	0.31
	300～499人	0.11	0.31
	500～999人	0.10	0.30
	1000～4999人	0.25	0.43
	5000人以上	0.17	0.38
	官公庁・学校など，わからない	0.15	0.35
	都道府県別求人倍率	1.14	0.31
	サンプルサイズ	417	

人属性をコントロールした分析を加えてゆく。ここでは離職ダミーを被説明変数とし，個人属性，学卒後の就職先産業，企業規模ダミー変数，都道府県別求人倍率を説明変数としたプロビット分析を行う。なお，説明変数には就職先の企業が第一希望であったかどうかを示すダミー変数も含め，希望企業に就職できたかどうかが離職に影響しているかについても確認していく。

次に，離職をした者に限定し，彼らがどのような産業からどのような産業に転職していったか，どのような規模の企業からどのような規模の企業に転職していったかについてクロス集計を行う。これにより，学卒後の就職で離職率の高い産業や企業規模の企業に就職したとしても，転職によって離職率

の低い産業・規模へ移動しているかどうかを確認するとともに，早期離職者がどの産業・規模の企業に吸収されやすいかについても検討する。

最後に，これら分析の結果から産業・規模ごとの学卒者の離職率の違いや離職者の受け入れ状況の違いについて特徴を整理し，各特徴の違いが発生する原因について検討を加えていきたい。

4 分析結果

(1) 継続・離職に関する就職先の要因

まず離職ダミーについて行ったプロビット分析結果から，産業，企業規模の離職確率への影響について確認していく。分析結果を掲載した表2を見ると，産業では「商社，卸売」[7]，「マスコミ・広告・コンサルティング」[8]，「サービス」ほど離職率が高いことがわかる。また企業規模ダミーを加えた分析においては「百貨店・小売・飲食店」も有意に離職率が高い。

また，企業規模では「29人以下」に有意な正の結果が確認でき，小企業ほど離職率が高くなっていると言えよう。

その他の変数を見ると，個人属性や学業成績などは有意な影響を及ぼしていない。就職先が第1希望であったかどうかについても有意な影響は見られない。学卒後約2年という時点においては，個人属性などの影響よりも就職先の産業や企業規模の影響が離職に影響しやすいことが考えられる。また，都道府県別の景気変数も有意ではない。新卒時の就職活動においては，まだ所帯もなく移動コストが低いために，居住地とは異なる他県への就職が行われやすいからかもしれない。

(2) 離職者の転職先産業・企業規模

次に，早期離職者がどのような産業や規模の企業に転職をしているかを確認する[9]。表3は，転職をした者について新卒就職先の産業・規模と現在の産業・規模とをクロス集計したものである。表3より産業について見ると，離職傾向が高かった「商社・卸売」では同業および製造業に転職し，「マス

表2 離職関数の推計結果（限界効果）

	モデル	プロビット			
	被説明変数	初職離職 (1,0)			
	説明変数	限界効果			
	男性	-0.046 [0.177]	-0.016 [0.171]	-0.018 [0.189]	-0.019 [0.189]
	年齢	0.002 [0.123]	-0.016 [0.121]	-0.005 [0.129]	-0.003 [0.129]
	難関大学	-0.069 [0.198]*	-0.047 [0.200]	-0.06 [0.208]	-0.06 [0.208]
	成績（優の割合）	0.008 [0.036]	0.005 [0.036]	0.006 [0.038]	0.006 [0.038]
	第一希望の内定先ダミー	-0.023 [0.157]	-0.055 [0.159]	-0.04 [0.166]	—
卒業年調査時の内定先産業（参照G：その他）	製造業・建設業	0.115 [0.318]	—	0.121 [0.335]	0.124 [0.332]
	商社・卸売	0.297 [0.409]**	—	0.32 [0.428]**	0.321 [0.425]**
	百貨店・小売店，飲食店	0.205 [0.447]	—	0.226 [0.472]*	0.229 [0.468]*
	金融・保険業	0.013 [0.344]	—	0.055 [0.361]	0.057 [0.358]
	運輸・通信・電気・ガス・水道	0.075 [0.492]	—	0.126 [0.507]	0.135 [0.504]
	マスコミ・広告・コンサルティング	0.512 [0.420]***	—	0.385 [0.442]***	0.393 [0.440]***
	ソフトウェア・情報処理	0.109 [0.346]	—	0.063 [0.370]	0.067 [0.368]
	教育・保育	-0.031 [0.571]	—	-0.053 [0.585]	-0.054 [0.577]
	医薬，医療・福祉・介護	0.012 [0.605]	—	0.029 [0.644]	0.023 [0.632]
	サービス	0.379 [0.373]***	—	0.355 [0.383]***	0.371 [0.378]***
	公務（学校・病院・福祉施設を除く）	0.118 [0.435]	—	0.176 [0.447]	0.172 [0.442]
卒業年調査時の内定先企業規模（参照G：官公庁・学校など，わからない）	29人以下	—	0.301 [0.401]**	0.265 [0.429]**	0.24 [0.426]*
	30～99人	—	0.191 [0.297]**	0.125 [0.327]	0.109 [0.322]
	100～299人	—	0.041 [0.290]	0.026 [0.318]	0.022 [0.317]
	300～499人	—	0.067 [0.288]	0.04 [0.318]	0.035 [0.317]
	500～999人	—	-0.079 [0.350]	-0.093 [0.382]	-0.098 [0.383]
	1000～4999人	—	-0.039 [0.261]	-0.047 [0.281]	-0.048 [0.279]
	5000人以上	—	-0.099 [0.322]*	-0.093 [0.343]	-0.095 [0.341]*
	都道府県別求人倍率（2007年4月から2008年3月の平均）	0.036 [0.259]	0.071 [0.255]	0.054 [0.269]	0.054 [0.268]
	サンプルサイズ	417	417	417	417
	擬似決定係数	0.101	0.093	0.156	0.152

注：1) [ ] 内の値は標準誤差を表す。
　　2) ***は1％水準，**は5％水準，*は10％水準で有意であることを示す。

コミ・広告・コンサルティング」は主にサービス業に,「サービス」は金融・保険,サービス,百貨店・小売店・飲食店に転職している。特に同産業への転職が多いわけではなく,他産業への転職も行われている様子である。

転職先の産業を起点に転職以前の産業について着目すると,サービス業へ転職した者の前職産業は,製造業・建設業,商社・卸売,金融・保険など非常に多くの産業が確認できる。また,サービス業は転職者全体の25.5%を受け入れており,前職の産業に関わらず,離職者の受け入れ先の中心となっている。一方で「マスコミ・広告・コンサルティング」は転職者の受入は全く確認できず[10],「公務」も同業以外からの転職者はいない。さらに,「サービス」,「百貨店,小売店,飲食店」以外の産業の受入率はいずれも10%を下回り,早期離職者の受け入れはサービス業など一部が主である様子が確認できる[11]。

次に,表3のうち規模について見る。ここでは離職前と離職後の企業規模が同じ場合,表中の対角線上のセルに配置される。この対角線より上のセルに数値が入ることは,以前よりも規模の大きい企業に,下のセルに数値が入ることは,以前よりも小規模企業に転職したことを意味する。全体的な傾向を見ると後者が多く,より小規模企業への転職が多くなっていることがわかる。具体的には,離職確率を高めていた「29人以下」規模企業からの転職者は,やはり同規模の29人以下の企業に多くが転職して行っている。またその他の企業規模についても,より規模の大きい企業へ転職していった者はほとんど確認できない。特に転職者全体の23.5%が「29人以下」へ,25.5%が「30〜99人」へ転職しており,合わせて49%と約半数もの転職者が99人以下の企業に吸収されている。早期離職者の転職先は,小規模方向への一方通行となっている[12]。

表3 離職者の離職前後の産業と企業規模

離職率と離職後転職先の産業	離職率	製造業・建設業	商社・卸売	百貨店・小売店・飲食店	金融・保険業	運輸・通信・電気・ガス・水道	マスコミ・広告・コンサルティング	ソフトウェア・情報処理	教育・保育	医薬・医療・福祉・介護	サービス	公務(学校・病院・福祉施設を除く)	その他
卒業後の就職先産業													
製造業・建設業	13.6	8.3	16.7	33.3	–	–	–	–	–	16.7	25.0	–	–
商社・卸売	18.8	66.7	33.3	–	–	–	–	–	–	–	–	–	–
百貨店・小売店・飲食店	20.0	–	33.3	–	–	–	–	–	33.3	–	33.3	–	–
金融・保険業	7.1	–	–	–	20.0	–	–	–	20.0	20.0	20.0	–	–
運輸・通信・電気・ガス・水道	11.8	–	–	–	–	40.0	–	–	–	–	100.0	–	–
マスコミ・広告・コンサルティング	46.7	14.3	14.3	–	–	14.3	–	14.3	–	–	42.9	–	–
ソフトウェア・情報処理	7.4	–	–	–	100.0	–	–	100.0	–	–	–	–	–
教育・保育	6.3	–	–	–	–	–	–	–	–	–	–	–	–
医薬・医療・福祉・介護	9.1	–	–	–	–	–	–	–	–	–	100.0	–	–
サービス	29.2	–	28.6	28.6	42.9	–	–	–	–	–	28.6	100.0	–
公務(学校・病院・福祉施設を除く)	8.7	–	–	–	–	–	–	–	–	–	–	–	–
その他	8.0	–	25.0	25.0	–	50.0	–	–	–	25.0	–	–	–
Total	12.8	7.8	9.8	13.7	9.8	9.8	–	9.8	3.9	5.9	25.5	3.9	–

離職率と離職後転職先の企業規模	離職率	29人以下	30〜99人	100〜299人	300〜499人	500〜999人	1000〜4999人	5000人以上	官公庁・学校など、わからない
卒業後の就職先企業規模									
29人以下	38.5	60.0	40.0	–	–	–	–	–	–
30〜99人	25.8	37.5	37.5	–	–	12.5	–	12.5	–
100〜299人	18.2	12.5	25.0	50.0	–	–	12.5	–	–
300〜499人	17.1	28.6	14.3	28.6	–	–	–	–	28.6
500〜999人	7.1	66.7	–	11.1	–	33.3	–	–	–
1000〜4999人	9.0	–	44.4	–	33.3	–	33.3	22.2	22.2
5000人以上	4.3	12.5	33.3	–	25.0	37.5	–	–	–
官公庁・学校など、わからない	13.8	12.5	–	–	–	–	–	25.0	–
Total	12.8	23.5	25.5	13.7	5.9	9.8	3.9	5.9	11.8

注：表中の離職率以外は行の合計に対する割合。

5　分析の整理と拡張

(1) 産業ごとの特徴の違い

　これまでの分析結果をまずは産業について整理する。若年者の属性をコントロールしても離職率の高い産業は「商社・卸売」、「マスコミ・広告・コンサルティング」、「サービス」業であった。一方で「金融・保険業」、「教育・保育」などの離職率は低かった。

　また、新卒早期離職者の受入が最も多い産業は「サービス」であり、次いで「百貨店、小売店、飲食店」であった。一方で上記2つの産業以外では受入率はいずれも10%を下回り、離職率の低かった産業では総じて受入率も低くなっていた。ただし、「マスコミ・広告・コンサルティング」は離職率が高い一方で、転職受け入れがないという特異な位置づけとなっている。

　これら産業ごとの離職率や転職受入状況の違いを整理すると、大きく3つの特徴に分かれる。第1に離職率も転職受入率も低い教育・保育や製造、金融・保険などの産業であり、第2に離職率も転職受入率も高いサービス業などであり、第3に離職率は高いにもかかわらず、転職受け入れが少ないマスコミなどの産業である。

　では、以上のような特徴の違いはどのような理由によって現れているのだろうか。新卒就職先の第1希望度は離職に有意な影響を持っていなかったので、学生の希望とのミスマッチが直接的な原因ではなく、企業側の要因が産業ごとに異なるものと推察される。だが学生からの人気が異なり、求職者の集めやすさに違いがあるならば、それよって採用や雇用のシステムなど企業側の要因が異なる可能性はあろう。そこで以下では追加的な分析として、産業・規模別に新卒求職者からの希望度の違いを確認する。

　次の図3では、産業ごとに第1希望度の違いを集計した。また、図4は2008年時点の調査においてまだ就職活動を継続している者の第1希望業界を示したものである。図3を見ると、内定先の第1希望度は「医薬、医療・福祉・介護」が最も高いが、これはそもそも当該業界への就職のためには、

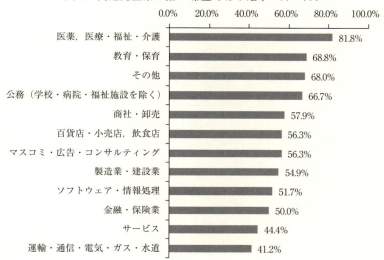

図3 内定先企業が第1希望である確率　N=417

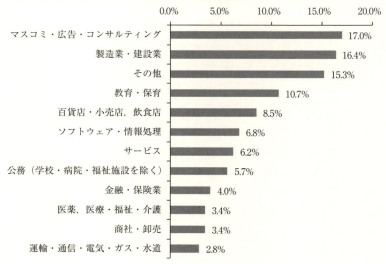

図4 卒業時調査時点における就職活動継続者の第1希望の業界　N=177

関連する教育機関での学習が必要だからであろう。医療関連産業以外では多くの産業で第1希望度は，5割〜6割程度となっている。しかし「運輸・通信・電気・ガス・水道」と「サービス」のみ40％程度と低くなっている。また図4より，就職活動継続者の希望業界は「マスコミ・広告・コンサルティング」が最も高く，次いで「製造業・建設業」，「その他」，「教育・保育」と続いている。それ以外の産業は10％未満であり，一部の産業に人気が突出している様子が見られる。佐藤ほか（2010）では「マスコミ」は学生からの志望度が特に高いものの就職が難しいため，途中で希望する業界を変えることで，就職活動を成功させた者が少なくないことを明らかにしているが，本章のデータからも似た様子が見てとれる。

　これら特徴から，先の3分類ごとに採用・雇用システムが異なっているという予測が成り立つ。まず第1群である離職率，受入率ともに低い産業では学生からの人気も高い。このような産業では新卒採用時点で優秀な学生を厳選して確保し，彼等を長期的に育成するといった「伝統的な日本型雇用システム」の特色が強い可能性が考えられる。

　次に，第2群である離職や転職受入も多い産業では，学生からの人気はあまり高くない。ここでは因果関係の方向性によって2つの状況が考えられる。まずは人気が低い産業であるために学生を厳選できないため，新卒採用者を長期育成する投資効果が低く，新卒採用者の定着化を図るよりも，中途での即戦力人材の活用が活発になっている可能性が考えられる。もう一方では，当該産業における業務の特性として，そもそも人材を長期育成するメリットが少ないか，若年人材の確保自体が重要であるために，若年離職や若年者の中途採用が頻繁になり，この事実によって学生からの人気が低くなっている可能性も考えられる。ただし，どちらの経路にしてもいわゆる「伝統的な日本型雇用システム」とは対照的であり，今野・川村（2011）が使い切り型企業と指摘するような「門戸開放・使い切り型」の採用・雇用システムが採られることになっているのではないか。

　続いて第3群としてあげられる，離職は多いが，中途採用を行わない「マスコミ・広告・コンサルティング」業は学生からの人気は非常に高い。ここでは多くの優秀な学生を新卒市場で集められるため，採用後のふるい落とし

選抜も可能になると考えられる。また，当該産業ほど採用時において学生とのマッチングの質を見極めることが難しいならば，新卒採用時に優秀と思われる学生を確保したとしても，その真偽は彼らを実際に働かせた後にしか判明しない。そこで，まず第1に優秀と思われる学生を多めに新卒採用時に確保し，続いて彼らの入社後の働きぶりによって第2のふるい分け[13]をするのかもしれない。このような今野・川村（2011）が選別型企業と指摘するような「ふるい落とし選抜型」のシステムが採られているのであれば，離職率は高くとも中途採用で補充する必要はないという状態が見られるであろう。

（2）企業規模ごとの特徴の違い

次に，企業規模についての分析結果を整理していく。離職については小企業ほど個人属性をコントロールしても有意に離職確率が高かった。また，離職者の受け入れ先としても特に99人未満の中小企業がその中心的な役割を担っていた。

ここでは離職率が高いにもかかわらず，中途採用を行っていないという企業群は見られず，大きく2つの特徴に分かれる。第1に離職も転職受入も少ない大企業群と，第2に離職も転職受入も多い中小企業群である。

これら企業規模による2群にも，産業ごとにみられたような学生からの人気の違いがみられるのだろうか。ただし，本章で用いる質問票データでは，就職活動先としての企業規模の希望は問われていない。そのため，ここでは内定先の第1希望率を規模ごとに確認してゆく。集計結果である図5を見ると，小企業の第1希望率は大企業のそれよりもむしろ高くなっている。この特徴は文理別，出身大学の難易度別でも変わらない。一般には，大卒者の新卒採用市場の求人倍率は大企業よりも小企業で高いことが指摘され[14]，小企業ほど希望度は低いものと予想されるが，ここではむしろ逆の傾向が見られる。第1希望か否かは主観変数であるため学生個々の感じ方などデータに現れない個々の特性の影響も加わっていることが考えられる。また企業規模の希望が把握できたならば，異なった特徴が示される可能性はある。

ただし，新卒市場の企業規模別求人倍率からも，また一般に指摘される中小企業の新卒採用の難しさからも，大企業ほど優秀な学生を集めやすく，厳

図5 企業規模ごとの内定先企業が第一希望である確率 N=417

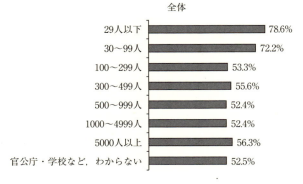

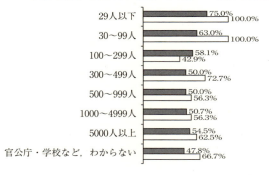

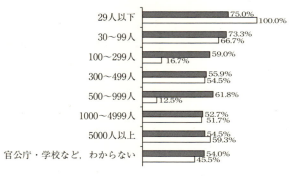

選した選抜が行われやすいと考えるほうが現実的であろう。やはり大企業ほど「伝統的な日本型雇用システム」が採られていると思われる。一方で，就職時点では第1希望であったが，その後の離職率が高いということは，小企業ほど採用時の情報伝達に誤りがあるか，そもそも職場の特性として離職が起きやすいという特徴があると考えられる。中途採用も多いことを考えると，小企業では「門戸開放・使い切り型」の雇用システムが採られているのかもしれないし，採用時の情報伝達の誤りやその後のマネジメントにおいてなんらかの統治不全が起きているかもしれないと考えるのは，それぞれの離職や中途採用の特徴とも合致する。

　また，大企業では「伝統的な日本型雇用システム」が採られ，中小企業ではそうではない雇用システムが採られやすいことは，人的資本の蓄積状況が異なることにも起因すると考えられる。樋口（1991）が指摘するように，中小企業ほど企業特殊的技能の重要性が低く，それらが蓄積されにくいなら，そこでは中途採用の利用は活発であり，反対に企業特殊的技能の蓄積を重視する大企業では新卒採用のみで採用が完結されやすいと考えられる。図6は賃金構造基本統計調査のデータを企業規模別に勤続年数と年収との関係を集計したものであるが，大企業ほど年収プロファイルの傾きが大きく，小企業ほどなだらかであることがわかる。

　これらの違いは，大企業ほど技能蓄積が大きく小企業ほど少ないことが背景にあると考えられる。企業特殊的技能の蓄積を重視する大企業では「伝統的な日本型雇用システム」が採られ，長期雇用保障の代わりに従業員に企業特殊的な技能蓄積を求める。この結果，いわゆる後払い賃金と呼ばれる年功的賃金カーブを描く。一方で中小企業では一般的技能の高まりによって生産性を高めてゆくしかなく，企業特殊的な技能の蓄積は賃金に繋がらないのではないか。そのためいわゆる後払い賃金は成立せず，賃金カーブもなだらかで離職も中途採用も多くなる。

　そうであれば，中小企業就職促進政策についても一つの懸念が想起される。現在，経済産業省などを中心とした「中小企業若年者雇用環境整備推進事業」のように，近年なかなか就職できない多くの学生と，需要がありながらもなかなか学生の採用が難しい中小企業を結びつけようとするさまざまな政

策が行われている。しかし中小企業に就職したとしても，賃金は高まらず離職も頻繁であり，またその後の転職先もやはりそのような中小企業に限られてしまうのであれば，問題の本質は解決されない。一連の政策では「ドリームワークスタイル・プロジェクト」[15]のように優良な中小企業を選定したうえで，そこへ学生を就職させようとする方向づけもなされる。しかし選定の

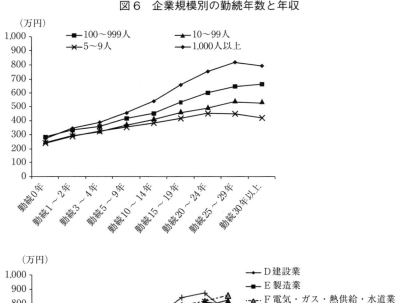

図6　企業規模別の勤続年数と年収

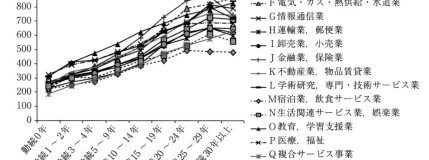

出所：「賃金構造基本統計調査」より筆者作成。

視点は企業の成長性であり，離職状況や人的資本の高まりなどの視点はない。就職後に安定して勤務できるのかどうか，また人的資本を蓄積できる雇用システムになっているかどうかという視点も，優良企業の選定に際しては重要ではないだろうか。

　産業ごとの賃金カーブも同様な指摘ができ，「伝統的日本型雇用システム」と考えられる金融業や製造業では勤続とともに収入が高まる一方で，「門戸開放・使い切り型」と考えられる宿泊・飲食サービス業や生活関連サービスなどでは賃金カーブの傾きは小さい。「ふるい落とし・選抜型」と考えられる情報通信業については賃金カーブの傾きは大きいが，「伝統的日本型雇用システム」とは異なり，サバイバルに残った特に優秀な者のみが長期勤続者のデータとして集計に現れているかもしれない。ただし，そうであっても「ふるい落とし選抜型」はリスクも高いものの，リターンも高いとも言える。高い離職率の中で長期勤続を経ても収入が高まりにくい，「門戸開放・使い切り型」に比べれば「ふるい落とし選抜型」も学生にとっては魅力的に見えるかもしれない。

6　結　論

　本章の分析結果によって明らかになった点を整理すると，まず第1に，商社・卸売，小売などの流通業やサービス業，マスコミ・広告・コンサルティング業などへ就職した場合，また小企業へ就職した場合では個人属性や経済環境の違いを考慮しても離職確率が高かったことである。

　第2に，離職後の転職者の受け入れ先としては離職率の高かったサービス業や小企業が中心であり，離職しやすい産業や企業規模からの転職を図っても，やはり離職しやすい産業や規模の企業がその転職先になりやすい様子が確認できた。また，マスコミ・広告・コンサルティングでは離職は高いにもかかわらず，転職者の受け入れはなかった。

　第3に，離職率の低かった産業やマスコミ・広告・コンサルティングは学生からの人気が比較的高く，サービス業は低かった。また，就職先の第1希

望度は離職に有意な影響を及ぼしていなかった。

これらの事実から産業や規模で雇用システムが異なり，それが若年者の早期離職やその後の転職先に影響していると推察される。まず産業では表4のように大きく3タイプに分かれ，「伝統的な日本型雇用システム」，「門戸開放・使い切り型」，「ふるい落とし選抜型」の雇用システムが採られている。「伝統的な日本型雇用システム」が採られる教育，金融，製造業などでは，離職も少ないが中途採用による途中参入は難しい。サービス業で主に見られる「門戸開放・使い切り型」では，就職はしやすいが，その後の離職確率も高くなる。「ふるい落とし選抜型」はマスコミ関連産業のみで見られ，入社だけではなく入社後の生き残りも厳しく，サバイバルの状況が続く。また，企業規模では大きく2タイプ「伝統的な日本型雇用システム」の大企業と，「門戸開放・使い切り型」の小企業のみが見られた。

表4　離・転職率の特徴による産業，規模分類

産業，企業規模		離職率	転職受入率	雇用システム
産業	教育・保育	低い	低い	「伝統的な日本型雇用システム」
	金融・保険業			
	ソフトウェア・情報処理			
	その他			
	公務（学校・病院・福祉施設を除く）			
	医薬，医療・福祉・介護			
	運輸・通信・電気・ガス・水道			
	製造業・建設業			
	商社・卸売	高い	やや高い	
	百貨店・小売店，飲食店			
	サービス		高い	「門戸開放・使い切り型」
	マスコミ・広告・コンサルティング		低い	「ふるい落とし選抜型」
企業規模	29人以下	高い	高い	「門戸開放・使い切り型」
	30〜99人	やや高い		
	100〜299人			
	300〜499人	低い	低い	「伝統的な日本型雇用システム」
	500〜999人			
	1000〜4999人			
	5000人以上			

ただし，これらの分類パターンはあくまで分析結果を解釈したものであり，実際に産業ごとに雇用システムを調査したわけではないことには留意を要する。今後の課題として，産業ごとの雇用システムの特徴の違いについて直接的な検証を行うことや，それら雇用システムと離職や中途採用の状況との結びつきを直接的に検証することも重要であろう。

　ただ，離職が多い雇用システムの具体像について示唆が得られる報告も蓄積されつつある。例えば，今野・川村（2011）によれば，「門戸開放・使い切り型」の以下のようなシステムが推察される。例えば小売や外食チェーンでは小型店舗ごと，ITやコンサルティング業ではプロジェクト単位ごとなど，組織を細かな単位に分割することで，一見それぞれの組織が裁量を持ち運営されているような体制が作られる。しかし，同時にそれぞれの組織における業務についても細分化し，遂行方法について細かくマニュアル化し定めていく。上記のような組織体制を利用し，それぞれの組織の監督者の責任として営業や労務管理など運営面が個人請負業者のようにアウトソースされていくが，マニュアルやさまざまな規定が存在することで，監督者の裁量で成果目標を下方修正したり仕事量を減らしたり，仕事の方法を工夫することなどはできない。その結果，成果をあげるには長時間労働など労働量に頼るほかはなく，また他組織との競争を強いられ，責任者は長時間労働や休みが取れない状況に追いやられる。また，彼らが体調を壊すなどで離職したとしても業務遂行方法が細かくマニュアル化し「単純化・部品化」してあるので，すぐに別の労働者によって切り替えが効くようになっている。

　さらに，連合総研の「第26回勤労者の仕事と暮らしについてのアンケート調査報告書P16～P27」も重要な情報を提供している。そこでは

- 小規模企業で働く労働者ほど職場になんらかの違法状態があると感じていること（P16）
- 職場の違法状態については，払われるべき残業代が払われないとの回答が最も多いこと（P16）
- 不払い残業をした者うち，約6割が自身で，約2割が上司からの調整で行っていること（P27）
- 「卸・小売，飲食・宿泊業」の労働者ほど勤め先をブラック企業と認識

する割合が高いこと（P 20）
- 60時間を超えるなど残業時間が長いほど職場を「ブラック企業」と認識していること（P 21）
- 若年者ほど自身の就業企業をブラック企業と認識していること（P 20）
- 若者ほど違法状態があっても労働基準監督署など外部組織に相談をしていないこと（P 18）[16]

などが報告されている。残業代を支払わずに長時間労働をさせ、長時間労働や残業の不払いについて訴えられるリスクの少ない若者によって運用するというシステムが存在しうることが示唆される。

　加えて、本章の分析から得られたタイプ別の特徴は、濱口（2013）が述べるブラック企業の特徴とも矛盾しない。というのも「伝統的な日本型雇用システム」が採られていると考えられる、大企業や大手製造業などでも近年は早期退職制度の一般化など選抜の傾向が見られる。濱口（2013）は、元来「伝統的な日本型雇用システム」が採られていた企業で年功制や雇用保障などの見返りのみが失われることで、「見返りなき滅私奉公」が発生し、ブラック企業問題に繋がっていると指摘している。要するに「伝統的な日本型雇用システム」を採っていた企業の中で「ふるい落とし選抜型」へと変化する企業が出てきていると考えられるのである。このような濱口（2013）や今野・川村（2011）のブラック企業発生仮説を本章の分析結果から得られたタイプ別の特徴によって整理すると、ブラック企業問題[17]についても以下図7のような整理ができるのではないか。

　高度、安定経済成長期に多くの労働者を吸収していた大手製造業や金融業などでは「伝統的な日本型雇用システム」が最も効率的かつ持続可能であり、社会全体としても「伝統的な日本型雇用システム」が主であった。しかし、濱秋ほか（2011）が指摘するように90年代のバブル崩壊以降、大手製造業や金融業などにおいても「伝統的な日本型雇用システム」の持続的な運用が難しくなれば、全従業員に対する雇用保障は失われ、一部の優秀な者のみを組織に残すようになる。このような「伝統的な日本型雇用システム」から「ふるい落とし・選抜型」への変化組では、暗黙な後払い賃金契約が結ばれていたにもかかわらず、それが履行されず若年時の滅私奉公による対価が回

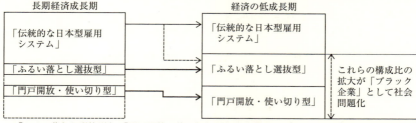

図7 「ふるい落とし選抜型」・「門戸開放・使い切り型」の相対的増加とブラック企業

収できない「見返りなき滅私奉公」という事態に陥る。

　同時に，大手製造業などに代わってサービスやコンサルティングなどの産業分野が成長し，多くの労働者を雇用するようになってゆく。これら産業ではそもそも離職率が高く，長期安定的に働ける「伝統的な日本型雇用システム」が採られているわけではない。要するに，これら産業分野の拡大によっても，社会全体として長期安定的に働ける職場が減少し，「ブラック企業」問題が指摘されるようになってきたのではないか。中でも特に「門戸開放・使い切り型」企業の拡大は重要であろう。というのも，図8より「学校基本調査」における大卒者の就職先の産業・職業を見ると，製造業への就職が減ってきている中で，サービス業やサービス職への就職が非常に増えてきている。また，卸・小売・飲食店や販売職への就職も2000年以降若干の減少も見られるが，80年代以前と比べると1990年代以降は非常に多くなっている。

　なお，一部の人気産業に限られるであろう「ふるい落とし・選抜型」の影響は限定的であることが予想されるし，「伝統的な日本型雇用システム」から「ふるい落とし・選抜型」への変化組については，若年者より中堅以上の層への影響が大きいのだろう。そもそも後払い賃金制度であるならば，若年労働のコストパフォーマンスはむしろ良いはずであり，若年者を早期離職に向かわせるメリットは少ない。就職先の特性が急激に変化する中，大卒若年者の離職が増えている背景に限って考えるならば，「門戸開放・使い切り型」

第8章　早期離職者はどこに転職したのか？　195

図8 大卒者の就職先に占める産業,職業の構成比の推移

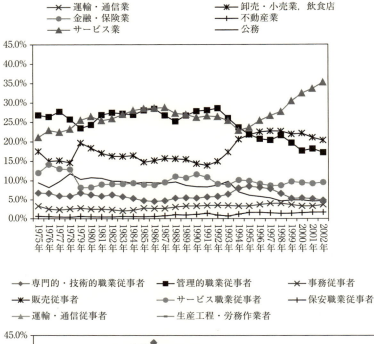

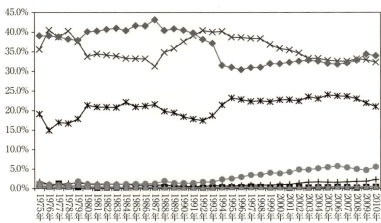

注:産業のうち「農業・林業,漁業,鉱業,上記以外のもの」職業のうち「農林漁業作業者,上記以外のもの」の構成比は省略している。
出所:「学校基本調査」より筆者作成。

企業の拡大が重要であるのかもしれない。ただし，実際にこれら複数の要因のどちらがより重要であったかを計測することは，直接雇用システムの状況と離職率との関係を見てゆくこととともに今後の課題となろう。

本章の最後に，若年者の早期離職問題に対する政策的な含意を検討してみたい。まず第1に，若年労働者への能力形成支援やキャリア支援の拡充が考えられる。離職率の高い産業や規模の企業が本当に第一希望であるならば，その後のキャリアについても計画を立てたうえで就職する必要があろう。このような職場では企業特殊技能の蓄積は期待できず，就職後も自主学習を継続し一般的技能を高め，時には外部労働市場も活用しながら安定的な雇用確保や収入の上昇を図っていくことが重要になると考えられる。このような労働者には，企業負担の教育が受けられないため政策的な自己啓発の支援・機会の提供が重要だが，同時に学習時間の確保も必要である。長時間労働のために企業外における学習ができないなら，いくら支援や機会を提供しても活かされない。能力形成やキャリア支援については，近年注目されている「勤務時間インターバル制度」のような取り組みとセットで行うことが重要になると考えられる。

第2に，就職活動時や転職時の情報整備や提供の拡充も重要だろう。特に初職の就職はその後のキャリアを決定づけるほど重要であり，今のように「実態は働いてみなければ分からない」という状況ではミスマッチによる社会的なコストは大きい。特に離転職や人的資本形成に深く関わる雇用システムの特徴がきちんと判断できるような情報の提供が求められる。なぜなら，「ふるい落とし選抜型」や「門戸開放・使い切り型」の企業では採用面接や企業説明会に出てくる当該社員はサバイバルに打ち勝った特に優秀な者や使い切る側である可能性があり，このような一部分のみを見て企業そのものを判断してしまいかねない。企業幹部や幹部候補者などの高額給与や高待遇の裏にはより多くの脱落者がいるかもしれず，見せかけの後払い賃金制度になっている可能性がある。また，そもそも長期雇用関係を望まない「門戸開放・使い切り型」であれば，ミスマッチにより離職されても企業側の不利益は少なく，企業側から発信される情報にはそもそも実態との乖離が大きく存在している可能性もある。他方で，「門戸開放・使い切り型」や「ふるい落

とし選抜型」が多く存在する産業や企業群の中でも「伝統的な日本型雇用システム」が採られている企業もあろう。

　このような就職活動時や転職時の情報整備のためには，企業が求人を出す際に，求人票に付随していくつかの情報項目の開示を義務づけること，またその情報が実態を反映しているかのチェックが必要になるかもしれない。例えば離職率であるが，現状では求人企業による自発的な情報開示が求められるにとどまるが，企業が求人を出す際には広告や職業紹介機関など第三者機関を介することが多いため，そのような機関による情報提供や情報のチェックを委任することも必要であるかもしれない。加えて，労働時間や賃金カーブ，昇進状況などのような雇用システムに関わる離職率以外の情報も流通させていくことが重要であろう。またそのような情報開示が難しくとも，キャリア教育などにより，さまざまな情報ソースから自主的に雇用システムを判断できるような能力の付与も重要になると言えよう[18]。

注
1) 一方で転職入職率については年齢層間での差は離職率ほど大きくはなく，特に20〜24歳と25〜29歳層との違いは見られなくなっている。若年であるほど転職しているわけでもなく，若年時の早期離職はその後のキャリア形成についても問題を与えるのではないか。
2) 集計対象条件の詳細は，「事業所からハローワークに対して，新規学卒として雇用保険加入の届けが提出された者の生年月日，加入日等から各学歴ごとに新規学校卒業者と推定される就職者数を算出し，更にその離職日から離職者数・離職率を算出。また，ここでの事業所とは，ハローワークに対して雇用保険適用事業所設置届を提出している事業所を指す」となっている。
3) 濱口 (2013) では，「ブラック企業問題」が発生した一因について以下のような指摘をする。従来から日本の雇用慣行の下では労働時間も長く，組織拘束性も強い「滅私奉公」のような働き方が成立していた。しかし，これまでは長期雇用保障や年功による収入増などの見返りも大きく，問題にはならなかった。しかし近年，日本型雇用慣行が採られている企業においても長期雇用保障や年功制の特徴が弱まるなかで，長時間労働や拘束性の強さだけは変わらず，問題視されるようになってきたという。
4) 今野・川村 (2011) によると，ブラック企業には「選別型」・「使い切り型」・「職場統治不全型」の大きく3つの特徴があり，そもそも日本型雇用慣行が採られていない一部の産業や新興産業で，これら特徴が多くみられるという。本章の分析によって一部の産業や企業規模で，大量の早期離職と中途採用が同時発生しているような特徴が見られたならば，そのような産業・規模では「使い切り型」，「職場統治不全型」の企業が多いのかもしれない。また別の産業や規模で，離職は多くても中途採用は少ない特徴が見られたならば，選抜のために新卒時

に多めに採用しているのかもしれず,「選別型」となるのかもしれない。
5) また,本章で用いるデータは離職者の初職については雇用形態が確認できない。このため本章の一連の分析では雇用形態を考慮した分析ができず,分析結果の解釈についてはこの点に留意する必要がある。
6) 卒業時調査については産業分類が細かく質問されているものの,2年後調査については産業に関する選択肢が大まかなものとなっているため,本章の分析に用いる産業ダミーは,2年後調査の選択肢に合わせた。
7) 本章の分析では「商社・卸売」が離職に有意なプラスの結果となったが,「毎月勤労統計調査」から産業中分類の離職率を見ると,2010年平均の各種卸売業はいずれも2%を下回り離職率は低かった。また本章の分析サンプルについては特に「商社・卸売」で離職しやすい個人属性を持つものが多いというわけでもなかった。「商社・卸売」で離職に有意なプラスの結果が示されたのは用いているデータの特性かもしれず,この点については注意が必要である。
8) 「マスコミ・広告・コンサルティング」の中でもコンサルティング業は近年急成長してきた産業であり企業数も多くその業務もさまざまであり「マスコミ・広告」と「コンサルティング」とでは離職率の様子が異なっているかもしれない。そこで卒業時調査については細かな産業分類が使用できるため「コンサルティング」に該当する5サンプルを除いて同様の分析を行った。その結果「マスコミ・広告」ダミーはやはり離職に有意なプラスの結果となったが,限界効果や有意性は減少した。「マスコミ・広告」も離職しやすいが,それ以上に「コンサルティング」は特に離職確率が高くなりやすい業種と言えるのかもしれない。
9) 本来であれば,各産業それぞれについての企業規模ごとの離職率も算出すべきであろうが,セルごとのサンプル数が大半において一桁となり分析には適さなかった。
10) この点についても本章で用いているデータの特徴によって「マスコミ・広告・コンサルティング」への転職が見られない可能性も考えられる。しかし「毎月勤労統計調査」から2010年平均の30人以上の入職率を見ると,「広告」0.81%「映像音声情報」0.5%,「専門サービス」1.18%と低くなっており,一般的にも「マスコミ・広告・コンサルティング」では転職者の受入がなされていない可能性も考えられる。反対に入職率が高いのは「職業紹介・派遣業」4.51%,「飲食業」3.96%,「衣服等小売業」3.88%,「娯楽業」3.8%となっている。
11) 大卒者に限ったデータではないが,マクロデータの状況も確認するために,2011年の雇用動向調査から20~24歳の転職者についても同様の集計を行い付表1に掲載した。ここでも小売行や宿泊・飲食サービス,その他サービス業で転職者の受入率が高く,複数の他業種から転職者が流入している様子が見られた。
12) 企業規模についても雇用動向調査から同様の集計を行い,付表1(次頁)に掲載した。ここでも表3と同様に転職者の多くがより小規模企業への移動をしており,大企業への転職者は前職も大企業であった者が多かった。
13) 日本では企業側からの解雇は難しいため,ふるい落としの結果,労働者自ら会社を去るような誘因づけが必要となる。これは具体的には早い昇進制度やリテンションマネジメントの工夫によって可能であろう。八代(2011)によれば,早期の昇進選抜は敗者のモチベーション低下を引き起こすことを示唆しており,山本(2009)では労働者の離職対策であるリテンションマネジメントは,全従業員ではなく一部の高業績の従業員のみに厳選されることが示唆されている。
14) リクルートワークス研究所の企業規模別大卒求人倍率を参照されたい。
15) 平成23年度から経済産業省は,若い人材を採用して成長を目指す企業と,新卒者等とのマッチングを支援する「ドリーム・マッチプロジェクト」を実施し,一連のメニューとして

付表 1　転職入職者の産業や企業規模の移動状況

構成比（単位：％）

	計（千人）	農業,林業,漁業	鉱業,採石業,砂利採取業	建設業	製造業	情報通信業	運輸業,郵便業	卸売業,小売業	金融業,保険業	不動産業,物品賃貸業	学術研究,専門・技術サービス業	宿泊業,飲食サービス業	生活関連サービス業,娯楽業	教育,学習支援業	医療,福祉	複合サービス事業	サービス業（他に分類されないもの）	その他（電気・ガス・水道など）
20～24歳転職者	447.9	0.6	0.1	3.6	13.9	3.2	2.7	16.9	1.1	0.4	2.4	20.4	8.1	5.7	9.1	0.6	9.6	1.4
農業,林業,漁業	0.0	–	–	–	–	–	–	–	–	–	–	–	–	–	–	–	–	–
鉱業,採石業,砂利採取業	11.1	–	46.8	12.6	–	5.4	–	–	–	–	3.6	13.5	–	–	–	–	10.8	5.4
建設業	42.5	0.2	0.7	3.3	48.2	0.7	2.6	0.9	0.9	–	1.4	5.4	8.7	0.5	6.1	1.4	8.2	0.9
製造業	9.0	–	–	1.1	8.9	21.1	–	9.4	2.2	0.0	8.9	6.7	6.7	6.7	1.1	1.1	8.9	0.0
情報通信業	15.3	5.9	–	3.3	12.4	3.3	26.8	25.6	–	0.7	2.0	11.1	6.5	1.3	2.0	0.7	14.4	1.3
運輸業,郵便業	95.6	–	–	1.2	2.6	5.8	3.0	7.8	–	0.4	0.7	19.4	5.8	3.3	3.7	0.3	13.7	0.7
卸売業,小売業	6.8	8.8	–	–	1.5	5.9	–	38.5	0.5	–	1.5	35.3	7.4	–	1.5	–	10.3	–
金融業,保険業	5.1	–	–	2.0	2.0	5.9	5.9	5.9	22.1	–	–	15.7	19.6	5.9	0.0	–	2.0	2.0
不動産業,物品賃貸業	6.8	0.0	–	7.4	13.2	14.7	1.5	8.8	–	2.9	10.3	5.9	0.0	2.9	4.4	0.0	14.7	8.8
学術研究,専門・技術サービス業	86.2	–	–	3.2	9.0	0.2	0.6	8.7	2.9	1.6	6.3	56.3	5.6	3.7	4.3	–	5.8	2.0
宿泊業,飲食サービス業	38.4	0.5	–	4.9	5.2	0.5	2.9	12.2	1.6	0.3	3.9	19.3	29.4	1.6	4.4	0.5	12.0	0.3
生活関連サービス業,娯楽業	19.2	–	–	1.0	1.0	2.1	1.6	2.6	0.5	0.0	9.4	1.0	1.0	–	2.1	2.6	13.0	0.0
教育,学習支援業	57.8	0.2	–	0.3	2.9	4.8	–	13.0	1.4	–	4.8	7.8	3.5	61.5	45.5	0.5	4.3	1.4
医療,福祉	3.7	5.4	–	2.7	13.5	0.0	1.8	13.5	0.0	2.7	1.6	8.1	21.6	8.3	2.7	2.7	16.2	2.7
複合サービス事業	50.0	0.4	–	3.6	43.2	–	1.2	16.0	1.4	1.0	6.6	6.6	6.4	5.4	3.2	1.2	10.0	1.4
サービス業（他に分類されないもの）	0.3	–	–	0.0	33.3	0.0	0.0	0.0	0.0	0.0	0.0	0.0	0.0	0.8	0.0	–	33.3	0.0
電気・ガス・熱供給・水道業																		

	計(千人)	構成比（単位：%）					
		1,000人以上	300~999人	100~299人	30~99人	29人以下	官公庁その他など
20~24歳転職者	447.9	16.9	12.0	15.0	20.6	31.5	3.9
1,000人以上	134	25.1	13.3	15.3	19.3	23.6	3.5
300~999人	66.3	17.8	19.5	15.4	25.3	17.9	4.1
100~299人	58.8	14.5	9.4	25.0	26.5	23.8	0.9
30~99人	68.8	11.6	9.0	16.0	18.9	39.2	5.2
5~29人	104.1	11.0	8.5	9.6	17.0	49.6	4.4
官公庁や5人未満など	15.9	—	—	—	—	—	—

出所：「雇用動向調査 2011年 入職者票 10表 (3)」より筆者作成。

中小企業で働くことの魅力が学生に認知されるよう「ドリームワークスタイル・プロジェクト」が実施されている．
16）外部組織へなぜ訴えないかについて本報告書では言及されてはいないが，若者ほど転職機会があるために訴えるよりも労の少ない転職によって対応を図っていることが予想される．
17）ここでの「ブラック企業」の語は，若者の使い捨てなど若者を対象としたものに限らず，濱口（2013）のような中高齢層に対する問題も含んだ広義のものとして扱っている．
18）情報媒体の利用と新卒就職との関連が分析された研究に田中ほか（2011）がある．ここでは，一般ビジネスマン向けの情報誌の活用が就職に良い結果を及ぼすことを示し，このような情報へのアクセス方法や読み解き方などを教育することの重要性を指摘している．また，上西・今野・常見（2013）のように学生が企業を見分ける能力を高める教育も重要であろう．他に労働法や外部の相談機関に関する知識を提供することで，就職後に問題に直面した際の対応力の付与が重要だという議論もある．しかし，外部の相談機関を利用しつつも労働問題において企業と争うには多大なコストがかかる．さらに，争ったのちにおいても当該企業において勤め続けることは現実的ではなく，結局転職せざるを得なくなる．やはり就職，転職時の情報整備や提供は重要性がより高いのではないだろうか．

引用文献

上西充子・今野晴貴・常見陽平（2013）「ブラック企業の見分け方——大学生向けガイド」ブラック企業対策プロジェクト，http://bktp.org/news/144
大竹文雄・猪木武徳（1997）「労働市場における世代効果」浅子和美・吉野直行・福田慎一編『現代マクロ経済分析転換期の日本経済』東京大学出版会，56-68頁
太田聰一・玄田有史・近藤絢子（2007）「溶けない氷河——世代効果の展望」『日本労働研究雑誌』569: 4-16頁
黒澤昌子・玄田有史（2001）「学校から職場へ——「七・五・三」転職の背景」『日本労働研究雑誌』490: 4-18頁
近藤絢子（2008）「労働市場参入時の不況の長期的影響——日米女性の比較分析」『季刊家計経済研究』77: 73-80頁
今野晴貴・川村遼平（2011）『ブラック企業に負けない』旬報社
佐藤一磨（2009）「学卒時の雇用情勢は初職離職後の就業行動にも影響しているのか」，樋口美雄・瀬古美喜・照山博司・慶應―京大連携グローバルCOE編『日本の家計行動のダイナミズムV』慶應義塾大学出版会，81-104頁
佐藤一磨・梅崎修・中野貴之・上西充子（2010）「志望業界の変化は大学生の就職活動にどのような影響を及ぼすのか——卒業時アンケート調査の分析」『キャリアデザイン研究』6: 83-99頁（「志望業界の変更が就活に与える影響（第3章）」，平尾智隆・梅崎修・松繁寿和編著『教育効果の実証——キャリア形成における有効性』日本評論社，111-131頁）
立道信吾（2012）「ブラック企業の研究——日本企業におけるホワイトカラーの人的資源管理（2）」『社会学論叢』日本大学社会学会，174: 21-43頁
田中賢久・佐藤一磨・上西充子・梅崎修・中野貴之（2011）「大学生の就職活動における情報活用の意義——大学4年生調査の分析」『キャリアデザイン研究』7: 175-184頁（「情報活用が就活に与える影響（第4章）」，平尾智隆・梅崎修・松繁寿和編著『教育効果の実証——キャリア形成における有効性』日本評論社，67-82頁）
永野仁（2012）「企業の人材採用の動向——リーマンショック後を中心に」『日本労働研究雑誌』619: 21-28頁

濱秋純哉・堀雅博・前田佐恵子・村田恵子（2011）「低成長と日本的雇用慣行──年功賃金と終身雇用の補完性を巡って」『日本労働研究雑誌』611: 26-37 頁
濱口桂一郎（2013）『若者と労働──「入社」の仕組みから解きほぐす』中央公論新社
樋口美雄（1991）『日本経済と就業行動』東洋経済新報社
前田佐恵子・濱秋純哉・堀雅博・村田恵子（2010）「新卒時就職活動の失敗は挽回可能か？──家計研パネルの個票を用いた女性就業の実証分析」『ESRI Discussion Paper Series』234
八代充史（2011）「管理職への選抜・育成から見た日本的雇用制度」『日本労働研究雑誌』606: 20-29 頁
山本寛（2009）『人材定着のマネジメント──経営組織のリテンション研究』中央経済社
連合総研（2013）『第 26 回「勤労者の仕事と暮らしについてのアンケート」調査報告書』公益財団法人連合総合生活開発研究所

第9章

企業は学生にどのような能力を求めているのか？

1 問題の所在

　本章は，新規大卒採用時に求められる「能力」の産業や企業規模ごとの特徴，また求められる「能力」と採用方法の関連性について分析する。

　新卒採用時に企業が求める大学生の能力は，時代とともに大きく変化してきたと言われる。主要な経済団体は，求める人材や教育についてさまざまな提言を行っており，その変化は1990年代中頃以降に急激に変動している。これは，バブル経済崩壊後の長期不況を反映し，日本企業が新しい人材活用によって企業の競争力向上を求めたからであると考えられる。

　ところが，不況だけを産業界からの要請変化の要因と考えることはできない。1950年代から現在までの60年余りに及ぶ主要経済団体の提言を分析した飯吉（2012）によれば，80年代において，創造性や「個」の重視など要求内容の大きな転換点があり，その要求が90年代後半以降に本格化した。すなわち，産業界の要請は，長期不況以前にすでに生じており1980年代以降の産業構造や新技術の導入有無など経営システムの長期的な変化も反映したものであると考えられる。

　しかし，近年の求められる「能力」の変化に関する調査・研究において，日本社会全体の特徴変化を明らかにする取り組みは多く行われているものの，産業など個々の企業の特徴との関連に着目した議論は少ないように思える。例えば，後述する労働政策研究研修機構（2006）や経済同友会「企業の採用と教育に関するアンケート調査2012」，根本（2004）などの研究によって，「専門知識」などよりも「熱意・意欲」，エネルギッシュな行動力といった要素が求められていることが指摘されているが，それはどの企業でも同じよう

に求められているのだろうか。これまで企業特性ごとの違いに着目した分析は少なく，筆者が知る限りでは唯一「社会人基礎力に関する緊急調査」（平成18年経済産業省）が企業特性の中でも産業ごとの能力特徴に言及しているが，分析手法は基本集計のみであり，より詳細な分析は必要であろう。また産業以外の企業特性については研究例がいまだない。そこで本章では第一の分析課題として，産業や企業規模など複数の企業特性に着目し，特性ごとに求められる「能力」特徴について，複数の要因をコントロールした分析を行いたい。

　また，産業など企業特性によって要求能力の特徴が異なるなら，この違いを通じて選考方法も異なりうる。例えば「チームワーク」を重視する企業では「グループディスカッション」や「グループワーク」などの方法を採用選考で用いるかもしれないが，ほぼ独力で行う業務が多い企業ではそれら方法を用いるのは効率的ではないであろう。戸田（2010, 5-6頁）で整理されている近年の拡張された人的資本理論に関する議論[1]では，企業ごとだけでなく産業や職業ごとにも特殊的な技能があると指摘される。このように産業や職業，より拡張すれば企業規模といった属性ごとで要求される特殊的技能が異なるならば，それぞれの特殊的技能をより計測しやすい方法を採ったほうが効率的だと考えられる。後に詳述する先行研究では，「面接」によって特に計測しやすい「能力項目」が明らかにされており，面接に関しては「求められる能力」と「選考方法」との直接的な関係について詳細に分析されてきた（岩脇2007；小山2008）。しかしここでもやはり，企業特徴の違いを介在させた議論はほぼ見られない。

　そこで本章の第二の分析課題として，「求められる能力」特徴によって面接以外も含めてどのような「選考方法」が重視されるのか。また，企業特性別に重視される選考方法はどのようなものかを分析する[2]。ただし本章は，具体的な採用実践と能力判定の関係という一企業内の人材マネジメントを目的の中心に据えたものではない。「2013年新卒採用実績のある日本国内企業の調査データ」の定量的分析によって求める能力と採用方法の一般的な関係性を確認し，就職指導や選考活動の合理化など産学官ともに関係する議論への含意を得ることを目的とした。

以下，本章の構成を述べる。続く第2節では，日本の産業社会全体の変化と要請能力の変化について述べ，第3節ではそのような能力の具体的な捉え方に関する研究や取り組みを整理する。第4節では，本章の分析で能力指標として用いる「社会人基礎力」から，求められる「能力」や「選考方法」の特徴をデータより概観する。第5節では，分析に用いるデータセットの概要と具体的な分析手続きを述べる。第6節では分析結果を解釈し，第7節で得られた分析結果を整理し本章の主張を示すとともに，「社会人基礎力」に関連する取り組みへの提言を検討したい。

2　なぜ能力要請が変化したのか

(1) 近代型能力とポスト近代型能力

　前節で指摘した新しい能力要請と産業社会の構造変化との関連は，社会学や教育学の分野において能力論（もしくは能力観論）として議論されてきた。なかでも，松下編（2010）は，1980年代以降，特に1990年代に多くの先進国で共通して教育目標になった能力に関する能力概念を〈新しい能力〉概念と呼び，さまざまな能力概念の共通性と課題を検討している。表1は，教育分野や経営分野で提示された〈新しい能力〉概念の整理であり，それぞれ文言は異なるが，共通部分があることが確認されている（松下編 2010）。

　これらの〈新しい能力〉概念について，批判的・分析的な視点から検討し，多くの研究者の注目を集めたのは，本田（2005）のハイパー・メリトクラシー論である。本田（2005）ではまず，〈新しい能力〉と従来求められていた能力の違いについて次のように整理している。

　従来の企業社会で求められてきた能力は「近代型能力」と呼べるものであり，標準化された知識内容の習得度や知識操作の速度といった，いわゆる「基礎学力」を基盤とした能力である。一方で新しく求められるようになった能力は，変化に対応しかつ変化を生み出していく標準化し難い能力であり「ポスト近代型能力」と位置づけられるものである。また，後者は標準化の困難だけでなく，意欲や個人の生来の資質が問われるという特質を持つ。

表1　日本における〈新しい能力〉概念

名称	機関・プログラム	出典	年
【初等・中等教育】			
生きる力	文部科学省	中央教育審議会答申『21世紀を展望した我が国の教育の在り方について──子供に［生きる力］と［ゆとり］を──』	1996
リテラシー	OECD-PISA	国立教育政策研究所編『生きるための知識と技能』	2001 (2004-2007)
人間力	内閣府（経済財政諮問会議）	『人間力戦略研究会報告書』	2003
キー・コンピテンシー	OECD-DeSeCo	ライチェン&サルガニク『キー・コンピテンシー』	2006（原著2003）
【高等教育・職業教育】			
就職基礎能力	厚生労働省	『若年者就職基礎能力習得のための目安策定委員会報告書』	2004
社会人基礎力	経済産業省	『社会人基礎力に関する研究会「中間とりまとめ」報告書』	2006
学士力	文部科学省	中央教育審議会答申『学士課程の教育の構築に向けて』	2008
【労働政策】			
エンプロイヤビリティ（雇用されうる能力）	日本経営者団体連盟（日経連）		1999

出典：松下編（2010）。

　上記のような議論は海外において古くから議論されている。ポスト近代化を脱工業社会への移行と言い換えれば，すでに1973年にダニエル・ベルが『脱工業社会の到来』で議論している（Bell, 1973）[3]。経済学者のReich (1991) も1980年代アメリカの新しい経済環境を考慮して，ルーティン生産サービス，対人サービス，そしてシンボル分析的サービスという新しい仕事分類を提案し，それぞれで能力要請は異なっていると指摘した。この中でルーティン生産サービスは，標準的な繰り返し作業であり，「近代型能力」が求められると言える。一方，対人サービスは，相手に好感度を与える振る舞いなどが求められる点で「ポスト近代型能力」の特質を一部備えている。シンボル分析的サービスも，データや言語，音声，映像表現などのシンボルの操作を取引する業務であり，問題を発見し，解決し，新しい戦略を立案するという「ポスト近代型能力」が求められると言えよう。また能力要請の違いは，産業や業務だけでなく，企業規模など他の企業属性についても考えられる。例えば大企業ほど社内折衝への必要性から「ポスト近代型能力」が求め

られるかもしれず，上場企業ほどシンボル操作に厳密性が求められるなど，「ポスト近代型能力」への要請が強い可能性がある。

本章でも近年着目されてきた「ポスト近代型能力」に着目した分析を行う。具体的には「ポスト近代型能力」の中でも重視される能力項目が企業属性ごとに異なるか，またそれによって選考方法にも違いが生じているかを分析する。

(2) ポスト近代型能力への要請が高まってきた経緯

次に，本田（2005）は見田（1996），バウマン（2001），渋谷（2003）などを参照し，「ポスト近代型能力」が求められるようになってきた2つの経路を指摘する。第一には，産業社会の構造変化との関連である。サービス経済化の進展により，多様化する需要やその変動への速やかな対応に迫られる企業が増え，「市場への高い感応性や継続的な自己変革能力」（17頁）がより求められるようになった。第二の経路は，同じ産業など各分類の内部における変化との関連である。需要本位に産業社会の構造変化が進むことで，第二次産業における業務もサービス業的特質を帯びたものになり，第二次産業内でも市場感応性や自己変革能力がより求められるようになってきた。つまり，製造業内においても企画力，分析力など直接は生産に関係しない能力や，そのような能力を自ら形成する意欲や資質などの能力がより求められるようになった[4]。

経済学分野でも，特に技術進歩に焦点を当てて能力要請の変化が指摘されてきた。Autor, Levy and Murnane（2003）やAutor and David Dorn（2013）などSBTC（Skill Biased Technological Change）に関する研究では，技術進歩によって標準化された定型業務が代替され，非定型的業務への労働力需要が高まることが指摘される。また池永（2009）では，日本でも同様の業務変化が生じていることを確認している。さらに池永（2009）は，もともと非定型的業務が求められやすい産業の成長がこの変化に重要であっただけでなく，非定型業務の中でも相対的に高度な技能が要請される「非定型分析業務」の増加については，同じ産業内における増加も重要であったことが計量的に指摘されている。このような技術進歩によって産業内の変化も齎されているのであれば，企業規模や経営システムなどによっても技術水準は異なることが

考えられ，産業以外の企業特性によっても求められる能力特徴は異なりうると考えられる。産業だけでなく，企業規模なども含めた企業特性の構造的変化によって，社会全体で要請される能力が変化してくることが示唆される[5]。しかしSBTCの研究群では，仕事の分類が単純化され，なおかつ技術変化との関係に焦点が当たっているので，能力要請の議論の一部を扱っているにすぎない。本章では，能力要請については，教育学や社会学の先行研究を参照し，そのうえで新規大卒採用時に求められる「能力」の産業や企業規模ごとの特徴，また求められる「能力」と採用方法の関連性を検証したい。

　ところで，これらの研究は，産業社会の変化と能力要請の相互関係を説明する優れた分析枠組みであるが，実証上はいくつかの問題がある。まず，「ポスト近代型能力」の重要性の高まりは「近代型能力」の重要性を減じるものではないということである。現在における大学銘柄などの基礎学力の代理指標は，就職活動の結果を説明する有力な変数として依然存在している中で[6]，その他層に位置していた「ポスト近代型能力」の重要性が特に高まってきたと考えられる。加えて，以前は「ポスト近代型能力」が全く求められなかったというわけでもない。実際，本田（2005）も「ポスト近代型能力」に該当する不定形な能力はこれまでよりはるかに明示的な形で要請される（26頁）と指摘している。さらに本田（2005）は，「ポスト近代型能力」は不定形な能力であるために，測定・証明されにくい（24頁）とも指摘する。つまり，そもそもハイパー・メリトクラシー論で指摘される「ポスト近代型能力」は標準化し難い能力と考えられているので，実証のステップには曖昧さが残り，それらの能力をどのように把握するのかについては困難が伴うのである。

3　先行研究

　前節では，能力要請に関する実証研究の困難について指摘したが，先行研究ではいくつかの分析視点から貴重な実証研究を行っている。
　まず，企業の採用行動をヒアリング調査などの手法によって詳細に分析し

た研究群がある。ここでは、能力要請について分析するために企業の能力観を分析している。まず、小山（2008a）は、採用における能力評価の基準が見えにくいことを指摘したうえで、なぜそのような不明確さがつきまとうのか、採用担当者が実際に用いている評価用紙やヒアリング調査を通じて検討している。また、岩脇（2007）では採用における能力要件とその把握方法に関するヒアリング過程において、対象者である企業採用担当者自身も、採用能力要件を明確化できていない例もあったことを指摘している。

加えて、労働政策研究研修機構（2006）や経済同友会「企業の採用と教育に関するアンケート調査2012」は、能力を項目化したアンケートを行い、それら回答によって能力項目ごとの重視のされ方を明らかにしている。また根本（2004）でも、独自の企業アンケートにより、求められる能力の特徴を分析している。さらに岩脇（2007）では企業採用担当者へのヒアリング内容を通じて、小山（2008）では実際の面接で使用された評価用紙を通じて、特に面接で把握、評価される能力について詳細な検討が行われている。

これらの研究は、学生が培ってきた能力と企業が求める能力とのミスマッチに主に分析焦点がある。すなわち、企業が要請する能力は、「意欲・熱意」や「チームワーク力」などと言語化されて扱われ、「基礎学力」については分析対象の外にある。つまり、「基礎学力」とは他層に位置する「ポスト近代型能力」を複数の具体的な項目へ落とし込み、その中でもどの能力項目が重視されているかが検討されていると考えられる。

なお、これらの研究が明らかにした能力項目は、本章の調査で扱う「社会人基礎力」[7]の能力項目と非常に似たものとなっている。「社会人基礎力」は平成18年2月、経済産業省における産学の有識者委員会にて「職場や地域社会の中で多様な人々とともに仕事を行っていく上で必要な基礎的な能力」として定義づけされたものであり、「基礎学力や職業知識・専門知識に加えて、職場や地域社会で活躍をする上で必要になる第3の能力」との位置づけがなされ、まさに「ポスト近代型能力」の定義に符合する。「社会人基礎力」も、曖昧な「ポスト近代型能力」を共通の言葉で議論しやすくするために生まれたものと考えられる。議論を経て抽出された能力項目を見ると、大きくは「前に踏み出す力」、「考え抜く力」、「チームで働く力」の3つに区分され、

さらにその小項目として「前に踏み出す力」には主体性・働きかけ力・実行力が，「考え抜く力」には課題発見力・計画力・創造力が，「チームで働く力」には発信力・傾聴力・柔軟性・状況把握力・規律性・ストレスコントロール力があり，合計12の基礎力項目から構成されている[8]。

これらを先に挙げた先行調査・研究で扱われた能力項目との対比図である図1を見ると，「実行力」，「課題発見力」は経済同友会，「社会人基礎力」，岩脇（2007）の3つに共通して見られ，「主体性」や「計画力」は「社会人基礎力」と岩脇（2007）で共通している。また経済同友会や岩脇（2007）に見られる「チームワーク」は「社会人基礎力」の能力の大区分である「チームで働く力」と共通する。もちろん「社会人基礎力」と共通しない能力項目も見られるが，これらの能力項目の総体として表されるものは，大きく異ならないことが改めて確認された。

上記の実証研究では，社会的に語られている能力観を踏まえて能力そのものを把握したものであるが，その一方で能力自体を分析するものはなく，その採用方法の違いを分析し，その違いから能力要請を解釈する実証方法も考えられる。一部の先行研究では選考方法についても分析し，いずれも「面接」が他の選考方法に比べて重視されている。

加えて岩脇（2007）は，面接でどのような能力の見極めが重視され，それをどのように見極めているかについてインタビューに基づく分析がなされた。その結果，面接で把握される能力として「創造性」，「課題発見力」，「実行力」など数多くの項目が抽出されている。なかでも面接時の態度や表情から「会社との相性」や「対人印象」を，面接時の会話の進め方から「コミュニケーション能力」を，また過去の課題解決体験などを聞くことでその回答内容から「課題対応力」が判断されていることが確認されている。

このように面接という方法においても質問や回答などによって把握される能力が異なるならば，面接以外の選考方法ではさらに別の能力が把握されていることも考えられる[9]。また，重視される選考方法は，企業特性ごとの能力要請の違いによって異なるだけでなく，企業属性そのものによっても異なりうることが考えられる。例えば，同じ能力項目を重視していたとしても，少数採用の企業であれば一人一人の人物をじっくり判断できるであろう。そ

図1 社会人基礎力に見られる能力項目と他調査・研究に見られる能力項目

経済同友会 「企業の採用と教育に関するアンケート」 ※1997年より約2年ごとの調査	経済産業省（2006） 社会人基礎力	岩脇（2007） ※ヒアリング結果から導かれた能力に関するコード
1位：熱意・意欲 2位：行動力・実行力 3位：チームワーク力 4位：誠実さ、明るさ、素直さ等の性格 5位：課題発見・解決力 6位：論理的思考力 7位：ストレスコントロール力 8位：専門知識・研究内容 9位：粘り強さ ※大学学部卒、修士課程修了者の採用について。2012年度調査結果より	主体性 ┐ 働きかけ力 ├ 前に踏み出す力 実行力 ┘ 課題発見力 ┐ 計画力 ├ 考え抜く力 創造力 ┘ 発信力 ┐ 傾聴力 │ 柔軟性 ├ チームで 状況把握力 │ 働く力 規律性 │ ストレスコントロール力 ┘	創造性 ┐ 課題発見力 │ 計画性 ├ 課題達成志向 実行力 │ 対処能力 │ 貫徹力 ┘ 主体性 ┐ 客観能力 ├ 自己コントロール力 成長意欲 ┘ 他者に働きかける力 ┐ チームワーク │ リーダーシップ ├ 対他者コミュニケーション能力 顧客志向性 │ 自己主張 │ 人間関係構築力 ┘ 知識・技能 価値観

出所：経済同友会（2012）「企業の採用と教育に関するアンケート調査結果」、経済産業省（2006）「社会人基礎力に関する緊急調査」、岩脇（2007）より筆者作成。

第9章 企業は学生にどのような能力を求めているのか？ 213

のため，アルバイトをさせてからの採用やインターンシップで直接働きぶりや職場での人柄を見るという方法が取られるかもしれない。

　これらの研究は，能力要請とその選抜方法について分析しているが，当初，理論フレームワークの中で想定されていた産業社会と能力要請の関係について十分に明らかにされていない。

4　集計による特徴把握

　以下では「マイナビ企業新卒採用予定調査（以下採用予定調査）」の企業向け質問票調査の基本的な集計結果から，本章の分析課題に関する簡単な概要把握をしたい。採用予定調査は，新卒採用実績のある国内の約 8000 社に対して行われる郵送および WEB 調査である。調査時期は毎年 2～3 月にかけて実施され，2009 年卒調査では 1066 件の回答があり，2010 年卒調査では 1215 件，2011 年卒調査では 1355 件，2012 年卒調査では 1295 件，2013 年調査では 1558 件の回答となっている。ただし，本章の分析に際して提供された採用予定調査の個票データは 2013 年卒調査のみである。回答者は企業の新卒採用担当者であり，郵送方式か WEB 上での回答が選択できる。

　なお，調査対象企業の抽出は，マイナビや同業の大手新卒採用サイトに継続的に新卒求人掲載を行っている企業を選定し，業界構成に大きな偏りが発生しないよう，何年か継続して新卒を採用している企業を優先して，約 8000 社をピックアップしている。そのため母集団構成との整合性や無作為性が必ずしも担保されていない可能性については留意する必要がある。そこで，本章の 5 節 1 項では 2013 年調査の個票データを用いた多変量分析を進める前に，学校基本調査から把握できる新卒者の就職先企業の産業構成と本調査の産業構成を比較することで，本データの特性を把握し具体的にどのような留意が必要かを検討する。

　ここではまず，個票データを用いる前に株式会社マイナビのサイト上に公表された 2009～2013 年の採用予定調査の公表データから，「社会人基礎力」の各項目が選考で重視されるかどうかに関する複数回答の集計結果を各年ご

とに取りまとめて表2に示した。表2を見ると，全調査年を通じて最も高い数値を示すのは「主体性」であり，2010年卒調査で若干の減少は見られるが，ほぼ80％前後で推移している。また継続的に最も低い数値を示しているのが「計画力」である。一見して，能力項目ごとに重視のされ方はバラついていることが分かる。また，時系列の変化も能力項目によって異なりがある。「発信力」，「傾聴力」，「状況把握力」は近年上昇している様子が見られるのに対し，「創造力」は一貫して減少し，「規律性」も2011年，2012年卒調査時に大きく減少している。求められる能力は項目ごとに差があり，項目ごとの時系列の変化も異なることがわかる。

次に2013年卒調査の個票データ（個票データの詳細は5節1項を参照）を用いて，企業属性と重視される基礎力との関係を見てゆく。後の分析に用いるサンプルから「社会人基礎力」の各項目のそれぞれについて，選考で重視する場合に1をとるダミー変数の平均値を，産業と企業規模別に集計し表3に示した。表3より産業別の特徴を見ると，金融では「傾聴力」や「規律性」，「ストレスコントロール力」が他の産業に比べて重視される様子が確認できる。また，ソフトウェア・通信では「ストレスコントロール力」が，マスコミでは「課題発見力」や「創造力」が相対的に重視されている様子が確認される。しかし，先行研究で特に重視されていると指摘された「主体性」や「発信力」，「実行力」はどの産業についても全体の数値と近くなり，大きなバラつきは見られない。

また企業規模ごとの特徴を見ると，こちらも企業規模ごとに特徴は異なる。特に5000人以上の大企業では「主体性」と「規律性」，「状況把握力」以外ではどの項目も高く，特に「実行力」，「働きかけ力」，「課題発見力」，「計画力」が相対的に高くなっている。また500名以上といった規模の大きい企業では，概ねどの項目についても100人未満の小規模企業よりも重視されている様子が見られる。大企業では小企業に比べまんべんなくどの能力も重視され，特に「実行力」や「働きかけ力」，「課題発見力」や「計画力」が強く重視される特徴を持っていると考えられる。

続いて個票データの集計から，選考方法と企業属性との関係について見てゆく。調査では，「新卒採用において，学生の本質を見極めるのに良いと思

表2 選考時に重視される社会人基礎力（各複数への複数回答　単位：%）

	主体性	働きかけ力	実行力	課題発見力	計画力	創造力	発信力	傾聴力	柔軟性	状況把握力	規律性	ストレスコントロール力
2009年卒調査	80.8	24.0	54.6	27.9	19.8	28.0	59.6	48.1	39.2	35.1	51.4	36.3
2010年卒調査	74.2	23.5	50.9	24.1	17.2	22.8	54.6	42.5	32.4	29.2	48.1	33.3
2011年卒調査	77.7	24.2	52.4	24.9	17.0	21.6	52.4	43.5	34.6	31.5	42.0	36.1
2012年卒調査	80.3	27.4	55.3	26.3	17.5	21.1	59.8	49.3	43.5	34.1	40.7	35.6
2013年卒調査	80.9	27.5	54.3	26.8	18.4	20.3	61.7	51.4	39.7	34.1	42.7	32.5

出所：「マイナビ企業新卒採用予定調査」(http://saponet.mynavi.jp/release/saiyou/index.html) より筆者作成。

表3 産業、企業規模別の選考で重視される社会人基礎力（単位：%）

		主体性	働きかけ力	実行力	課題解決力	傾聴力	規律性	柔軟性	状況把握力	ストレスコントロール力	働きかけ力	課題解決力	創造力	計画力
全体		77.1	59.3	52.5	49.1	40.7	37.8	32.9	31.1	26.8	26.0	19.5	17.6
産業	ソフトウェア・通信 n=160	79.4	60.6	52.5	45.6	40.6	41.3	35.6	41.3	23.8	28.8	17.5	20.0
	金融 n=87	81.6	63.2	56.3	58.6	60.9	33.3	33.3	43.7	31.0	23.0	12.6	14.9
	サービス n=379	73.6	61.2	49.3	52.0	34.8	37.7	28.8	27.4	26.4	24.8	17.9	15.6
	メーカー n=547	76.1	57.0	53.2	46.1	43.3	37.7	34.2	30.7	27.6	27.2	21.2	19.7
	商社 n=148	83.8	54.1	57.4	49.3	41.2	37.2	33.1	28.4	23.7	21.6	19.6	17.6
	小売 n=104	79.8	65.4	51.0	52.9	33.7	34.6	34.6	26.9	26.9	26.0	18.3	13.5
	マスコミ n=36	75.0	61.1	50.0	44.4	30.6	47.2	36.1	25.0	33.3	33.3	38.9	13.9
企業規模	100人未満 n=279	70.6	50.9	44.1	44.4	37.3	29.8	29.8	22.9	17.2	24.0	19.7	17.2
	100~499人 n=639	77.5	59.2	51.2	46.6	44.0	38.5	34.0	27.9	22.1	23.5	19.9	15.8
	500~999人 n=219	79.0	60.3	53.0	56.6	42.0	42.5	35.6	36.1	31.1	25.1	16.4	18.3
	1000~2999人 n=211	81.5	64.5	57.8	50.2	36.0	36.5	29.4	39.8	37.0	31.8	19.4	19.4
	3000~4999人 n=38	79.0	68.4	65.8	44.7	34.2	44.7	36.8	50.0	36.8	29.0	18.4	13.2
	5000人以上 n=75	80.0	69.3	72.0	64.0	37.3	48.0	34.7	41.3	56.0	40.0	25.3	29.3

注：能力項目の選択は複数回答となっている。
出所：2013年採用予定調査企業個票データより筆者作成。

表 4 産業、規模別の重視する選考方法（単位：%）

	面接官1人に対して学生1人の時間面接	グループワーク	アルバイト経験をさせてからの採用	長期インターンシップ	OB・OG訪問、リクルーター制	懇親会	面接等の待合室での会話	エントリーシート	適性検査	その他
全体	35.5	18.1	21.9	27.4	15.0	7.7	16.5	2.3	16.1	1.9
産業 ソフトウェア・通信 n=160	37.5	20.0	16.9	30.6	17.5	6.3	11.9	1.3	22.5	2.5
金融 n=87	49.4	18.4	12.6	26.4	14.9	3.5	17.2	2.3	13.8	0.0
サービス n=379	32.7	17.4	30.9	26.1	16.6	7.7	12.7	2.4	13.5	1.9
メーカー n=547	33.6	19.9	17.2	29.6	14.1	8.6	18.8	2.6	15.9	1.3
商社 n=148	44.6	12.8	18.9	19.6	14.2	7.4	22.3	2.0	21.0	3.4
小売 n=104	31.7	14.4	30.8	21.2	14.4	6.7	19.2	1.9	10.6	2.9
マスコミ n=36	25.0	19.4	30.6	44.4	5.6	13.9	8.3	2.8	19.4	2.8
企業規模 100人未満 n=279	29.0	17.2	26.2	30.8	16.1	5.7	10.0	1.1	21.5	2.5
100~499人 n=639	36.9	17.1	21.9	26.9	16.3	6.3	16.9	2.0	17.1	1.7
500~999人 n=219	34.3	21.5	24.2	21.5	12.8	7.8	23.3	3.2	13.7	1.4
1000~2999人 n=211	38.9	22.3	15.2	27.5	13.3	12.3	16.6	2.8	12.8	1.0
3000~4999人 n=38	34.2	7.9	21.1	26.3	10.5	7.9	18.4	2.6	7.9	2.6
5000人以上 n=75	42.7	13.3	18.7	36.0	13.3	13.3	16.0	4.0	8.0	4.0

注：選考方法項目の選択は複数回答となっている。
出所：2013年採用予定調査企業個票データより筆者作成。

う方法を以下から2つお選びください」という質問にて，「1. 面接官1人に対して学生1人の長時間面接，2. グループワーク，3. アルバイト経験をさせてからの採用，4. 長期インターンシップ，5. 懇親会，6. OB・OG訪問，リクルーター制，7. 面接等の待合室での会話，8. エントリーシート，9. 適性検査，10. その他」と10の選択項目が用意され，重視される採用方法の違いに関する情報が得られる。そこで後に分析に用いるデータセットから，各項目が選択された場合に1をとるダミー変数の平均値を産業，企業規模別に集計し表4に掲載した。なお，重視能力項目と選考方法との関係については，双方とも複数選択が可能な変数であるため，ここではクロス集計を行わず，第5節の分析結果から検討したい。

　表4を見ると，産業や企業規模ごとに重視される選考方法に違いが見られる。マスコミでは長期インターンシップやアルバイト経験をさせてからの採用が相対的に重視されている様子が見られるが，長時間面接やOB・OG訪問は数値が低い。サービスや小売ではアルバイト経験をさせてからの採用が重視されている。一方で金融や商社ではアルバイト経験をさせてからの採用は低く，長期間面接が相対的に高くなっている。企業規模について見ると，5000人以上の大企業で長時間面接が顕著に重視され，反対に適性検査は小規模であるほど重視されている。ただし，以上の傾向は単純集計結果に基づくものであり，複数の要因をコントロールした場合には異なる結果が見られる可能性も考えられる。

5　データと分析手法

（1）分析に用いるデータについて

　本章の分析に用いる採用予定調査は，法政大学キャリアデザイン学部と株式会社マイナビと産学連携プロジェクトの一環で整理されたものである。本調査では，学生向け質問票調査と企業向け質問票調査を定期的に行っているが，本章では，企業と大学（学生支援）の立場を離れて中立的な観点から企業向け質問票調査の2013年調査データを用いて分析する。

2013年度の企業向け調査は新卒採用実績のある国内企業7994社を対象とした質問票調査であり，2012年2月，3月に実施され，有効回答数は1,558である（有効回収率19.5％）。ただし本章では，このうち産業区分が官公庁・公社・団体，その他に該当するサンプルを省いた1,461件を分析に用いている。また採用予定調査では，選考時に重視される「社会人基礎力」が毎年聞かれており，回答企業の産業や企業規模などの属性や重視している採用活動方法についても質問され，本章の問題意識を検証するのに適したデータセットと考えられる。なお，本章の分析はすでに行われた調査の2次分析であり，課題設定から分析結果，結論を得るまでの一連の手続きについては明確な契約に基づき執筆者のみで自由に行った。

　分析サンプルの基本統計量を示した表5より，本調査データの特徴を把握したい。表5のうち業種を見ると，メーカーが37.4％と最も多く，次いでサービス25.9％，ソフトウェア・通信11.0％，金融業[10]6％となっている。新卒労働需要の母集団が把握できるような公的データは見つからなかったものの，需給の結果を示す学校基本調査の産業構成を示した表6と比べると，学校基本調査では製造業の構成比は14.6％であり，分析サンプルの金融業に該当する金融，保険，不動産，物品賃貸業は計12.6％，分析サンプルのサービスに該当する「学術研究，専門・技術サービス」以下のサービス関連産業の合計は43.1％の構成比となっている。本章の分析に用いるデータでは製造関連業を示すメーカーが多くなっており，他の業種が少なくなっていることが分かる。大手の就職活動サイトでは経由されないような医療・福祉業などが落ちており，サービス業の構成比が低くなっている可能性や，大手の就職活動サイトのユーザーがメーカーに多い可能性からこのような構成比となっていることが考えられる。また，大手就職サイトでは人を獲得するのに不利であり，学校紹介や縁故や公共職業紹介を中心に採用活動をしている企業も本分析では補足されない可能性が強い。要するに，本章の分析では，大手就職サイトを用いて採用を行っている企業に関する比較的限定された知見を得ようとしていることになる。さらに，大手就職サイトを利用しているという共通した特性を持った企業にセレクションがなされているため，産業別や企業規模別に求められる能力や選考方法の違いについては，分析結果が過

少に現れている可能性にも留意が必要であろう。

　加えて，表5より重視する選考方法を見ると「面接官1人に対して学生1人の長時間面接」は35.5％となり，次いで長期インターンシップ27.4％となっている。経済同友会（2012）などの調査では面接が圧倒的に重視されている様子が示されているが，もしかしたら「面接官1人に対して学生1人の長時間」との強い仮定のために低く表れているのかもしれない。また，大手就職サイトで学生を獲得しやすい知名度の高い大企業の特徴が反映されているので，大企業で実施されやすい長期インターンの割合が比較的高くなっているのかもしれない。

(2) 計量分析の手続きについて

　次に，具体的な分析手続きとそこで用いる変数について述べる。本章ではまず，企業属性別に採用で重視する社会人基礎力がどう異なるかを確認するため，以下（1）式に基づくプロビットモデルを推計する。

$$\Pr(重視 = 1 | X_i, \theta_i) = \Phi(\beta_0 + \beta_1 X_i + \beta_2 \theta_i) \cdots\cdots\cdots\cdots (1)$$

　上記（1）式の被説明変数は12の各社会人基礎力項目についてそれぞれ重視しているかどうかに関する2項選択質問の回答を用いたダミー変数とする。左辺Pr以下はそれぞれの能力項目が1と選択される確率であり，右辺Φ以下は説明変数と各説明変数のパラメータβによって規定される選択確率が標準正規分布の密度関数として表現されることを示している。説明変数のX_iは企業属性変数であり，産業ダミーや企業規模ダミー，上場状況ダミー，地域ダミーを用いる。また求められる能力の特徴は，採用企業が採用後に配属させようとしている職種によっても異なることが考えられるが，採用予定調査の企業向け調査では職種に関する設問は用意されていない[11]。そこで職種を規定する要因としても大きいであろう，理系採用に関する情報を説明変数に用いてコントロールを試みる。具体的には大学卒（理系），大学院卒（理系）の採用方針に関する質問のうち，それぞれの理系出身者のどちらかについて，「徹底して質を重視する」と回答された場合に1，大学卒（理系）も大学院卒（理系）も「徹底して質を重視する」と回答されなかった場合に

表5 分析サンプルの基本統計量

	変数名	平均	標準偏差
重視する選考方法	面接官1人に対して学生1人の長時間面接	0.355	0.479
	グループワーク	0.181	0.385
	アルバイト経験をさせてからの採用	0.219	0.414
	長期インターンシップ	0.274	0.446
	OB・OG訪問, リクルーター制	0.150	0.357
	懇親会	0.077	0.266
	面接等の待合室での会話	0.165	0.371
	エントリーシート	0.023	0.149
	適性検査	0.161	0.368
	その他	0.018	0.135
選考で重視ダミー	主体性	0.771	0.420
	働きかけ力	0.268	0.443
	実行力	0.525	0.500
	課題発見力	0.260	0.439
	計画力	0.176	0.381
	創造力	0.195	0.396
	発信力	0.593	0.491
	傾聴力	0.491	0.500
	柔軟性	0.378	0.485
	状況把握力	0.329	0.470
	規律性	0.407	0.491
	ストレスコントロール力	0.311	0.463
業種	ソフトウェア・通信	0.110	0.312
	金融	0.060	0.237
	サービス	0.259	0.438
	メーカー	0.374	0.484
	商社	0.101	0.302
	小売	0.071	0.257
	マスコミ	0.025	0.155
企業規模	100人未満	0.191	0.393
	100〜499人	0.437	0.496
	500〜999人	0.150	0.357
	1000〜2999人	0.144	0.352
	3000〜4999人	0.026	0.159
	5000人以上	0.051	0.221
上場状況	上場ダミー	0.190	0.393
本社所在地域	北海道	0.027	0.161
	東北	0.031	0.175
	関東	0.422	0.494
	甲信越	0.051	0.219
	東海	0.090	0.286
	北陸	0.045	0.208
	関西	0.170	0.376
	中国・四国	0.099	0.299
	九州	0.064	0.245
	大卒院卒理系重視ダミー	0.415	0.493
	サンプルサイズ	1461	

出所：2013年採用予定調査企業個票データより筆者作成。
※重視される能力ダミーは複数回答，選考方法ダミーは最大2つまでの複数回答の結果を元に作成。

表6 学校基本調査 卒業後の状況調査より大学卒業後の就職先産業構成

	就職者数	構成比 (%)	
製造業	46,212	14.6	
情報通信業	27,157	8.6	
卸売業	26,360	8.3	
小売業	40,792	12.9	
金融業,保険業	30,082	9.5	12.6
不動産業,物品賃貸業	9,787	3.1	
学術研究,専門・技術サービス業	12,330	3.9	
宿泊業,飲食サービス業	9,953	3.1	
生活関連サービス業,娯楽業	12,329	3.9	
教育,学習支援業	30,622	9.7	43.1
医療,福祉	50,063	15.8	
複合サービス事業	4,800	1.5	
サービス業(他に分類されないもの)	16,352	5.2	
計	316,839	100.0	

出所:平成25年学校基本調査より筆者作成。
※採用予定調査で官公庁・公社・団体,その他に該当する産業,具体的には,「農業,林業,漁業,鉱業,採石業,砂利採取業,建設業,電気・ガス・熱供給・水道業,運輸業,郵便業,医療,福祉,公務(他に分類されるものを除く),上記以外のもの」は省いて集計している。

0とするダミー変数θ_iを説明変数として用いる。なおこの変数により,近代型能力のひとつである学力に関しても一定程度のコントロールができよう。

続いて,重視能力や企業属性と採用方法との関係性についての分析手続きを述べる。ここでも,各選考方法を重視しているかどうかについて以下 (2) 式のプロビットモデルを推計することにより詳細な検討を加えていきたい。

$$\Pr(\text{重視} = 1|\delta_i, X_i, \theta) = \Phi(\beta_3 + \beta_4 \delta_i + \beta_5 X_i + \beta_6 \theta_i) \cdots\cdots\cdots\cdots (2)$$

(2) 式の被説明変数は調査で聞かれている,「1:面接官1人に対して学生1人の長時間面接,2:グループワーク,3:アルバイト経験をさせてからの採用,4:長期インターンシップ,5:懇親会,6:OB・OG訪問,リクルーター制,7:面接等の待合室での会話,8:エントリーシート,9:適性検査,10:その他」という10の選考方法それぞれについて,「学生の本質を見極めるのに良い」と回答され,重視していると解釈できる場合に1をとるダミー変数である。説明変数のX_iとθ_iは (1) 式と同様とし,加えて (1) 式では被

説明変数に用いていた社会人基礎力の 12 項目における選考での重視ダミー δ_i を説明変数に用いる。ただし，事前の仮説通り，産業や企業規模ダミーが δ_i と相関することを通じて被説明変数に影響を与えるならば，多重共線性の問題により重視ダミーのパラメータ β_4 と企業属性変数のパラメータ β_5 はうまく推計されないかもしれない。そこで，(2) をそのまま推計する（パターン①）だけでなく，(2) 式から δ_i を除いて推計した場合（パターン②）や (2) 式の X_i のうち産業ダミーと企業規模ダミーを除いた場合（パターン③）の 3 通りの推計を行い，結果を慎重に判断していくこととする。

6 分析結果

(1) 企業特性ごとに重視される社会人基礎力の特徴の違い

　以下では本章の各分析に関する結果を確認し，企業属性ごとの求められる能力の違いや，重視される選考方法の違いについて検討する。まずは (1) 式に基づくプロビット分析の結果から各変数の限界効果を示した表 7 より，企業属性ごとの求められる能力の違いについて確認したい。

　表 7 より，各産業ダミーの限界効果を見ると，参照グループのメーカーに比べ，商社では「主体性」が，マスコミでは「創造力」が，ソフトウェア・通信では「ストレスコントロール力」が，統計的有意に重視されていることがわかる。また金融では「傾聴力」,「規律性」,「ストレスコントロール力」と 3 つの項目で統計的に有意なプラスの結果が示され，他業種よりも多くの能力が重視されているようである。一方でサービス業では「規律性」が負に有意となり，あまり重視されていない様子が見られる。複数の要因をコントロールした場合においても，それぞれの産業で求められる能力に特徴の違いが確認される。

　このような各産業と求められる能力項目との組み合わせを見る限り，非現実な結果ではないと言えよう。例えば，サービス業で「規律性」が低くなっているのも，サービス業においては予期せぬ事態や顧客からの求めに対し，相対的には規律でもって対応するよりも各従業員による柔軟な対応力が求め

表7 企業属性と各基礎力の重視に関するプロビット分析結果（限界効果）

被説明変数	主体性重視(1.0)	働きかけ力重視(1.0)	実行力重視(1.0)	課題発見力重視(1.0)	計画力重視(1.0)	創造力重視(1.0)	発信力重視(1.0)	傾聴力重視(1.0)	柔軟性重視(1.0)	状況把握力重視(1.0)	規律性重視(1.0)	ストレスコントロール力重視(1.0)
業種（参照：メーカー）												
ソフトウェア・通信	0.041 [0.131]	-0.016 [0.128]	0.016 [0.116]	0.018 [0.123]	-0.005 [0.132]	-0.039 [0.135]	0.067 [0.118]	0.003 [0.116]	0.032 [0.117]	0.031 [0.119]	-0.019 [0.117]	0.113 [0.119]**
金融	0.055 [0.171]	0.008 [0.158]	0.021 [0.148]	-0.043 [0.165]	-0.039 [0.181]	-0.063 [0.186]	0.065 [0.151]	0.116 [0.148]**	-0.051 [0.154]	0.001 [0.154]	0.203 [0.150]***	0.131 [0.151]**
サービス	-0.018 [0.094]	-0.02 [0.094]	-0.042 [0.087]	-0.019 [0.094]	-0.037 [0.103]	-0.019 [0.100]	0.052 [0.088]	0.055 [0.086]	-0.013 [0.088]	-0.045 [0.090]	-0.072 [0.088]**	-0.035 [0.093]
商社	0.087 [0.139]**	-0.015 [0.130]	0.066 [0.119]	-0.042 [0.132]	-0.008 [0.139]	-0.002 [0.135]	-0.011 [0.118]	0.045 [0.118]	-0.004 [0.121]	0.003 [0.122]	-0.021 [0.119]	-0.009 [0.127]
小売	0.022 [0.158]	-0.059 [0.152]	-0.07 [0.140]	-0.029 [0.152]	-0.058 [0.175]	-0.021 [0.162]	0.058 [0.143]	0.06 [0.140]	-0.052 [0.144]	0.015 [0.144]	-0.082 [0.143]	-0.08 [0.151]
マスコミ	-0.001 [0.240]	0.069 [0.232]	-0.021 [0.220]	0.048 [0.227]	-0.065 [0.271]	0.156 [0.224]**	0.061 [0.221]	-0.02 [0.221]	0.081 [0.221]	0.03 [0.226]	-0.126 [0.227]	-0.063 [0.237]
企業規模（参照：100人未満）												
100〜499人	0.068 [0.099]**	0.057 [0.107]	0.075 [0.092]**	-0.005 [0.101]	-0.013 [0.110]	0.004 [0.106]	0.093 [0.092]***	0.016 [0.092]	0.099 [0.096]***	0.052 [0.096]	0.068 [0.094]*	0.05 [0.101]
500〜999人	0.073 [0.130]**	0.15 [0.131]***	0.093 [0.118]**	0.005 [0.129]	0.002 [0.140]	-0.039 [0.139]	0.107 [0.119]**	0.114 [0.118]**	0.137 [0.121]***	0.07 [0.122]	0.05 [0.119]	0.114 [0.126]**
1000〜2999人	0.095 [0.139]**	0.213 [0.136]***	0.148 [0.125]***	0.069 [0.133]	0.016 [0.147]	-0.005 [0.145]	0.146 [0.126]***	0.049 [0.124]	0.087 [0.128]*	0.006 [0.131]	-0.028 [0.127]	0.142 [0.132]***
3000〜4999人	0.073 [0.259]	0.241 [0.240]**	0.238 [0.236]**	0.056 [0.243]	-0.03 [0.288]	-0.027 [0.266]	0.177 [0.238]**	-0.004 [0.229]	0.177 [0.230]**	0.095 [0.235]	-0.014 [0.237]	0.262 [0.236]***
5000人以上	0.083 [0.201]**	0.41 [0.187]***	0.284 [0.186]***	0.145 [0.184]***	0.108 [0.197]*	0.042 [0.198]	0.201 [0.184]***	0.184 [0.180]***	0.199 [0.179]***	0.082 [0.185]	0.023 [0.181]	0.141 [0.184]***
上場状況 上場	0.03 [0.109]	0.019 [0.101]	0.014 [0.096]	0.047 [0.101]	0.03 [0.110]	0.039 [0.109]	-0.02 [0.097]	-0.021 [0.096]	-0.011 [0.097]	-0.006 [0.099]	0.02 [0.097]	0.096 [0.098]**
大卒院卒理系重視	0.054 [0.077]**	0.029 [0.074]	0.053 [0.069]*	0.073 [0.074]*	0.07 [0.080]***	0.06 [0.078]***	0.048 [0.069]**	0.021 [0.068]	0.02 [0.070]	0.059 [0.071]**	0.025 [0.069]	0.025 [0.072]
本社所在地域	YES	YES	YES	YES	YES	YES	YES	YES	YES	YES	YES	YES
サンプルサイズ	1461	1461	1461	1461	1461	1461	1461	1461	1461	1461	1461	1461
疑似決定係数	0.0221	0.0474	0.0195	0.0233	0.0286	0.0264	0.0192	0.0126	0.0168	0.0166	0.0253	0.0453

注：1) [ ] 内の値は標準誤差を表す。
2) ***は1%水準、**は5%水準、*は10%水準で有意であることを示す。

出所：2013年採用予定調査企業個票データより筆者作成。

られるからなのかもしれない。ただし，限界効果の大きさを見ると，マスコミで「創造力」が大きく求められるのに対して，有意になった各所の限界効果はそれほど大きなものではない。また「働きかけ力」，「実行力」，「課題発見力」，「計画力」，「発信力」，「柔軟性」，「状況把握力」についてはどの産業においても統計的有意にならず，その求められ方の産業による違いは確認されなかった。

次に，企業規模ダミーの分析結果を見ると，表3の単純集計結果から見られた傾向と同様に，概ねどの基礎力においても参照グループである100人未満企業よりも，規模の大きい企業ほど重視されやすい様子が確認できる。大企業ほど同僚や上司など関与者の範囲が広いためか，特に「働きかけ力」の限界効果が大きい。また「実行力」，「発信力」においては限界効果も大きく，かつ大規模企業ほど増加傾向となる。特にこれら3つの基礎力が大規模企業で働くには重要だと考えられる。

さらに注目されるのは，この3つの基礎力については産業別の違いが見られなかったことである。要するに，どの産業であっても大企業における就職活動を勝ち抜くには，その産業において特殊的に求められる能力に加えて，これら3つの能力についても特に秀でている必要があると考えられる。なお，上場企業ほど社会的責任が大きいからか，「ストレスコントロール力」が有意にプラスとなっている。また，理系出身者の質を重視する企業ほどシンボル分析業務に重きが置かれるからなのか，「課題発見力」，「計画力」，「創造力」，「状況把握力」といった能力がより求められている。

以上の結果からは，産業ダミーの影響よりも企業規模の影響のほうが大きい部分が散見され，能力の重視のされ方は産業による違いよりも規模による違いの影響が大きそうである。この理由については，サービス経済化や技術進歩といった近年の社会構造の変化の影響が，産業ごとよりも企業規模によって異なっていることが考えられる。例えば，製造業内においても小規模企業よりも規模効率を重視する大企業のほうがマーケティングやカスタマーサービスといったサービス経済化やIT化が進んでいるのであろう。近年の能力要請変化の経路として考えられた要因が，産業よりも企業規模によって大きく違っているのではないかと考えられる。

表 8 選考方法に関するプロビット分析結果（限界効果）

説明変数	面接官1人に対して学生1人の長時間面接			グループワーク			アルバイト経験をさせてからの採用			長期インターンシップ			OB・OG訪問、リクルーター制		
	①	②	③	①	②	③	①	②	③	①	②	③	①	②	③
主体性	0.043 [0.092]	-	0.05 [0.091]	0.046 [0.104]*	-	0.044 [0.103]*	0.021 [0.099]	-	0.02 [0.097]	0.025 [0.095]	-	0.014 [0.094]	0 [0.105]	-	0 [0.105]
働きかけ力	-0.023 [0.086]	-	-0.022 [0.085]	0.003 [0.099]	-	0.011 [0.097]	-0.007 [0.096]	-	-0.015 [0.093]	-0.013 [0.090]	-	-0.008 [0.089]	-0.011 [0.105]	-	-0.013 [0.104]
実行力	0.052 [0.078]*	-	0.057 [0.077]**	-0.029 [0.088]	-	-0.028 [0.087]	0.015 [0.085]	-	0.006 [0.083]	0.039 [0.081]	-	0.039 [0.080]	-0.024 [0.093]	-	-0.025 [0.092]
課題発見力	0.015 [0.092]	-	0.008 [0.091]	-0.017 [0.105]	-	-0.016 [0.104]	-0.002 [0.101]	-	0 [0.099]	-0.014 [0.096]	-	-0.007 [0.095]	-0.025 [0.113]	-	-0.025 [0.113]
計画力	0.008 [0.107]	-	0.009 [0.106]	-0.004 [0.124]	-	-0.003 [0.123]	-0.062 [0.121]*	-	-0.066 [0.119]**	0.032 [0.111]	-	0.03 [0.110]	0.011 [0.131]	-	0.014 [0.130]
創造力	0.018 [0.095]	-	0.01 [0.094]	-0.002 [0.110]	-	-0.008 [0.109]	0.025 [0.105]	-	0.038 [0.102]	0.001 [0.099]	-	0.009 [0.098]	-0.043 [0.121]*	-	-0.044 [0.119]*
発信力	0.032 [0.079]	-	0.031 [0.078]	-0.036 [0.090]	-	-0.033 [0.089]	0.018 [0.087]	-	0.019 [0.085]	0.039 [0.083]	-	0.04 [0.082]	-0.044 [0.094]**	-	-0.043 [0.093]**
傾聴力	0.009 [0.079]	-	0.009 [0.078]	0.061 [0.091]***	-	0.06 [0.090]**	0.018 [0.087]	-	0.027 [0.085]	-0.006 [0.083]	-	-0.011 [0.082]	-0.006 [0.095]	-	-0.007 [0.094]
柔軟性	0.015 [0.078]	-	0.013 [0.078]	0.002 [0.090]	-	0.005 [0.089]	-0.014 [0.087]	-	-0.013 [0.085]	-0.037 [0.082]	-	-0.036 [0.082]	0.052 [0.093]**	-	0.052 [0.092]**
状況把握力	0.022 [0.082]	-	0.022 [0.081]	0.011 [0.094]	-	0.007 [0.093]	0.041 [0.090]	-	0.04 [0.088]	0.003 [0.085]	-	0.002 [0.085]	0.029 [0.097]	-	0.027 [0.096]
規律性	-0.014 [0.076]	-	-0.001 [0.074]	-0.018 [0.087]	-	-0.018 [0.085]	-0.007 [0.083]	-	-0.019 [0.081]	0.012 [0.079]	-	0.012 [0.078]	0.032 [0.090]	-	0.032 [0.089]
ストレスコントロール力	-0.004 [0.081]	-	0.003 [0.079]	-0.038 [0.094]	-	-0.031 [0.092]	-0.009 [0.090]	-	-0.023 [0.088]	-0.013 [0.085]	-	-0.012 [0.083]	-0.011 [0.098]	-	-0.011 [0.097]

選考で重視ダミー

	(1)	(2)	(3)	(4)	(5)	(6)	(7)	(8)	(9)	(10)	(11)	(12)
業種（参照：メーカー）												
ソフトウェア・通信	0.038 [0.119]	0.044 [0.118]	—	0.015 [0.133]	0.01 [0.132]	—	-0.017 [0.138]	-0.015 [0.137]	—	0.03 [0.140]	0.029 [0.139]	—
金融	0.159 [0.150]***	0.158 [0.149]***	—	-0.026 [0.175]	-0.028 [0.173]	—	-0.051 [0.190]	-0.048 [0.188]	—	0.007 [0.186]	0.011 [0.182]	—
サービス	-0.013 [0.090]	-0.013 [0.089]	—	-0.025 [0.102]	-0.021 [0.101]	—	0.138 [0.097]***	0.14 [0.096]***	—	0.025 [0.107]	0.02 [0.105]	—
商社	0.105 [0.120]**	0.112 [0.119]**	—	-0.069 [0.148]**	-0.064 [0.147]*	—	0.008 [0.138]	0.012 [0.137]	—	-0.003 [0.148]	-0.004 [0.146]	—
小売	-0.037 [0.147]	-0.035 [0.145]	—	-0.063 [0.176]	-0.055 [0.173]	—	0.175 [0.152]***	0.186 [0.151]***	—	0.019 [0.176]	0.016 [0.173]	—
マスコミ	-0.089 [0.241]	-0.083 [0.238]	—	-0.003 [0.258]	0 [0.253]	—	0.115 [0.236]	0.13 [0.233]*	—	-0.086 [0.360]	-0.091 [0.353]	—
企業規模（参照：100人未満）												
100~499人	0.067 [0.098]*	0.076 [0.096]**	—	0.009 [0.110]	0.007 [0.109]	—	-0.052 [0.103]*	-0.046 [0.102]	—	-0.001 [0.112]	0 [0.110]	—
500~999人	0.02 [0.125]	0.031 [0.123]	—	0.067 [0.138]*	0.069 [0.135]*	—	-0.027 [0.131]	-0.021 [0.129]	—	-0.03 [0.149]	-0.028 [0.146]	—
1000~2999人	0.056 [0.131]	0.07 [0.129]	—	0.094 [0.146]**	0.087 [0.142]**	—	-0.107 [0.147]***	-0.105 [0.145]***	—	-0.013 [0.156]	-0.023 [0.153]	—
3000~4999人	0.011 [0.239]	0.031 [0.236]	—	-0.048 [0.330]	-0.062 [0.325]	—	-0.09 [0.262]	-0.085 [0.258]	—	-0.044 [0.310]	-0.052 [0.304]	—
5000人以上	0.081 [0.186]	0.107 [0.182]	—	0.01 [0.225]	0.007 [0.219]	—	-0.103 [0.213]**	-0.097 [0.207]*	—	-0.006 [0.229]	-0.02 [0.223]	—
上場状況：上場	0.062 [0.098]*	0.064 [0.097]*	0.061 [0.087]*	-0.036 [0.115]	-0.043 [0.114]	-0.019 [0.104]	-0.026 [0.112]	-0.029 [0.111]	-0.057 [0.101]**	-0.032 [0.124]	-0.035 [0.122]	-0.042 [0.112]*
大卒院卒理系重視	-0.014 [0.071]	-0.003 [0.070]	-0.023 [0.070]	0.017 [0.081]	0.015 [0.080]	0.025 [0.079]	-0.033 [0.079]	-0.032 [0.078]	-0.037 [0.076]*	-0.02 [0.086]	-0.025 [0.084]	-0.022 [0.084]
本社所在地域	YES	YES		YES	YES		YES	YES		YES	YES	
サンプルサイズ	1,461	1,461	1,461	1,461	1,461	1,461	1,461	1,461	1,461	1,461	1,461	1,461
疑似決定係数	0.0286	0.0209	0.0171	0.03	0.0193	0.0176	0.047	0.0412	0.0174	0.0327	0.015	0.0276

被説明変数		懇親会			面接等の待合室での会話			エントリーシート			適性検査			その他		
		①	②	③	①	②	③	①	②	③	①	②	③	①	②	③
選考で重視ダミー	主体性	0.003 [0.138]	—	0.003 [0.136]	-0.029 [0.104]	—	-0.023 [0.103]	-0.006 [0.205]	—	-0.007 [0.201]	0.019 [0.106]	—	0.02 [0.104]	0.004 [0.250]	—	0.002 [0.238]
	働きかけ力	-0.009 [0.126]	—	-0.002 [0.123]	-0.004 [0.103]	—	0.001 [0.100]	0.009 [0.188]	—	0.012 [0.182]	-0.038 [0.107]	—	-0.045 [0.105]*	-0.005 [0.221]	—	-0.007 [0.214]
	実行力	0.031 [0.116]**	—	0.033 [0.114]**	-0.01 [0.091]	—	-0.004 [0.090]	0.002 [0.178]	—	0.004 [0.174]	-0.027 [0.091]	—	-0.029 [0.090]	0.013 [0.201]*	—	0.014 [0.195]*
	課題発見力	0.008 [0.130]	—	0.009 [0.129]	-0.021 [0.112]	—	-0.026 [0.110]	-0.006 [0.222]	—	-0.008 [0.218]	-0.009 [0.108]	—	-0.01 [0.107]	-0.002 [0.220]	—	-0.003 [0.216]
	計画力	-0.009 [0.154]	—	-0.012 [0.152]	-0.037 [0.132]	—	-0.039 [0.130]	-0.007 [0.267]	—	-0.008 [0.263]	0.016 [0.125]	—	0.019 [0.125]	-0.003 [0.257]	—	-0.002 [0.248]
	創造力	0.025 [0.132]	—	0.029 [0.130]	-0.006 [0.115]	—	-0.012 [0.113]	0.014 [0.195]	—	0.014 [0.190]	0.049 [0.109]*	—	0.052 [0.108]*	0 [0.226]	—	0.001 [0.219]
	発信力	0.01 [0.115]	—	0.013 [0.113]	-0.011 [0.093]	—	-0.012 [0.091]	0.002 [0.179]	—	0.003 [0.176]	-0.016 [0.093]	—	-0.021 [0.092]	-0.005 [0.193]	—	-0.005 [0.187]
	傾聴力	-0.005 [0.116]	—	-0.004 [0.114]	0.024 [0.095]	—	0.027 [0.093]	0.001 [0.179]	—	0.002 [0.176]	-0.009 [0.093]	—	-0.012 [0.092]	0.008 [0.198]	—	0.008 [0.189]
	柔軟性	-0.004 [0.117]	—	-0.003 [0.116]	0.02 [0.092]	—	0.02 [0.091]	0.01 [0.175]	—	0.01 [0.173]	-0.007 [0.093]	—	-0.009 [0.092]	-0.002 [0.194]	—	-0.001 [0.185]
	状況把握力	-0.028 [0.127]*	—	-0.029 [0.125]*	0.012 [0.095]	—	0.016 [0.094]	-0.015 [0.213]**	—	-0.016 [0.208]**	-0.01 [0.097]	—	-0.008 [0.097]	0.002 [0.199]	—	0.003 [0.192]
	規律性	-0.007 [0.113]	—	-0.012 [0.110]	0.051 [0.088]**	—	0.052 [0.086]**	0.009 [0.170]	—	0.009 [0.165]	0.025 [0.088]	—	0.027 [0.087]	0.005 [0.188]	—	0.002 [0.179]
	ストレスコントロール力	0.015 [0.116]	—	0.014 [0.113]	0.028 [0.095]	—	0.031 [0.092]	0.005 [0.177]	—	0.006 [0.172]	0.008 [0.095]	—	0.007 [0.093]	0.014 [0.186]*	—	0.013 [0.178]

業種(参照: メーカー)	ソフトウェア・通信	-0.006 [0.184]	-0.004 [0.179]	—	-0.053 [0.149]*	-0.051 [0.147]	—	-0.008 [0.312]	-0.01 [0.307]	0.05 [0.133]	0.046 [0.132]	—	0.01 [0.276]	0.013 [0.271]
	金融	-0.047 [0.284]*	-0.047 [0.274]*	—	-0.048 [0.178]	-0.033 [0.174]	—	-0.004 [0.345]	-0.003 [0.335]	-0.008 [0.187]	-0.007 [0.184]	—	—	—
	サービス	-0.003 [0.130]	-0.004 [0.128]	—	-0.068 [0.109]***	-0.069 [0.108]***	—	-0.002 [0.200]	-0.002 [0.192]	-0.019 [0.108]	-0.021 [0.106]	—	0.006 [0.231]	0.008 [0.222]
	商社	-0.001 [0.181]	0.001 [0.177]	—	0.03 [0.135]	0.028 [0.134]	—	0 [0.278]	0 [0.267]	0.045 [0.136]	0.043 [0.136]	—	0.018 [0.271]	0.026 [0.257]*
	小売	-0.02 [0.217]	-0.022 [0.213]	—	-0.001 [0.165]	-0.001 [0.162]	—	-0.007 [0.348]	-0.008 [0.327]	-0.032 [0.185]	-0.034 [0.184]	—	0.022 [0.321]	0.022 [0.312]
	マスコミ	0.074 [0.284]	0.076 [0.282]	—	-0.084 [0.320]	-0.086 [0.313]	—	0.001 [0.472]	0.002 [0.462]	0.012 [0.257]	0.011 [0.254]	—	0.015 [0.500]	0.016 [0.458]
企業規模(参照: 100人未満)	100~499人	0.007 [0.151]	0.008 [0.148]	—	0.073 [0.123]***	0.077 [0.121]***	—	0.01 [0.258]	0.013 [0.251]	-0.032 [0.106]	-0.035 [0.105]	—	-0.007 [0.222]	-0.008 [0.212]
	500~999人	0.02 [0.187]	0.022 [0.182]	—	0.155 [0.148]***	0.166 [0.145]***	—	0.025 [0.292]	0.032 [0.283]*	-0.046 [0.143]	-0.055 [0.141]*	—	-0.011 [0.325]	-0.011 [0.305]
	1000~2999人	0.069 [0.184]**	0.077 [0.179]**	—	0.094 [0.161]**	0.089 [0.157]**	—	0.026 [0.310]	0.032 [0.300]	-0.046 [0.154]	-0.056 [0.150]*	—	-0.013 [0.351]	-0.015 [0.338]
	3000~4999人	0.019 [0.349]	0.027 [0.340]	—	0.136 [0.280]*	0.142 [0.274]*	—	0.026 [0.525]	0.027 [0.513]	-0.079 [0.325]	-0.091 [0.322]	—	-0.009 [0.552]	-0.006 [0.499]
	5000人以上	0.077 [0.253]*	0.09 [0.242]**	—	0.111 [0.227]*	0.106 [0.221]*	—	0.037 [0.397]	0.053 [0.373]*	-0.078 [0.250]	-0.091 [0.243]**	—	-0.003 [0.388]	0.002 [0.367]
上場状況	上場	0.008 [0.136]	0.012 [0.134]	0.029 [0.120]*	-0.025 [0.116]	-0.027 [0.115]	0.009 [0.103]	-0.005 [0.212]	-0.005 [0.205]	-0.028 [0.123]	-0.025 [0.122]	-0.053 [0.111]**	0.01 [0.238]	0.012 [0.229]
	大学院卒理系重視	0.009 [0.104]	0.011 [0.102]	0.013 [0.101]	0.009 [0.084]	0.008 [0.082]	0.009 [0.082]	0.003 [0.160]	0.003 [0.154]	0.011 [0.083]	0.013 [0.082]	0.019 [0.081]	0.003 [0.174]	0.003 [0.166]	0.003 [0.167]
	本社所在地域	YES	YES	YES	YES	YES	YES	YES	YES	YES	YES	YES	YES	YES	YES
	サンプルサイズ	1,461	1,461	1,461	1,461	1,461	1,461	1,415	1,415	1,461	1,461	1,461	1,303	1,303	1,387
	疑似決定係数	0.0576	0.0387	0.0398	0.0519	0.0378	0.0292	0.0697	0.0346	0.032	0.0242	0.0214	0.0817	0.0363	0.0534

注: 1) [ ]内の値は標準誤差を表す。
2) ***は1％水準, **は5％水準, *は10％水準で有意であることを示す。

(2) 重視される社会人基礎力の特徴の違いと選考方法の違い

次に，(2) 式のプロビット分析の結果を示した表 8 より，求められる能力別に重視される選考方法が異なるか，そして，企業属性別に重視される選考方法が異なるかについて検討する。

まずは重視される「社会人基礎力」の結果を見ると，パターン①と③とで有意になった部分や，有意な場合の符合や限界効果の数値に大きな違いは見られない。パターン①の推定結果についても多重共線性の問題はなさそうである[12]。統計的に有意になった結果を述べると，「主体性」はグループワークで，「実行力」は長時間面接と懇親会で，「創造力」は適性検査で，「傾聴力」はグループワークで，「柔軟性」はOB・OG訪問で，「規律性」は待合室での会話でそれぞれプラスの影響が確認できる。各限界効果も約 5% 程度と一定の影響力を有していると考えられる。また，グループワークでは「傾聴力」や「主体性」といった他者の意見を聞きつつも主体的に動けているかどうかは判断できると思われるし，待合室での私語によって「規律性」は判断できると考えられ，分析結果は現実的なものであろう。一方で「計画力」がアルバイト経験をさせてからの採用で，「創造力」や「発信力」がOB・OG訪問で，「状況把握力」が懇親会とエントリーシートでそれぞれ統計的に有意なマイナスとなり，限界効果も一定程度確認できる。これらの能力と選考方法の組み合わせはあまり適さないものと考えられる。

次に，産業ダミーや企業規模ダミーの結果を見る。やはりパターン①と②とで一部有意な結果が示される部分と示されない部分があるものの，ほぼ合致した結果が示され符合はすべて同じである。そこでパターン①と②とに共通して有意な結果が示されたものを見てゆくと，まず産業では金融や商社が長時間面接で，サービスや小売がアルバイト経験をさせてからの採用で，マスコミが長期インターンシップでそれぞれ有意なプラスの結果が示され，限界効果も 0.1 を超えて大きい。これらの産業と選考方法との結びつきが特に強いことが分かる。

続いて企業規模では，100～499 人企業では長時間面接や待合室での会話が有意にプラスに，500～999 人企業ではグループワークや待合室での会話が有意にプラスに，長期インターンが有意にマイナスになっている。また，

1000～2999人企業ではグループワークや懇親会，待合室での会話が有意にプラス，アルバイト経験を経た採用は有意にマイナスになり，3000～4999人企業では待合室での会話が有意にプラス，5000人以上の企業では懇親会や待合室での会話が有意にプラスに，アルバイトを経た採用は有意にマイナスとなっている。さらに，限界効果の大きさもどれも絶対値で0.05%を超えている。100人未満の企業に比べ，規模の大きな企業ではアルバイトを経た採用は不向きであり，待合室での会話やグループワークや懇親会など複数の者を一度に比較できる選考方法が重視されているようである。

　以上の結果を整理すると，一部の「社会人基礎力」については重視される能力の違いによって選考方法も異なってくると考えられる。しかし，産業や企業規模による選考方法の特徴の違いは，産業や企業規模で重視される「社会人基礎力」が違うことを介して説明される部分は小さいと考えられる。例えば，金融業では (1) 式の分析結果を見ると，「規律性」や「ストレスコントロール力」が重視されていたが，(2) 式の分析結果を見ると「規律性」や「ストレスコントロール力」は長時間面接に影響していないにもかかわらず，金融業は長時間面接が重視されやすいという結果になっている。選考方法の特徴の違いは，産業や規模ごとに求められる「社会人基礎力」が違うことを介した結果であるというよりも，産業や企業規模の違いが直接的に選考方法を異ならせていると考えられるのである。また企業規模の分析結果では，大規模企業ほど一度に複数の学生を比較可能な方法を重視している様子も見られた。大企業ほど採用する学生数も多いことが考えられ，採用規模によって適した方法があるのかもしれない。これを考えると，企業属性別に同じ選考方法でもコストパフォーマンスが違うなど，そもそも適した選考方法が分かれてくるということであろう。

7　結　論

　本章では，新卒採用において重視される能力の企業特性による違いや，それによって選考方法の特徴が異なるかどうかについて分析を行った。分析の

結果，明らかになったことは以下の2点である。

第一には，どのような能力が新卒採用の選考で重視されるかは，産業や企業規模によってその特徴に違いが見られた。金融では「傾聴力」や「規律性」，「ストレスコントロール力」が，ソフトウェア・通信では「ストレスコントロール力」が，商社では「主体性」がより重視される傾向が確認できた。企業規模別には産業とは特徴が異なり，大企業では小規模企業に比べて多くの能力が重視され，「働きかけ力」や「実行力」，「発信力」については企業規模が大きくなるにつれ，その重視のされ方もより厳しいものになってゆく様子が確認された。これら結果を考えると，就職活動においては志望先の企業特性に応じた普段からの能力開発も重要ではないかと思われる。例えば金融の大企業志望者は大企業で求められる「働きかけ力」や「実行力」，「発信力」に加えて金融業で求められる「傾聴力」や「規律性」，「ストレスコントロール力」を鍛える必要があろう。それとは反対に同じ大企業でもマスコミ志望ならば，「規律性」の代わりに「創造力」に強みを備えている必要がある。これら結果からは特に就職活動支援の場で，学生の志望先に応じた取り組みが重要であることが示唆される。すでに産学官で豊富な事例が見られる「社会人基礎力」に関連する取り組みについて述べるなら，活動プログラムに志望先に応じたバラエティーを持たせることで，その効果や影響力を高めるだけでなく，「社会人基礎力」そのものの意義も高めることになるのではないだろうか。

また第二には，一部の能力については重視のされ方によって適した選考方法も異なってくる様子が確認できた。「2013年新卒採用実績のある日本国内企業の調査データ」を用いた定量分析結果によると，一般的な企業行動として重視する能力が異なるならば，それに応じて重視する選考方法も変えていると言えよう。具体的には，「主体性」や「傾聴力」が重視される場合はグループワークの重要性が高まり，「創造力」が重視される場合にはOB・OG訪問はあまり適さず，適性検査の重要性が高い。さらに，「規律性」が重視される場合は待合室での会話から得られる情報も選考結果を左右しやすく，「柔軟性」が重視される場合はOB・OG訪問が，「実行力」が重視される場合には長時間面接，また懇親会も重要になる。どの能力を把握したいかに

よって適した選考方法を選択することが重要であり，それぞれの複数の組み合わせることよって，欲しい人材の全体像が見極められるということが数量的にも示唆された。

　加えて，産業や企業規模ごとにも選考方法の特徴は異なっていた。ただしこの違いは，重視される「社会人基礎力」が企業属性によって違うことを介して現れているというよりも，産業や企業規模によって直接に選考方法を異ならせている側面が大きい様子が確認された。具体的には，金融や商社では長時間面接が，サービスや小売ではアルバイト経験を経た採用が，マスコミでは長期のインターンが重視されていた。また，アルバイトを経た採用は小規模企業ほど，グループワークや懇親会，待合室での会話は大規模企業で重視されていた。

　これらの分析結果からは，学生の志望先に応じて就職活動に向けた対策や就職活動の方法が異なってくることが予想される。例えば，マスコミやサービス，小売業を志望する学生にとっては，大学3，4年時の一斉就職活動だけが就職活動の機会ではなく，長期のインターンシップ，アルバイトで当該産業に入り込むことが重要になるものと考えられる。さらに，大企業志望者ほど，待合室での振る舞いやグループワークの対策も求められよう。

　最後に，本章の課題について述べる。本章では「社会人基礎力」を用い「ポスト近代型能力」に着目して各種企業ごとに求められる人材像へ接近を試みた。ただし，現実には企業は学力も含めた「近代型能力」も重要視しているし，現時点の「社会人基礎力」よりもそれらを今後伸ばせるかどうかといったポテンシャルも見ていると考えられる。また，これらを総合的に判断するために，各種選考方法が組み合わせられていると考えられる。そうであるならば，より詳細に企業が求めている人材像に接近するためには，「社会人基礎力」のような「ポスト近代型能力」変数だけでなく，それらを今後のばせるかという潜在能力や学力のような「近代型能力」も含めて総合的に分析を試みる必要があるのかもしれない。さらには，本章で用いているデータの特性上，本章の分析で得られた含意は大手の就職サイトを用いて採用活動を行っている企業については主張できるものの，大手の就職サイトを用いずに採用を進めている企業ではまた異なった重視能力や選考方法の特徴がある

かもしれない。前者のような能力指標を総合的にとらえた研究や後者の課題に関する対象企業をより一般化した研究については今後の課題としたい。

付表1　表8のモデルをOLS推定した分析結果のVIF

	パターン①	パターン②	パターン③
主体性	1.24	−	1.23
働きかけ力	1.28	−	1.24
実行力	1.3	−	1.29
課題発見力	1.41	−	1.4
計画力	1.45	−	1.44
創造力	1.24	−	1.23
発信力	1.3	−	1.28
傾聴力	1.36	−	1.34
柔軟性	1.26	−	1.25
状況把握力	1.29	−	1.28
規律性	1.2	−	1.17
ストレスコントロール力	1.22	−	1.19
ソフトウェア・通信	1.22	1.21	−
金融	1.15	1.13	−
サービス	1.33	1.32	−
商社	1.17	1.17	−
小売	1.2	1.18	−
マスコミ	1.08	1.06	−
100〜499人	1.95	1.91	−
500〜999人	1.66	1.62	−
1000〜2999人	1.81	1.75	−
3000〜4999人	1.26	1.23	−
5000人以上	1.48	1.42	−
上場	1.3	1.29	1.06
北海道	1.06	1.05	1.05
東北	1.07	1.06	1.06
甲信越	1.11	1.1	1.08
東海	1.15	1.13	1.13
北陸	1.1	1.08	1.08
関西	1.21	1.19	1.19
中国・四国	1.19	1.17	1.15
九州	1.12	1.1	1.1
大卒院卒理系重視	1.06	1.04	1.03
Mean VIF	1.28	1.25	1.19

出所：2013年採用予定調査企業個票データより筆者作成。

注

1) 戸田（2010）では，Becker（1962）の人的資本理論が近年では一般的と企業特殊的人的資本という2分法に留まらず，産業や職種でのみ役に立つ産業又は職種特殊的人的資本という議論にまで拡張されてきたことが指摘されている。
2) 分析によって，能力項目の選考方法への影響よりも，企業特性そのものの影響が大きい場合には，企業特性ごとに名目上同じ選考方法でもそのコストパフォーマンスが異なったり，実施に伴う制約が異なっていたりしている可能性が考えられる。
3) 日本における脱工業化の議論については，稲上（2005）の第1章を参照。
4) 要請能力の変化に内部変化の要因がどれほど重要であるかを確認するためには，各産業や企業規模ごとの時系的な変化が分析可能なデータを用いる必要がある。構造変化要因と内部変化要因のそれぞれがどれほどのインパクトを持っているかについて確認することは，今後の課題としたい。
5) 企業内部での養成や配置転換を前提とした日本の正社員の新卒採用においては，業務に変化が生じても採用時にその影響が反映されることは少ないかもしれない。また一方で定型的業務がITや非正規労働者などで置き換わり，近年の正社員に残された仕事ほど「ポスト近代型能力」の重要性が強いものが多くなっている可能性も考えられる。もしそうであれば正社員の新卒採用時においても定型的業務に適した者は雇われなくなり，ポスト近代型能力を有した者が採用されやすくなるという変化は見られるかもしれない。
6) 高い人的資本として学力が評価されているのはもちろんであるが，高い基礎学力を有していることは，高い「ポスト近代型能力」を備えているか今後獲得しうることを示す代理指標にもなりえる。そこで，本章の分析では，基礎学力の要請に関する変数もコントロールしつつ，企業属性別に求める能力の違いを分析してゆきたい。
7) 能力把握の枠組みについては厚生労働省による「就職基礎能力」もあるが，こちらを基にした能力形成支援政策「若年者就職基礎能力修得支援事業」は2009年に終了してしまった。一方，「社会人基礎力」は後述する社会人基礎力育成グランプリ以外にも，社会人基礎力判定事業や教育事業などの取り組みが産学官の連携で現在も進められている。このような継続的取り組みから，能力をとらえる枠組みとしての「社会人基礎力」は無視できないものと考え，本章ではこちらを取り上げた。
8) 「社会人基礎力」で特に注目されるのは，「ポスト近代型能力」具体内容を項目として定義しただけでなく，その枠組みを活用して人材育成の取り組みを進めている点である。その取り組みの中でも中心的な役割を持っているのが，2008年より開催されている「社会人基礎力育成グランプリ」であり，経済産業省や民間企業，教育機関との連携を通じて近年広がりつつある。
9) なお，岩脇（2007）ではヒアリングなど定性的な手法に限定されている。本章のように定量的な手法を用いて，面接の全体像並びに面接以外の方法も検討する意義はあろう。ただし定量分析を用いるならば，アンケート調査による定型化された質問文への量的反応以上の情報は読みとれないという限界もある。
10) 産業選択肢のうち，銀行・証券，生保・損保，クレジット，信販，リース，その他金融，不動産を「金融業」としている。
11) 日本における新卒採用市場では，職種別採用が行われていない企業も多い。本章で用いている調査は新卒採用に関する調査のため，また採用者一人ひとりによって職種が異なる企業も多いことから職種に関する設問が無いものと思われる。
12) 加えて，(2)式と同様の線形確率モデルをOLS推定し，表8のそれぞれの分析において各

説明変数の Variance Inflation Factor を計算した．計算結果を示した付表1を見ると，最も大きい値だった変数でも 1.95 程度であり，多重共線性問題の恐れは小さいと思われる．

引用文献

飯吉弘子（2012）「戦後日本産業界の人材・教育要求変化と大学教養教育」『日本労働研究雑誌』629: 6-18 頁

池永肇恵（2009）「労働市場の二極化――IT の導入と業務内容の変化について」『日本労働研究雑誌』584: 73-90 頁

岩脇千裕（2007）「大学新卒者採用における面接評価の構造」『日本労働研究雑誌』567: 49-59 頁

稲上毅（2005）『ポスト工業化と企業社会』ミネルヴァ書房

経済産業省（2006）「社会人基礎力に関する緊急調査」

経済同友会（2012）「企業の採用と教育に関するアンケート調査」

小山治（2008）「なぜ新規大卒者の採用基準はみえにくくなるのか」『年報社会学論集』21: 143-154 頁

渋谷望（2003）『魂の労働』青土社

戸田淳仁「職種経験はどれだけ重要になっているのか――職種特殊的人的資本の観点から」『日本労働研究雑誌』594: 5-19 頁

根本孝「第2章 企業の採用基準と即戦力採用」，永野仁編『大学生の就職と採用学生1,143名，企業658社，若手社員211名，244大学の実証分析』中央経済社

本田由紀（2005）『多元化する「能力」と日本社会――ハイパー・メリトクラシーのなかで』NTT 出版

松下佳代編（2010）『〈新しい能力〉は教育を変えるか――学力・リテラシー・コンピテンシー』ミネルヴァ書房

見田宗介（1997）『現代社会の理論』岩波書店

労働政策研究研修機構『大学生の就職・募集採用活動等実態調査結果Ⅰ「大卒採用に関する企業調査」』，調査シリーズ No.16, 2006

Autor, D., F. Levy and R, J. Murnane.（2003）"The Skill Content of Recent Technological Change: An Empirical Exploration," *Quarterly Journal of Economics*, 118: 1279-1333.

Autor, D. and D. Dorn.（2013）"The Growth of Low-Abilityervice Jobs and the Polarization of the US Labor Market," *American Economic Review*, 103: 1553-1597.

Bauman, Z.（2000）"Liquid Modernity," Polity（『リキッド・モダニティ』森田典正訳，大月書店，2001 年）

Becker, G. S.（1962）"Investment in Human Capital: A Theoretical Analysis," *Journal of Political Economy*, 70-Part II: 9-49.

Bell, D.（1973）"The Coming of Post-Industrial Society: A Venture in Social Forecasting," *New York: The Basic Books*.（『脱工業社会の到来』上下巻，内田忠夫ほか訳，ダイヤモンド社，1975 年）

Reich, R. B.（1991）"The Work of Nations Preparing Ourselves for 21-st Century Capitalism" *Alfred K. Knopf*.（『The Work of Nations 21世紀資本主義のイメージ』中谷巌訳，ダイヤモンド社，1991 年）

第10章

アンケートは学生の就職活動を把握しているのか？

1 問題の所在

　近年，新規学卒就職市場の厳しさを反映して，大学生の就職活動に関心が集まり，実証研究も数多く蓄積されている。例えば，内定の有無や内定先の規模や満足度等の就職活動の結果に影響を与える要因には，大学の銘柄等入学前の違いや学業成績（永野 2004；濱中 2007；平沢 2010；梅崎・田澤 2013），大学生活の過ごし方（松繁 2004；小杉 2007），就職活動のやり方（佐藤ら 2010；田中ら 2011）等があることが指摘されている。

　これらの知見は，大学教育内容の再検討や就職活動に対するキャリア支援に実践的に利用されることもある。大学教育の評価は，むろん就職活動の結果という初職だけで測ることはできない。しかし，卒業後も未就職の学生が一定数おり，大学のキャリア教育やキャリア支援の評価に注目が集まっている[1]。

　しかし，これらの実践の効果測定に関しては，充分な研究成果が蓄積されていない。特に大学生活と就職活動を質問した質問票調査は，分析上，サンプル・バイアスという点で問題があることに留意する必要がある。

　第一に，どの大学をサンプルにするのかという問題である。「学校基本調査」のように全国の大学に在校生の就職状況を聞く質問票調査であれば，幅広く全国の就職活動状況を把握できるという利点がある。しかし，太田（2011）や上田（2012）等が指摘するように，悉皆調査でない場合は解釈に注意が必要である。なぜならば，学生対象の調査には，大学と学生の抽出に対してバイアスが生まれる可能性が高いからである。

　第二に，回答学生のサンプル・バイアスである。キャリアセンターの裏話

が書かれた沢田（2011）によれば，就職率計算の分母には「魔法」があると言われる。裏話が実態を反映しているかどうかの確認が必要であるが，大学は就職率を上げるために大学側が把握できなかった「進路不明者」や「回答未収」を外していると言う。また，就職を希望しない人として分母から外された学生には，もともと就職を希望していないのではなく，内定が得られなかったので，希望しなくなった学生も含まれる。さらに，就職が決まらなかったので，計画的に留年する学生もいる。留年率や退学率の変化を把握せずに就職結果だけを分析しても就職活動の正確な把握は不可能だと言えよう。

　以上のように，就職活動の調査には，調査対象の大学と同じ大学内の学生に関して偏りが発生していると考えられる。したがって本章では，一大学一学部の大学生を調査対象にして，できる限り詳細なデータを集めて，この偏りの発生要因を検証する。一大学一学部という調査の母集団を特定化する利点は，調査対象からの協力が得られることでこれまでにない情報が得られることである。第一に，入学時点から卒業までの対象学生全員の属性情報や成績情報，留年や退学等の質問票調査以外の学生データが利用できる。第二に，配布・回収方法を工夫し，回収率を上げることが可能になる。どのような学生が従来の質問票調査から排除されているかを把握することは，今後，就職活動を分析するすべての研究に対して基礎的な情報を提供し，研究発展に寄与すると考えられる。

　本章の構成は以下の通りである。続く第2節では，調査対象の大学生の入学から卒業までの流れと，それぞれの時点で生み出されるデータの偏りを検討する。第3節では，入手できたデータ・セットを説明し，既存研究と比べた利点とその限界を説明する。第4節では，先行研究と同じように就職結果の決定要因を分析した後に，サンプル・バイアスの数量分析を行う。第5節は，分析結果のまとめである。

2 入学から卒業までの流れとサンプル・バイアス

(1) 先行調査

本項では，サンプル・バイアスの可能性を踏まえて先行研究の調査を検討したい。以下には，全国調査と，いくつかの大学で行った調査に分けて概観する。

はじめに，全国調査として，「大学等卒業予定者の就職内定状況調査（厚生労働省・文部科学省）」（以下「内定状況調査」）と「学校基本調査（文部科学省）」の調査概要を説明する（表1）。これらの調査では，主にサンプル抽出の問題と，「就職率」の計算方法の問題が繰り返し指摘されているが（上田 2012；小川 2011；太田 2011；上西 2012），本章では特にサンプル抽出の問題に焦点を当てることにする。

表1 「内定状況調査」と「学校基本調査」の調査概要

	「内定状況調査」	「学校基本調査」
正式な調査名	・大学等卒業予定者の就職内定状況調査 ・大学等卒業者の就職状況調査	・学校基本調査
調査実施機関	・文部科学省 ・厚生労働省	・文部科学省
調査の対象	・全国の大学から，設置者・地域の別等を考慮して抽出 ・国立大学21校，公立大学3校，私立大学38校 ・調査対象人員は6,250人 （大学，短期大学，高等専門学校合わせて5,690人）	・学校教育法で規定されている学校
抽出方法	・抽出調査	・全数調査
調査事項	・進路希望（就職希望又は非就職希望の別） ・就職希望者の学校における専攻 ・就職希望者が企業等により内（々）定を受けた時期	・卒業後の進路状況等
調査期日	・10月，12月，2月，4月の各1日現在	・5月1日現在

注：2014年9月5日に，総務省のホームページ「統計法令に基づく統計調査の承認及び届出の状況（旧：指定統計・承認統計・届出統計月報）」を閲覧し，「大学，短期大学，高等専門学校及び専修学校卒業予定者の就職内定状況等調査」および「学校基本調査」の最終承認年月日を確認した。その結果，前者は「H 21.10.28」，後者は「H 24.7.26」と記載されていたため，（平成21年10月）および（平成24年7月）の資料を用いることにした。

出所：文部科学省「学校基本調査―調査の概要」および「大学，短期大学，高等専門学校及び専修学校卒業予定者の就職内定状況等調査―調査の概要」，総務省「統計法令に基づく統計調査の承認及び届出の状況（旧：指定統計・承認統計・届出統計月報）」（平成21年10月）および（平成24年7月）を基にして筆者が作成。

第一に,「内定状況調査」は,文部科学省と厚生労働省が共同で行っている調査である。大学4年の10月1日,12月1日,2月1日,卒業後の4月1日現在を調査期日としており,4回にわたって毎年実施している。在学中の3回(10月,12月,2月)の調査は「大学等卒業予定者の就職内定状況調査」,卒業後の1回(4月)の調査は「大学等卒業者の就職状況調査」と呼ばれている。大学,短期大学,高等専門学校合わせて調査が行われているが,大学に限定してみると,国立大学21校,公立大学3校,私立大学38校が対象である。これは有意抽出による調査であり,「全国の大学から,設置者・地域の別等を考慮して抽出」と説明されている。しかし,平成27年度の学校基本調査と比較をしてみると,全国の国立大学は11.0%であるのに対し,この調査では33.9%である(表2)。

この抽出では国立大学の割合がかなり多いと判断できる。なお,同調査を用いて就職率の推移を検討した太田(2011)は,1998年以降は国立大学の方が私立大学よりも明確に就職率が高いことを明らかにしている。上田(2012)はこの調査を,「調査対象の歪みがあることが明らかな調査方法」(p 141)と判断し,担当者にサンプルの抽出について質問をしている。その結果,「大学の抽出については変更する予定はない。変わらないことで,毎年,調査がスムーズに行える」(p 141)という回答を得たとしている。この回答では,サンプル・バイアスの問題には答えていないと判断できよう。また,その上,各大学はどのように調査対象学生を見つけているのであろうか。内定獲得者に偏って抽出してしまう可能性が残されている。

第二に,「学校基本調査」は,文部科学省が5月1日現在を期日として,

表2 「内定状況調査」および「学校基本調査」の学校数および割合

	内定状況調査		学校基本調査 (平成27年度)	
	学校数	割合	学校数	割合
国立	21	33.9%	86	11.0%
公立	3	4.8%	89	11.4%
私立	38	61.3%	604	77.5%
合計	62		779	

その前年度の学生の卒業後の進路状況等を調査している。これは全数調査である。文部科学省の学校に対する監督権限から考えて，学校単位では100％の回収率と推測される（小川 2011）。調査大学や調査学生の偏りはほとんど生まれない。調査学生の方で大学側が進路先を正確に把握できていない可能性はあるが，誤差は少ないと言えよう。ただし，この調査は，就職活動に焦点を当てているわけではないので，就職活動中の志望変更等については，情報が不十分である。例えば，大学院進学者は，そもそも就職活動の経験があるのか，もし就職活動経験があったとしても内定有無まではわからない。つまり，もともと強く大学院進学を希望していたのか，就職未内定の結果として大学院進学を考えたのかがわからないのである。

　上記の官庁データは，継続的に実施されているので時系列の分析ができるという点が優れているが，分析用の質問項目自体が少ないという問題を抱えている。

　続けて，研究のために実施された先行調査の特徴を説明しよう。大学生調査は，全国調査と一大学（および一学部）で行われた調査があり，全国調査の方が対象は幅広いが，特定の大学や学部に絞れば，詳細な質問項目が作成できる。学生の捕捉率を考えると，特定の大学や学部に絞った調査の方が調査対象者からの協力が得られやすいので，学生の捕捉率は高くなると考えられる。

　なお，全国調査を実施する場合，小杉（2007）や苅谷・本田（2010）のように複数の大学の協力を得て，大学によって抽出された学生を調査するという方法と，梅崎・田澤（2013）のようにネット調査会社を通じて行うモニター調査がある。前者には，「内定状況調査」と同じく調査を依頼する大学に偏りが生まれる。表3に示したのは，小杉（2007）や苅谷・本田（2010）で使われた大学生対象の調査の一覧である。小杉（2007）以外は，調査大学数が少ないことがわかる。

　さらに，大学側が学生に調査を依頼する際には，協力を得やすい学生，つまり授業やイベントに積極的に参加している学生に偏るという問題がある。一方，ネット調査では，大学を介した偏りはないが，ネット利用頻度が多い学生に偏るという別の問題が生まれる。また前者では，大学の情報を分類し，

表3　大学生の対象の調査の一覧

	就職研究会93年度調査	就職研究会97年度調査	JILPT 05年度調査
掲載資料	苅谷・本田（2010）	苅谷・本田（2010）	小杉編（2007）
調査年	1994年1-2月	1998年1-2月	2005年10-11月
調査方法	集合ほか	集合ほか	集合，郵送，ウェブ
対象者	大学4年生の男女	大学4年生の男女	大学4年生の男女
対象者の抽出	有意	有意	有意
有効回収数・大学数	845人・9校	1418人・16校	18,509人・276校
有効回収率	不明	不明	37.80%

大学ごとの違いを分析できるのに対して，後者では大学について細かい質問をするのは難しく，大学も多いので，大学別の分析は簡単なものにとどまる。

以上，それぞれの先行調査には利点と欠点があるが，本章では，一大学の調査に注目する。検討する調査学生の偏りに関しては，調査大学や学部を絞ったうえで，回収率が高くなるように配布回収する方が問題は小さくなる。しかし，そのような条件下の調査であっても，調査の偏りの問題は残る。どのような偏りであるかを次項では検討する。

(2) サンプル・バイアスの検討

はじめに本項では，大学生の入学から卒業までの流れを確認したい（図1）。そのうえで，質問票調査が配布回収された際にデータが偏る可能性を検討する。

まず，一般的に就職活動について質問したい場合は，就職活動終了時に調査をすべきである。大学4年の秋以降になるが，最近は卒業ぎりぎりまで就

図1　大学生の入学から卒業までの流れとそれに伴うバイアス

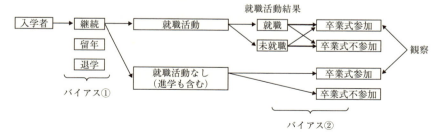

職先が決まらず，就職活動を続ける学生も多い。進路決定したかどうかに注目するならば調査をできるだけ遅らせて，卒業式に配布回収する方がよいと言えよう。特に大学4年の秋は，学生は卒業旅行等に行っており，質問票調査を配布回収する機会が作りにくい。また，ゼミ等の授業で配布する場合は，ゼミに所属していない学生の回答は得られにくい（ゼミが選択科目の場合）。さまざまな要因を考慮すると，卒業式で配布回収する方法が現時点でも最も回収率が高いと言える。ただし，卒業式に参加しない学生には，郵送等で別途質問票調査をしないと回収できないというバイアスがある。すなわち，時間軸で見ると就職活動の後に質問票調査が配布されるが，この回収に就職活動の結果が影響を与えている可能性が高いのである。

加えて，就職活動をしない学生もいる。退学していれば，学生情報から排除されるし，留年をすれば，同期のデータ・セットからは省かれる。大学不適応における退学は，近年増えてきているので，注目すべき指標である[2]。また，就職市場が厳しくなると，就職が決まらないから留年するという計画留年も生まれる。多くの大学生は，学生の身分を維持していた方が次年度の就職活動が有利になると考えているからであろう。さらに，進学や資格試験等で就職活動をしない学生もいる。

上記の流れを踏まえれば，(1) 退学や留年，(2) 就職活動の有無，(3) 卒業式への参加（＝質問票回収）を決定する要因を検証し，そのうえで就職活動を分析する必要がある。本章では，このような偏りの影響を検証する。以降では，多くの先行研究と同じように就職結果の決定要因を分析した後に，退学や留年によるバイアスをバイアス1，卒業式への参加の有無によるバイアスをバイアス2として分析をする。

3　データの説明

調査主体はH大学A学部である。調査の実施と学務管理の学生情報の利用にあたっては教授会での承認を得ている。質問票には調査の企画・実施がH大学A学部であること，調査は記名式ではあるが個人が特定できない形

で取り扱うこと，調査の目的が学部教育の改善や研究のためであることなどを明記し，調査の依頼をした。

なお，この大学は，大都市の中堅総合大学である。A学部は文系学部で卒業生は幅広い産業や職種に就職している。2007年4月入学，2011年3月卒業（留年生を含まず）の学生を対象に以下の3種類のデータを集めて結合した。

データ1

大学学務が管理している学生情報である。入学時の全学生が把握されているが，本研究では，編入学と社会人入試の者を省いたため分析対象者は325名であった。このデータでは退学や留年もわかる。

データ2

大学1年の必修授業で配布回収された質問票・データである。必修授業で配布回収したので，回収率は高い。ここでは，生まれ年を尋ねているが1985年以降に生まれた者（卒業年で25歳以下の年齢に相当）に限定することにした。分析対象者は318名であった。

データ3

卒業式に配布回収された質問票・データである。卒業式に出席した学生のみに配布回収している。出席した学生に限れば，卒業証書授与時に回収しているので，卒業式参加者内の回収率はほぼ100%である。分析対象者は225名であった。

次に，具体的な変数とそのデータの入手先を表4に，基本統計量として度数分布等を表5に，基本統計を表6に示す。観測数としては，学務が管理している学生情報であるデータ1が最も多いが，質問票調査であるデータ2およびデータ3には未回答者が存在する。

表4 本章で用いる変数および入手したデータ先

	変数	本稿での分析手続	データ1	データ2	データ3
属性	年齢	実数		○	
	性別	男性=0 女性=1	○		
	入試経路	一般入試を基準として，推薦入試，指定校入試，付属校入学，スポーツ推薦のカテゴリー変数を作成した。	○		
大学生活	1年時のTOEFL得点	実数	○		
	GPA	実数	○		
	ゼミへの参加	参加なし=0 参加あり=1			○
	アルバイト	経験なし=0 経験あり=1			○
	インターン	経験なし=0 経験あり=1			○
	留学を理由にした留年	経験なし=0 経験あり=1	○		
	留学以外を理由にした留年	経験なし=0 経験あり=1	○		
	退学	経験なし=0 経験あり=1	○		
就職活動	就職活動の有無	少しでも行った=0 全く行わなかった=1			○
	内定数	実数			○
	就職活動満足度	実数（※100点を満点とする主観的評価）			○
	企業規模	正規従業員の人数を選択式で回答を求めた。個々の選択肢に具体的数値（中央値）を当てはめた。			○

表5 度数分布

	合計観測数		各観測数	割合
性別	325	男性	142	43.7%
		女性	183	56.3%
入試経路	325	一般入試	180	55.4%
		推薦入試	53	16.3%
		指定校	48	14.8%
		付属校	36	11.1%
		スポーツ推薦	8	2.5%
学生生活	325	4年間で卒業	264	81.2%
		留学を理由とする留年	18	5.5%
		留年（留学以外の理由）	34	10.5%
		退学	9	2.8%
ゼミへの参加	222	参加あり	205	92.3%
		参加なし	17	7.7%
アルバイト	224	経験あり	215	96.0%
		経験なし	9	4.0%
就職活動の有無	209	経験あり	172	82.3%
		経験なし	37	17.7%

注：欠損値を省いて算出しているためサンプル数の合計が変数により異なる。

表6　分析に用いた変数の基本統計

		観測数	平均	標準偏差	最小値	最大値
属性	年齢	318	22.09	0.78	21	25
大学生活	1年時のTOEFL得点	310	383.05	39.05	267	480
	GPA	325	2.24	0.67	0	3.63
就職活動	内定数	184	1.79	1.56	0	10
	就職活動満足度	185	66.87	22.07	0	100
	企業規模	156	3575.99	4821.55	15	15000

注：欠損値を省いて算出しているためサンプル数の合計が変数により異なる。

4　分析結果

(1) 就職結果の決定要因

はじめに、多くの先行研究と同じように就職結果の決定要因を分析しよう。就職結果は、卒業式に配布回収された質問票調査（データ3）を使って、内定数、就職活動満足度、就職先規模を被説明変数としたOLS推定を行った（表7参照）。

表7　就職結果の推定結果

	内定数		就職活動満足度		就職先規模	
	係数	t値	係数	t値	係数	t値
女性ダミー	−0.302	−1.120	7.303	1.890*	−118.851	−0.120
年齢	0.028	0.160	−1.397	−0.580	692.661	1.050
推薦入試（基準：一般入試）	−0.387	−1.070	9.162	1.740*	−2417.755	−1.910*
指定校	0.316	0.870	4.730	0.920	−1879.651	−1.490
付属校	−0.648	−1.450	18.094	2.860***	−1387.313	−0.900
スポーツ推薦			12.063	0.630	−3480.417	−0.770
TOEFL（1年初め）	−0.003	−0.720	0.047	0.770	−38.592	−2.630***
GPA	0.601	2.510**	3.941	1.160	488.842	0.540
ゼミ参加ダミー	0.504	0.790	1.514	0.170	1637.834	0.780
バイト経験ダミー	1.174	1.820*	23.745	2.710***	−54.025	−0.020
インターン参加ダミー	0.699	2.900***	−0.130	−0.040	346.447	0.410
定数項	−0.733	−0.170	36.695	0.600	1369.464	0.080
サンプル数	178		180		151	
F値	0.002		0.002		0.404	
修正済み決定係数	0.099		0.101		0.004	

就職活動満足度は学生側の主観的指標，内定数と就職先規模は客観的指標である。就職活動の結果は，先行研究でも多角的に測られている。主観的指標と客観的指標をともに使う方がよい。また，客観的指標も内定数という量と企業規模という質の情報を共に使っている。

　なお，ここで注目すべきは，GPAに関しては内定数のみ有意な正の値なので，学業成績が内定数に効果があると解釈できることである。この他，バイト経験ダミーが内定数と就職先満足度，インターン参加ダミーは内定数に有意な正の値である。しかし，これらの分析結果は，先述したように卒業式に配布された質問票調査に基づく。調査の回収率が高くても，バイアスによる影響が考えられる。

(2) 留年と退学（第一のバイアス）

　続いて，データのバイアスを分析したい。はじめに，留年と退学の実態を把握する。留年に関しては，勉学不足で進学できなかった場合もあれば，内定が得られなかったので，計画的に留年している場合もある。また，留学という積極的な理由によって留年している場合もある。留学に関しては，大学側もおおよそを把握している（個人の自主選択で外国に行っている場合は未把握）。1年生時点の同期入学者の325名のうち，留学を理由とする留年が18名（5.5％），留学以外を理由とする留年が34名（10.5％），退学が9名（2.8％）であった。特に前年度の留年は約6％であったので，景気悪化に伴う新規大卒労働市場の厳しい状況を反映して計画的な留年が増えたと考えられる。大学が留年生に対して学費の軽減を図っている点が影響したとも，在学のままにした方が次年度の就職活動が有利になると学生が判断したとも考えられる。

　なお，本研究のサンプルで，4年間で卒業した者は264名（81.2％）であった。読売新聞の「大学の実力」調査によれば，標準修業年限で卒業した学生の割合は81％（読売新聞教育部2013）であったので，ほぼ同様の水準であったといえる。調査票調査によってGPAが卒業後の進路に与える影響を検討しようとする際には，これらの8割程度の学生を前提としていることには注意が必要であると言えよう。

(3) 卒業式の参加・不参加（第二のバイアス）

次に，実際に卒業した学生の中で卒業式に参加した学生を分析する。卒業した264名のうち，卒業式に参加した学生の数は225名であった。つまり，38名（14.8％）の学生が卒業式に参加せずに質問票調査に答えていない。もちろん，卒業式に参加しなかった理由はさまざまであろう。就職先が決まっているが，早期の引っ越し等の都合で参加できなかった学生もいる。ただし，一つの推測として「就職先が決まっていないので，卒業式に参加しにくい」と考えることも可能である。もし卒業式の参加・未参加（＝質問票調査の回収・未回収）によって内定率に差があれば，回収率が高い卒業式の質問票調査でも偏りが発生していると言えよう。

先ほど分析したように，例えばGPAは，就職結果の一部に対しては正の効果を持っているが，一方で統計的に有意な効果を持っていない。この結果に影響を与えるバイアスの効果に対する分析は，大学学務が管理している学生情報（データ1）と，大学1年の必修授業で配布回収された調査結果（データ2）も含めれば可能である。続けて，卒業式参加・不参加の決定要因を分析したい。

まず，被説明変数は，卒業式参加ならば1，不参加ならば0の卒業式参加変数であり，Probit推定を行った（表8参照）。説明変数として，年齢，

表8 卒業式参加の決定要因

	係数	z値
年齢	0.035	0.64
女性ダミー	0.086	0.37
推薦入試（基準：一般入試）	0.549	1.62
指定校	0.359	1.09
付属校	0.465	1.25
スポーツ推薦	0.826	1.22
TOEFL（1年初め）	0.004	1.99
GPA	1.029	4.49***
定数項	-73.401	-0.67
サンプル数	264	
LRchi2(8)	46.29	
Prob>chi2	0.000	
疑似決定係数	0.209	
Log likelihood	-87.40	

GPA, TOEFL, 女性ダミー, 入試経路ダミー（基準：一般入試）である。統計的に有意な変数として GPA が挙げられる。成績の良い学生ほど卒業式に参加することがわかる。言い換えると, 卒業式で配布回収される質問票調査では, 成績優秀者に偏っているのである。

5 結論

本章では, (1) 大学学務が管理している学生情報, (2) 大学1年の必修授業で配布回収された質問票調査, (3) 卒業式に配布回収された質問票調査を一つのデータに結合し, 就職活動調査のバイアスについて検討した。

すでに多くの文献は, 大学が発表する就職結果の指標にバイアスがあること指摘している。しかし, このバイアスを分析することは, 質問票に答えない学生がいて, なおかつ答えない学生に他の学生とは違う特性がある限り, 難しいと言える。本章では, 大学学務が管理している回答率が高い学生情報を使うことで, 偏りの分析を行った。

はじめに, 従来の研究と同じように就職結果の決定要因を分析した。特にGPA に関しては, 内定数のみ有意な正の値であることを確認した。ただし, 成績が良い学生ほど卒業式に参加すると考えると, 成績の効果は過小評価されている可能性を指摘できる。そこで本章では, バラツキの実態を把握し, 留年, 留学留年, 退学, 卒業式調査の回答率等を分析した。就職活動について質問できるのが, 卒業式調査だけだと考えると, これらの偏りは大きいと言える。バイアスの中でも特に卒業式への参加（第二のバイアス）に関しては, その決定要因を分析し, GPA の係数が有意な正の値を取ることを確認した。すなわち, 成績がよい学生ほど卒業式に出席するので, 結果的に卒業式調査を使った就職結果の分析では, GPA の効果が過小評価される可能性が高いと解釈できる。

なお, 上記のような偏りの分析は, (1) 大学学務が管理している学生情報や (2) 大学1年の必修授業で配布回収された質問票調査の中に含まれる変数だけを分析しているので, 卒業式調査で質問されたバイト経験ダミーやイ

ンターン参加ダミーについてどのような偏りがあるかは分析できない。また，退学者の情報は少なく，退学に至る過程の分析は十分ではない。これらの分析は今後の課題であろう。ただし，回答者のバイアス自体を完全に排除できるデータが公開されていない以上，本章が回答行動を説明する要因の一つを明らかにしたことは研究上の意義があると言えよう。

　回答者のばらつきがランダムではなく，偏りを持っているという事実は，多くの卒業生調査を分析する際に注意を促す。このバイアスを回避するのは，回収率を上げるだけでは不十分であり，現実的に困難と言える。それゆえ，今後も就職活動の調査は，本章の結果を踏まえて慎重に行うべきだと言えよう。

注
1) 具体的な支援の事例については，上西ら（2007）等参照。
2) 大学生活への適応に関しては，大学側からの正確な情報が得にくい（公開しにくい）と言える。その中でも，いくつかの貴重な研究がある。まず，内田（2009）によると，国立大学における休学者や退学者は1990年代後半以降，急激な増大傾向になり，2000年代は横ばい（微減）を続けている。また，西村・中村（2000）も古いデータであるが，休・退学の増加を指摘している。なお，旺文社（2015）は746大学から得たデータを基にして退学率を算出している。修業年限以内の退学率は国公立大学で2.7％，私立大学では8.2％という結果を示している。なお，文部科学省（2014）によれば，平成24年度において，各大学等の中途退学の理由は「その他」を除くと「経済的理由」（20.4％）「転学」（15.4％）「学業不振」（14.5％）という順に多い。

引用文献
　上田晶美（2012）「大学生の就職率調査の現状とその問題点」『嘉悦大学研究論集』54(2): 137-151頁
　上西充子（2012）「「どっちがホント？」異なる就職率が併存する理由と弊害」『日経ビジネスオンライン』8月31日
　上西充子・小玉小百合・川喜多喬・伊藤文男（2007）『大学のキャリア支援——実践事例と省察（キャリア形成叢書）』経営書院
　内田千代子（2009）「大学における休・退学，留年学生に関する調査」『茨城大学保険管理センター』29: 70-85頁
　梅崎修・田澤実「大学教育と初期キャリアの関連性——全国大学4年次と卒業後2年目の継続調査」『日本労働研究雑誌』54（619特別号）: 64-76頁（「教育効果の大学間格差（第4章）」，梅崎修・田澤実編著『大学生の学びとキャリア——入学前から卒業後までの継続調査の分析』法政大学出版局，77-97頁）

梅崎修・田澤実編（2013）『大学生の学びとキャリア——入学前から卒業後までの継続調査の分析』法政大学出版局

旺文社（2015）『2016（平成 28）年度用　大学の真の実力情報公開 BOOK』

太田聰一（2011）「就職市場のミスマッチ解消を」『エコノミスト』89(37): 90-93 頁

小川雅弘（2011）「大学生等就職内定状況調査の一考察」『大阪経大論集』62(4): 81-108 頁

苅谷剛彦・本田由紀編（2010）『大卒就職の社会学——データからみる変化』東京大学出版会

小杉礼子編（2007）『大学生の就職とキャリア——普通の就活・個別の支援』勁草書房

佐藤一磨・梅崎修・上西充子・中野貴之（2010）「志望業界の変化は大学生の就職活動にどのような影響を及ぼすのか——卒業時質問票調査の分析」『キャリアデザイン研究』6: 83-99 頁（「志望業界の変更が就活に与える影響（第 3 章）」，平尾智隆・梅崎修・松繁寿和編著『教育効果の実証——キャリア形成における有効性』日本評論社，39-65 頁）

沢田健太（2011）『大学キャリアセンターのぶっちゃけ話——知的現場主義の就職活動』ソフトバンククリエイティブ

田中賢久・佐藤一磨・上西充子・梅崎修・中野貴之（2011）「大学生の就職活動における情報活用の意義——大学 4 年生調査の分析」『キャリアデザイン研究』7: 175-184 頁（「情報活用が就活に与える影響（第 4 章）」，平尾智隆・梅崎修・松繁寿和編著『教育効果の実証——キャリア形成における有効性』日本評論社，67-82 頁）

永野仁（2004）「大学生の就職活動とその成功の条件」，永野仁編著『大学生の就職と採用——学生 1,143 名，企業 658 名，若手社員 211 名，244 大学の実証分析』中央経済社，91-114 頁

西村優紀美・中村剛（2000）「学生の休・退学について」『学園の臨床研究』1: 7-12 頁

濱中義隆（2007）「現代大学生の就職活動プロセス」，小杉礼子編『大学生の就職とキャリア——「普通」の就活・個別の支援』頸草書房，17-49 頁

平沢和司（2010）「大卒就職機会に関する諸仮説の検討」，苅谷剛彦・本田由紀編『大卒就職の社会学——データからみる変化』東京大学出版会，61-86 頁

松繁寿和（2004）『大学教育効果の実証分析——ある国立大学の卒業生たちのその後』日本評論社

文部科学省（2014）『学生の中途退学や休学等の状況について』

読売新聞教育部（2013）『大学の実力 2014』中央公論新社

あとがき

　本書は，学生と企業の双方を対象にした質問表調査を使い，さまざまな観点から大学への移行，大学から企業への移行を分析した論文集である。

　本書の共編著者となった梅崎，田澤，佐藤は，かつて梅崎修・田澤実編著『大学生の学びとキャリア——入学前から卒業後までの継続調査の分析』（法政大学出版局），平尾智隆・梅崎修・松繁寿和編著『教育効果の実証——キャリア形成における有効性』（日本評論社）を刊行した執筆メンバーでもある。

　2013年にこの二冊の研究書を刊行した時点で，本書と，本書とほぼ同時に刊行した梅崎修・田澤実編著『大学生の内定獲得——就活支援・家族・きょうだい・地元をめぐって』（法政大学出版局）の元になる論文を執筆していたので，特に2013年にわれわれの研究の区切りはない。2013年に2冊の論文集を刊行した後にも，大学への適応過程，就職・採用活動，企業への移行に関して，次々と新しいテーマが生まれた。同時期にわれわれ以外のキャリア教育研究，就職活動研究，採用活動研究が盛んになったことも，私たちを刺激し，その上で新しい研究に挑戦させたと言える。法政大学キャリアデザイン学部を拠点に，新たな研究仲間と一緒に実証研究をフル稼働させたつもりであったが，今，2冊，全20本の論文をまとめてみても「あれを分析すべき，これが分析できていない」という思いは残る。つまり，この2019年という年も，われわれ研究グループにとっては単なる通過点でしかなく，これからも調査と分析は続くのだと思う。

　「はじめに」でも触れたが，この本に収録された論文を執筆していた期間，リーマンショック後の景気状況，「ブラック企業」という言葉に代表される

悪質な職場環境への社会批判，全国の大学で行われているキャリア教育の改革，人手不足による採用活動の見直しなどが話題となった。研究者として現状をどのように把握しているか，そして，何か具体的な提案がないかと問われることが多かった。折しも社会科学においても実証に基づく政策提言が重視されるようになり，社会科学研究にもこれまで以上に注目が集まる時期であった。

実証研究は，それ自体が具体的提案（答え）ではなく，「答え」を一緒に探すために必要な素材，分析結果に基づく新しい見方の提示であると考えられよう。われわれは，批判的議論を求めて，すべての論文を学会や研究会で報告し，学術雑誌に投稿してきた。学術雑誌は，その審査者による厳しいコメントという機能によって論文の完成度を高めてくれた。われわれは，何度も何度も改訂を繰り返した。研究者集団の存在によって分析の精度を高め，考察を深めることができたと思う。

しかし，学術雑誌は，実務家の目に触れる機会はどうしても少ない。今回，法政大学出版局のご厚意で「本」という形で研究成果を発表する機会を得た。これは新しい出会いのチャンスである。多くの研究者だけでなく，多くのキャリア支援者や企業人に実証結果が届く機会になればうれしい。本書が，新しい建設的議論が生まれ，新しい実践が生まれるための素材となることを期待している。

最後に，本書の元になった論文に関しては，続くページに初出一覧（雑誌名とタイトル）を挙げた。10本の論文の完成まで，約20名の査読者からさまざまなコメントをいただいた。この場を借りて感謝申し上げたい。また，転載を許可してくださった学会および研究雑誌の編集部にも，この場にて感謝を申し上げたい。加えて，学術出版の厳しい時代，本書の刊行を決定し，編集を担当していただいた郷間雅俊氏にも感謝申し上げる。

なお，本書の研究には，以下のような多くの助成を得ている。ここに記して感謝を申し上げたい。「法政大学キャリアデザイン学会・研究助成大学生の就職・採用市場に関する実証研究――就職情報会社との産学連携プロジェクト（代表：梅崎修）」，「科学研究費補助金基盤研究（B）学校外教育が学校選択および職業キャリアに及ぼす影響に関する実証分析（代表：松繁寿

和)」,「科学研究費補助金基盤研究（C）スキル・ミスマッチの発生と人的資本形成への影響に関する実証研究（代表：平尾智隆)」,「科学研究費補助金若手研究（B）教育過剰が生産性に与える影響の計測（代表：平尾智隆)」。

2019 年 2 月 23 日

梅崎　修・田澤　実・佐藤一磨

初出一覧

第1章　田澤実・梅崎修・唐澤克樹（2013）「進学と就職に伴う地域間移動——全国の大学生データを用いて」『サステイナビリティ研究』3: 151-167 頁

第2章　中川知宏・林洋一郎・梅崎修（2012）「社会的自己制御と集団同一化が大学への適応に及ぼす効果」『キャリアデザイン研究』8: 51-64 頁

第3章　坂爪洋美（2017）「親のキャリア関連行動が大学生のキャリア・オリエンテーションに与える影響——2時点での親の就業形態がもたらす影響への注目」『キャリアデザイン研究』13: 35-48 頁

第4章　佐藤一磨・梅崎修・上西充子・中野貴之（2012）「女子大学生のキャリア展望と就職活動に関する分析：大学4年生調査の分析」『キャリアデザイン研究』8: 141-151 頁

第5章　佐藤一磨・梅崎修（2014）「就職活動解禁時期の変更が大学生の就職活動に及ぼす影響——大学4年生調査を使った2011年度と2012年度の比較」『キャリアデザイン研究』10: 5-17 頁

第6章　佐藤一磨・梅崎修（2015）「インターンシップへの参加が就職活動結果におよぼす影響：Propensity Score Matching 法による Self-Selection Bias の検証」『大学評価研究』14: 89-100 頁

第7章　田澤実・佐藤一磨・梅崎修（2017）「大学生における学内サポート資源の活用と就職活動プロセス：大学内の組織間の連携に注目して」『大学教育研究ジャーナル』14: 29-36 頁

第8章　小林徹・梅崎修・佐藤一磨・田澤実（2014）「大卒者の早期離職とその後の転職先」『大原社会問題研究所雑誌』671: 26-44 頁

第9章　小林徹・梅崎修・佐藤一磨・田澤実（2015）「新卒採用時に求められる能力と採用方法——産業と企業規模別の違いに着目して」『日本労務学会誌』16(1): 39-59 頁

第10章　梅崎修・田澤実（2016）「質問票調査は大学生の就職活動を把握しているのか？——4年間の継続調査」『大学評価研究』15: 57-67 頁

索　引

あ　行

アクティブラーニング　8
〈新しい能力〉概念　207-08
後払い賃金　189, 194-95, 197
生きる力　208
育成仮説　138-39
インターン　6-8, 119, 121, 130, 137-57,
　　220, 230, 233, 245, 246
インターンシップ　4, 40, 115, 137-57, 160,
　　214, 218, 220-22, 226, 230, 233
SBTC（Skill Biased Tehnological
　　Change）　209-10
エンプロイヤビリティ　208

か　行

学業成績　40-41, 45, 58-59, 180, 237, 247
学士力　208
学生相談室　169
キー・コンピテンシー　208
企業特殊的技能　189
企業特殊的人的資本　235
基礎学力　210-11, 235
キャリア・アンカー　66-67
キャリアアドバイザー　161-62
キャリア・オリエンテーション　66-68,
　　71-73, 75-78, 83, 85, 87-88
キャリアガイダンス　39, 45, 161, 164
キャリア関連行動　5-6, 65, 69, 71, 73-78,
　　83, 85-88
　　干渉　65, 70-73, 75-88
　　支援　65, 69-71, 73, 75-87

キャリアセンター　7, 39, 159, 161-69, 237
教育改革プログラム　137
近代型能力　207-11, 222, 233, 235
勤務時間インターバル制度　197
経済構造の変革と創造のための行動計画
　　137

さ　行

サンプル・バイアス　138-40, 237-40, 242
GPA　5, 8, 41, 45-46, 50-51, 53-55, 57-61,
　　245-49
自己選別（セルフ・セレクション）　6-7,
　　140-42, 147, 155-56
自己カテゴリー化理論　43
自己主張的側面　5, 42, 47
自己変革能力　209
自己抑制的側面　5, 42, 47
市場感応性　209
実行注意制御（EC）　43
地元志向　5, 19, 22-23, 29, 35-36
社会人基礎力　138, 206
社会的アイデンティティ理論　43, 61
社会的および職業的自立を図るために必要
　　な能力　159
社会的自己制御（SSR）　5, 8, 41-42, 45,
　　48, 55
社会的自己制御尺度　45
就職基礎能力　208, 235
就職部　168
集団間葛藤　43
集団同一化　43-47, 49-51, 53, 55-57, 60
　　──尺度　45, 47

257

職種特殊的人的資本　235
職種別採用　92, 235
職場統治不全型　175, 198
人口減少社会　13
新卒一括採用　39, 61
人的資本理論　206, 235
シンボル分析的サービス　208
性役割意識　73-74
選別型　175, 187, 198-99

　　た 行

大学設置基準　159, 169
大学内の組織間の有機的な連携　159
対人サービス　208
多重媒介モデル　51
脱工業社会　208
探索行動　6, 68-69, 71, 87-88
探索的因子分析　47
地域移動　5, 15, 18, 20-25, 29-33, 35-37
地域間労働移動　13
地域限定職　92
中小企業若年者雇用環境整備推進事業　189
使い切り型　7, 189, 191-93, 195, 197, 198
都道府県間移動　13-14
ドリーム・マッチプロジェクト　199
ドリームワークスタイル・プロジェクト　190, 202

　　な 行

日本型雇用システム　174, 176
　伝統的な——　7, 186, 189, 191-92, 195, 198
年収プロファイル　189

　　は 行

ハイパー・メリトクラシー論　207, 210
ブートストラップ法　51, 55
ブラック企業　3, 171, 175, 193-95, 198, 202
ふるい落とし選抜型　187, 191-92, 194-95, 197
Propensity Score Matching 法　142-43, 146, 152, 155-56
ポスト近代型能力　235

　　ま 行

マージナル大学　40
マッチング効率性仮説　138-39
マッチング法　7, 141, 154
見返りなき滅私奉公　194-95
門戸開放・使い切り型　7, 186, 189, 191-93, 195, 197

　　や 行

有効求人倍率　17-18, 28, 178

　　ら 行

リーマンショック　3, 6, 91, 94, 96-97, 100, 107, 109
リテラシー　208
倫理憲章　113-14, 134
ルーティン生産サービス　208

学生と企業のマッチング
データに基づく探索

2019 年 5 月 22 日　初版第 1 刷発行

編著者　　梅崎修／田澤実／佐藤一磨
発行所　一般財団法人　法政大学出版局

〒102-0071　東京都千代田区富士見 2-17-1
電話 03 (5214) 5540　振替 00160-6-95814
組版：HUP　印刷：三和印刷　製本：根本製本

© 2019　Osamu Umezaki, Minoru Tazawa, Kazuma Sato *et al*.
Printed in Japan

ISBN978-4-588-68609-2

●編著者

梅崎 修（うめざき・おさむ）　　　　　　　　　　　　　　　　　　　　［担当：第3章を除く全章］
大阪大学大学院経済学研究科博士後期課程修了。法政大学キャリアデザイン学部教授。博士（経済学）。主な業績：『大学生の内定獲得——就活支援・家族・きょうだい・地元をめぐって』（共編著，法政大学出版局，2019年），『大学生の学びとキャリア——入学前から卒業後までの継続調査の分析』（共編著，法政大学出版局，2013年），『教育効果の実証——キャリア形成における有効性』（共編著，日本評論社，2013年）。

田澤 実（たざわ・みのる）　　　　　　　　　　　　　　　　　　　　　［第1章，第7章～第10章］
中央大学大学院文学研究科博士後期課程単位取得退学。法政大学キャリアデザイン学部准教授。博士（心理学）。主な業績：『大学生の内定獲得——就活支援・家族・きょうだい・地元をめぐって』（共編著，法政大学出版局，2019年），『大学生の学びとキャリア——入学前から卒業後までの継続調査の分析』（共編著，法政大学出版局，2013年），『詳解　大学生のキャリアガイダンス論——キャリア心理学に基づく理論と実践』（共著，金子書房，2012年）。

佐藤一磨（さとう・かずま）　　　　　　　　　　　　　　　　　　　　　　　　　［第4章～第9章］
慶應義塾大学大学院商学研究科博士課程単位取得退学。博士（商学）。拓殖大学政経学部准教授。主な業績："Does marriage improve subjective health in Japan?" *Japanese Economic Review*, forthcoming. "The Effects of Incidence of Care Needs in Households on Employment, Subjective Health, and Life Satisfaction among Middle-aged Family Members," *Scottish Journal of Political Economy*, 25, pp. 1-28, 2015.（共著）

●著 者

唐澤克樹（からさわ・かつき）　　　　　　　　　　　　　　　　　　　　　　　　　　　［第1章］
法政大学大学院政策科学研究科博士後期課程単位取得退学。倉敷市立短期大学助教。主な業績：「岡山県の産業変遷と倉敷市の成り立ち」「倉敷市における産業の変化と地域社会」，法政大学大原社会問題研究所／相田利雄編『サステイナブルな地域と経済の構想』（担当：第1, 2章），2016年。

中川知宏（なかがわ・ともひろ）　　　　　　　　　　　　　　　　　　　　　　　　　　　［第2章］
東北大学大学院文学研究科後期博士課程修了。近畿大学総合社会学部准教授。主な業績：「非行集団と暴力犯罪」，大渕憲一監修『紛争・暴力・公正の心理学』（担当：分担執筆，範囲：21章）北大路書房，2016年。

林洋一郎（はやし・よういちろう）　　　　　　　　　　　　　　　　　　　　　　　　　　［第2章］
東北大学大学院文学研究科後期博士課程修了。慶應義塾大学大学院経営管理研究科准教授。主な業績：Self-Esteem and Justice Orientation as Moderators for the Effects of Individual-Targeted and Group-Targeted Justice. with Sekiguchi, T., *Applied Psychology*, 63, 238-266, 2014.

坂爪洋美（さかづめ・ひろみ）　　　　　　　　　　　　　　　　　　　　　　　　　　　　［第3章］
慶應義塾大学に大学院経営管理研究科博士後期課程修了。博士（経営学）。法政大学キャリアデザイン学部教授。主な業績：坂爪洋美「部下の性別による管理職行動の違いと働き方にかかわる人材マネジメントの影響」『一橋ビジネスレビュー』2018SUM, 56-74, 2018年。

上西充子（うえにし・みつこ） [第4章]
東京大学大学院経済学研究科博士課程単位取得退学。法政大学キャリアデザイン学部教授。主な業績：『就職活動から一人前の組織人まで――初期キャリアの事例研究』（編著，同友館），2010年。

中野貴之（なかの・たかゆき） [第4章]
早稲田大学大学院商学研究科博士後期課程単位取得満期退学。法政大学キャリアデザイン学部教授。主な業績：「セグメント財務報告における経営者の裁量行動――上場企業の内部データに基づく検証」『会計プログレス』（日本会計研究学会）No. 19, 96-112頁, 2018年。

小林　徹（こばやし・とおる） [第8章・第9章]
慶應義塾大学大学院商学研究科博士課程修了。高崎経済大学経済学部准教授。主な業績：「ジョブマッチングの成立と「人柄」，「社風」情報の重要性」『日本労働研究雑誌』638号, 独立行政法人労働政策研究・研修機構, 83-98頁, 2013年。

大学生の内定獲得　就活支援・家族・きょうだい・地元をめぐって
梅崎修・田澤実 編著　　　　　　　　　　　　　　　　2800円

大学生の学びとキャリア　入学前から卒業後までの継続調査の分析
梅崎修・田澤実 編著　　　　　　　　　　　　　　　　2800円

キャリアデザイン学のすすめ
笹川孝一 著　　　　　　　　　　キャリアデザイン選書　2800円

メディア情報教育学　異文化対話のリテラシー
坂本旬 著　　　　　　　　　　　キャリアデザイン選書　2500円

多文化教育　I
山田泉 著　　　　　　　　　　　キャリアデザイン選書　2400円

教育を原理する　自己にたち返る学び
筒井美紀・遠藤野ゆり 著　　　　キャリアデザイン選書　2400円

アントレプレナーシップとシティズンシップ
小門裕幸 著　　　　　　　　　　キャリアデザイン選書　2600円

職業とキャリア
八幡成美 著　　　　　　　　　　キャリアデザイン選書　2300円

若者とアイデンティティ
児美川孝一郎 著　　　　　　　　キャリアデザイン選書　2300円

学校と人間形成　学力・カリキュラム・市民形成
佐貫浩 著　　　　　　　　　　　キャリアデザイン選書　2500円

人材育成論入門
川喜多喬 著　　　　　　　　　　キャリアデザイン選書　2000円

表示価格は税別です

生涯学習社会とキャリアデザイン
笹川孝一 編 ……………………………………………… 2600 円

若者問題と教育・雇用・社会保障
樋口明彦・上村泰裕・平塚眞樹 編著 ………… 現代社会研究叢書 5000 円

福祉国家と家族
法政大学大原社会問題研究所, 原伸子 編著 …………………… 4500 円

戦時期の労働と生活
法政大学大原社会問題研究所, 榎一江 編著 …………………… 4800 円

成年後見制度の新たなグランド・デザイン
法政大学大原社会問題研究所, 菅富美枝 編著 ………………… 5700 円

近代都市の下層社会　東京の職業紹介所をめぐる人々
町田祐一 著 …………………………… サピエンティア 3400 円

「労働」の社会分析　時間・空間・ジェンダー
M. グラックスマン／木本喜美子 監訳 ………………………… 3400 円

歴史のなかの消費者　日本における消費と暮らし 1850-2000
P. フランクス, J. ハンター 編／中村尚史・谷本雅之 監訳 ………… 4400 円

消費者教育の未来　分断を乗り越える実践 コミュニティの可能性
柿野成美 著 ……………………………………………… 3500 円

近代日本の公衆浴場運動
川端美季 著 ……………………………………………… 5800 円

看護制度と政策
野村陽子 著 ……………………………………………… 5300 円

表示価格は税別です

自由という広場　法政大学に集った人々
田中優子 著 …………………………………………………… 1500 円

持続可能なエネルギー社会へ
舩橋晴俊・壽福眞美 編著 ………………………………… 4000 円

「エネルギー計画2050」構想　脱原子力・脱炭素社会にむけて
壽福眞美，法政大学サステイナビリティ研究センター 編 ………… 2800 円

参加と交渉の政治学　ドイツが脱原発を決めるまで
本田宏 著 ……………………………………………………… 2600 円

脱原発の比較政治学
本田宏・堀江孝司 編著 …………………………………… 2700 円

震災と地域再生　石巻市北上町に生きる人びと
西城戸誠・宮内泰介・黒田暁 編 ………………………… 3000 円

原発震災のテレビアーカイブ
小林直毅 編／西田善行・加藤徹郎・松下峻也・西兼志 著 ……… 4200 円

ウォー・ギルト・プログラム　GHQ情報教育政策の実像
賀茂道子 著 …………………………………………………… 5200 円

島の地理学　小さな島々の島嶼性
S. A. ロイル／中俣均 訳 …………………………………… 4400 円

費用便益分析入門　ハーバーガー経済学・財政学の神髄
A. C. ハーバーガー／関口浩 訳 …………………………… 4200 円

連単分離の会計システム　フランスにおける2つの会計標準化
大下勇二 著 …………………………………………………… 6500 円

表示価格は税別です

自治体議会改革の固有性と普遍性
廣瀬克哉 編著 ……………… 法政大学現代法研究所叢書　2500 円

ポスト公共事業社会の形成　市民事業への道
五十嵐敬喜・萩原淳司・勝田美穂 著　法政大学現代法研究所叢書　3200 円

現代総有論
五十嵐敬喜 編著 ……………… 法政大学現代法研究所叢書　2700 円

金融商品取引法の新潮流
柳明昌 編著 ……………… 法政大学現代法研究所叢書　3000 円

境界線の法と政治
中野勝郎 編著 ……………… 法政大学現代法研究所叢書　3000 円

日ロ関係　歴史と現代
下斗米伸夫 編著 ……………… 法政大学現代法研究所叢書　2800 円

東アジアの公務員制度
武藤博己・申龍徹 編著 ……………… 法政大学現代法研究所叢書　4200 円

社会と主権
大野達司 編著 ……………… 法政大学現代法研究所叢書　3800 円

20世紀の思想経験
細井保 編著 ……………… 法政大学現代法研究所叢書　2600 円

社会国家・中間団体・市民権
名和田是彦 編著 ……………… 法政大学現代法研究所叢書　3500 円

民意の形成と反映
石坂悦男 編著 ……………… 法政大学現代法研究所叢書　4000 円

表示価格は税別です

移民・マイノリティと変容する世界
宮島喬・吉村真子 編著 ………………… 現代社会研究叢書　3800 円

ナショナリズムとトランスナショナリズム
佐藤成基 編著 ………………………… 現代社会研究叢書　4900 円

基地騒音　厚木基地騒音問題の解決策と環境的公正
朝井志歩 著 …………………………… 現代社会研究叢書　5800 円

公共圏と熟議民主主義　現代社会の問題解決
舩橋晴俊・壽福眞美 編著 ……………… 現代社会研究叢書　4700 円

規範理論の探究と公共圏の可能性
舩橋晴俊・壽福眞美 編著 ……………… 現代社会研究叢書　3800 円

環境をめぐる公共圏のダイナミズム
池田寛二・堀川三郎・長谷部俊治 編著 ……… 現代社会研究叢書　4800 円

メディア環境の物語と公共圏
金井明人・土橋臣吾・津田正太郎 編著 ……… 現代社会研究叢書　3800 円

「人間の安全保障」論
カルドー／山本武彦・宮脇昇・野崎孝弘 訳 ………………… 3600 円

市民の外交　先住民族と歩んだ30年
上村英明・木村真希子・塩原良和 編著・市民外交センター 監修 … 2300 円

新しい政治主体像を求めて
岡本仁宏 編 ……………………………………………… 5600 円

人間存在の国際関係論
初瀬龍平・松田哲 編 …………………………………… 4200 円

表示価格は税別です